酔眼日記

本山賢司
文・絵

東京書籍

酔眼日記　目次

※本書の内容は取材時のものです。現在では料金等が変更になったり営業をしていない場合があります。（初出掲載年月は巻末）

酔眼日記

駅前食堂、大衆食堂を想う

冬。釧路から釧網《せんもう》線に乗った。列車の床は乗客の靴底の雪が溶けて濡れ、独特の湿った空気に満ちている。座席がぽかぽかと尻を暖め、列車の揺れが瞼《まぶた》を重くする。うつらうつら舟を漕ぐ。網走までの三分の二ぐらいのところに、うまい食堂のある弟子屈《てしかが》駅があった。ラーメン、カツ丼、ライスカレーなんでもござれの駅前食堂で、以前にラーメンを食べた。煮干し味のスープ、麺《めん》は縮れ麺。そんなことを思い出していると、腹の虫が騒ぎだして目が覚めた。

ところがいくらたっても弟子屈駅のアナウンスがない。おかしい。が、それもそのはず、「摩周駅」に、駅名が変わってしまっていたのだ。弟子屈はアイヌ語で「岩の上」という意味だ。僕は弟子屈という駅名が好きだったから、非常に残念だ。そんなこんなで、空《す》きっ腹が引き金になって旅先のいろんな食堂のことを思い出した。

博多の柳橋連合市場。名物の辛子明太子売りのオバさんに聞くと、場内のうどん屋を教えてくれた。さっそく目当ての横丁に入ると、奥に妙に気になるラーメンのノレンが垂れ下がっていた。本能のシグナル点滅で、予定を変更。母と息子のふたりで切り盛りする〈東洋軒〉に入った。四人がやっとこ座れるカウンターで、豚骨スープのラーメンを一口すすっただけで「ああ、うまい」という信号が直に脳に閃《ひらめ》いた。大当たりだ。スープは淡泊。とくに麺の香り、喉越し、歯ごたえが、じつに素晴らしく、ウ、ウ、ウ、うなってしまう。翌日も、食べに行った。

こうして振り返ると、旅先の昼飯優先順位は麺類、とくにラーメン、次にトンカツとなる。

・タンチョウとラーメンという
妙な取りあわせになってしまった

・朝食が
ズラリ

奥会津の田子倉《たごくら》湖に出かけるとなると、避けては通れないのが、JR只見駅近くの〈ますや食堂〉だ。ラーメンが断然うまいのだが、なんと蕎麦《そば》屋。雪深い田子倉のラーメンは、体の芯から温まるコクのあるスープと麺の相性が抜群。湯気を吹き分け麺をすする……。ああ、たまらない。

トンカツはなかなか当たりがないから、通りすがりで「これだ」というのに出会ったときは、感涙にむせぶ。といっても、いつもの飲酒癖がたたって涙腺が弱くなっている酔眼なのだが。

新潟は六日町の国道291号線沿いにある〈山田屋〉。紺染めに白ぬき文字のノレンをくぐる、田舎の食堂である。が、あなどってはいけない。勘が働いてカツライスをオーダー。これが当たり、大当たり。ボリューム満点、衣サクサク。ほどよい厚さの豚肉が、舌に滋味を広げる。ああ、豚肉ってこれだよな、としみじみ思うのである。これで六〇〇円だから凄い。

否が応でも、吸いこまれるように入ったのが、北九州の門司港で、早朝五時三〇分から営業の食堂だ。立ち並ぶ自動販売機の間から、潮風に吹かれた小さな店へ入る。朝定食は、ご飯、納豆、生卵、漬物、ワカメと油揚げの味噌汁の五品で二七〇円。それに五〇円の「茄子と小海老のてんぷら」を追加する。大阪からフェリーで門司に着いた朝だから、金鉱脈でも掘り当てたような嬉しさであった。

旅先の食堂を再び訪れる機会は、それほどはない。二度目のチャンスでも同じものをたのむ。一口すると、舌と胃袋の記憶がたちまちよみがえってくる。ときどき仕事場で、そんなラーメンやトンカツの味憶が頭を駆け巡るから困る。

酒場ふらふら、タバーンふらふら

スペインの酒場には「ご自由に」と、爪楊枝《つまようじ》と豆玉葱《たまねぎ》の酢漬けの小瓶がカウンターに置いてあったりする。ところが、これがバカにできない代物なのだ。爪楊枝に刺して口に放りこむや、口腔で強烈な酢の気が爆発して、喉、鼻を襲ってムセてしまう。とにかく強烈。並じゃない。

あとで知ったのだが、ヨーロッパでは何度も蒸留して濃度をあげた酢がある。透明な瓶入りで、ちょっと見はウオトカかジンのようだ。ノルウェーのスーパーで、その瓶の正体を知りたくて、どうせ買うからと、ちょっとキャップをひねったら、強烈な酢の臭いがあたりに拡散して閉口した。「開けたのね」という目つきのレジのオバさんに笑われた。ともかくムセる酢だ。

ケンタッキーの小さな町、バーズタウンに、〈タルボット〉という名のホテルがある。古いホテルで、二階の客室の壁には、ジェシー・ジェイムズが撃ったという弾丸の跡がある。一階にバーがある。アメリカでは酒場をタバーンと呼ぶ方が多い。つまりタルボット酒場というわけだ。

タルボット酒場のカウンターには、こわもての常連が占領していた。ひとまずテーブル席に着き、バーボンのオン・ザ・ロックスをチビチビ飲っていると、カウンターの主《ぬし》ともいうべき老人が手招きをする。一杯奢《おご》ってくれるという。酒はブッカー・ノウ。タルボット酒場でいちばん上等のバーボンだ。ショット・グラスの琥珀《こはく》の液体を、ちょっと口に含んで舌で転がしてから一気に喉に放りこんだ。常連の視線に緊張したが、「いい酒だ」というと、老人も満足げにうなずいてくれた。これで酒飲みと認めてくれたのか、しばらくたってテーブル席にもう一杯届いた。

ショット・グラスに、チョコレート色の液体。表面にビール状の泡。店の名物「ラトルスネーク」（ガラガラ蛇）だという。ココナッツミルクとリキュールのカルーア、それにアイリッシュをくわえたカクテルだ。舌先でさぐると口腔がひん曲がりそうな大甘で、一気に飲む。それが勘違いのモト。もう一杯届けられたのだ。これにはまいった。

経営者のウィリアム・T・クラークの名をつけた〈クラークス・タバーン〉は、店の奥に玉突き場があった。看板もキューと玉のデザインだ。バドワイザーを頼んだが、栓抜きもコップもない。手で栓を開けて直飲《じか》みするスタイルだ。そういうクラークさんの指には、栓開けタコができていた。飲もうとすると「待て」と止められた。瓶の中に塩を振れという。そうするとなるほどで、コクがでて飲み口がグンとよくなった。

シカゴに働きに出て帰ってきた人が多いので、リトル・シカゴと名付けられた町。店の名も〈リトル・シカゴ・タバーン〉。店主はカレン・スミス。キリリと気丈そうな女性。カウンター越しの棚には、大きな広口瓶が置いてあり、ゆで卵、ボローニャ・ソーセージ、ズッキーニが酢漬けになっている。これがビールによく合う。さすがバーボンの本場で、ワイルド・ターキーのシングルが二ドル五〇セント、メーカーズ・マークが二ドル二五セント見当。タルボット・タバーンで奢ってもらったブッカー・ノウが四ドルだから、カウンターの主は東洋の旅人に奮発してくれたわけだ。こういった酒飲みの心意気は、万国共通だ。

行きつけのバーで、若いアメリカ人が飲んでいることがある。そんなとき、彼が飲んでいるのと同じ酒を一杯奢ることがある。それで旅を思い出すこともあるし、かの地での酒の恩返しでもある。

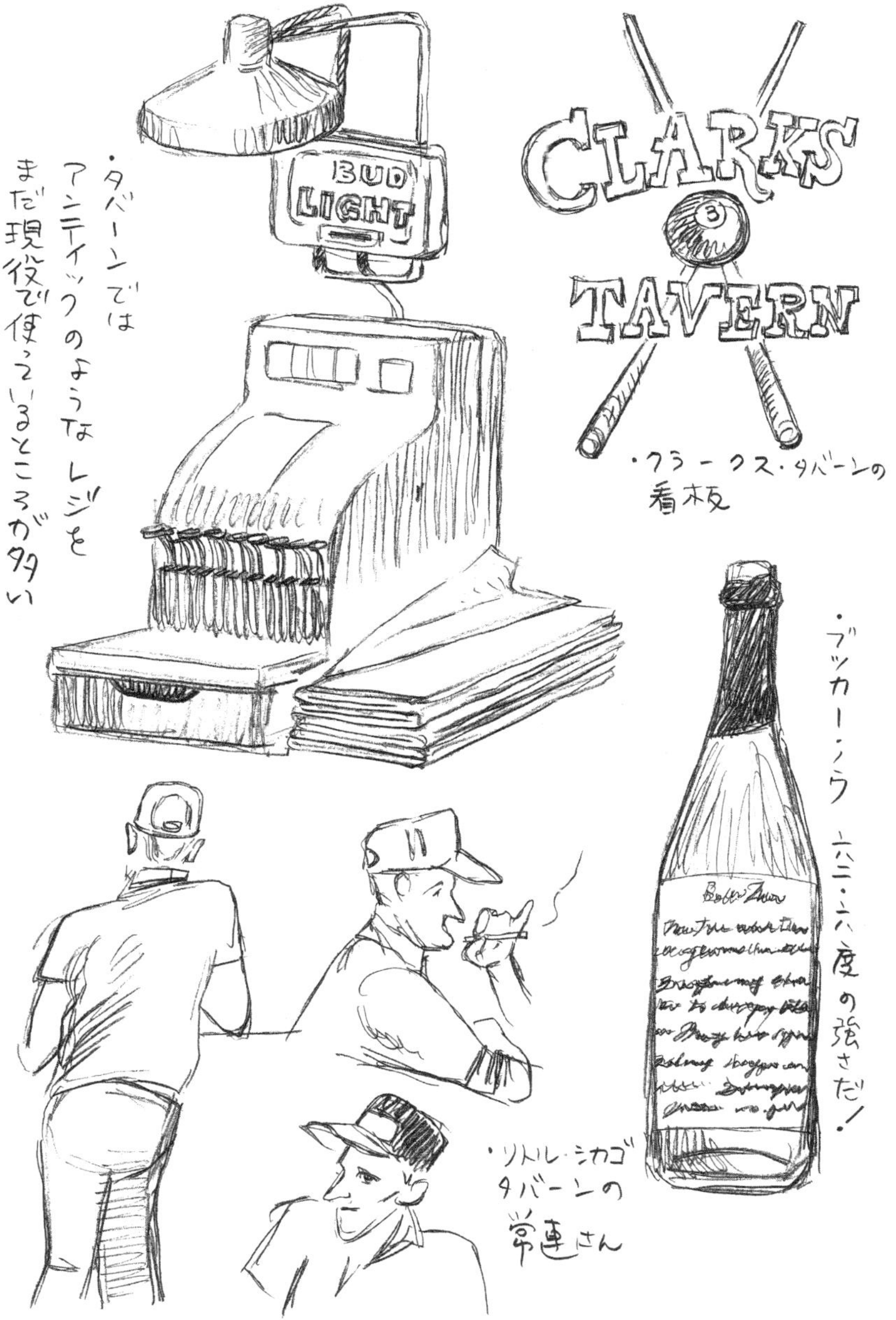
・タバーンではアンティークのようなレジをまだ現役で使っているところが多い
BUD LIGHT
CLARKS TAVERN
・クラークス・タバーンの看板
・ブッカー・ノウ 六二・六度の強さだ！
・リトル・シカゴタバーンの常連さん

「宝島」探訪記

『宝島』といえば、イギリスの作家スチーブンソンの長編小説だ。その「宝島」の二文字を、日本の地図で発見したときは驚いた。詳しく知りたいので、五万分の一の地図を買ったけれど、島は豆粒の大きさだった。そこで鹿児島の役所へ手配すると、送られてきた二万分の一の地図には、ギターのピックのような形の宝島が記され、まさに冒険物語の島のような地図だった。

一九七〇年。宝島行きが実現した。新幹線で大阪へ。大阪から夜行で鹿児島へ。早朝着いたが、船はすでに出航したあとだった。天候で航行の予定が大幅に狂うことがあり、その時も遅れていたので早々に出航したというのだった。宝島は東シナ海に南西に並ぶ、トカラ列島の十ある島の九番目の島だ。二五〇トンの「十島丸」がそのひとつずつに寄港する。出航した十島丸は南下して、一旦、奄美大島に寄るという。それからまたトカラ列島を北上する。奄美大島へは大型船が就航しているので、それに間に合わせようと奄美へ向かった。結局、十島丸より早く着いてしまい、奄美大島で一泊し、翌日の夜十時、満天の星空の下いよいよ宝島へ向けて出航した。

宝島の人口は二五〇人。船が着くと島のほぼ全員が岸壁に集まる。そこで聞き回って、坂本さんの離れに宿が決まった。島には食堂がないので、三食つきで一泊七〇〇円。民宿が二食つきで一五〇〇円の頃である。電気は夜七時から十時まで時間送電。電気冷蔵庫が使えないので、豚肉は塩漬けで保存。これがなかなかうまかった。公共の施設は郵便局と小学校だけ。車の運転には免許が必要ない。共同の売店が一軒。

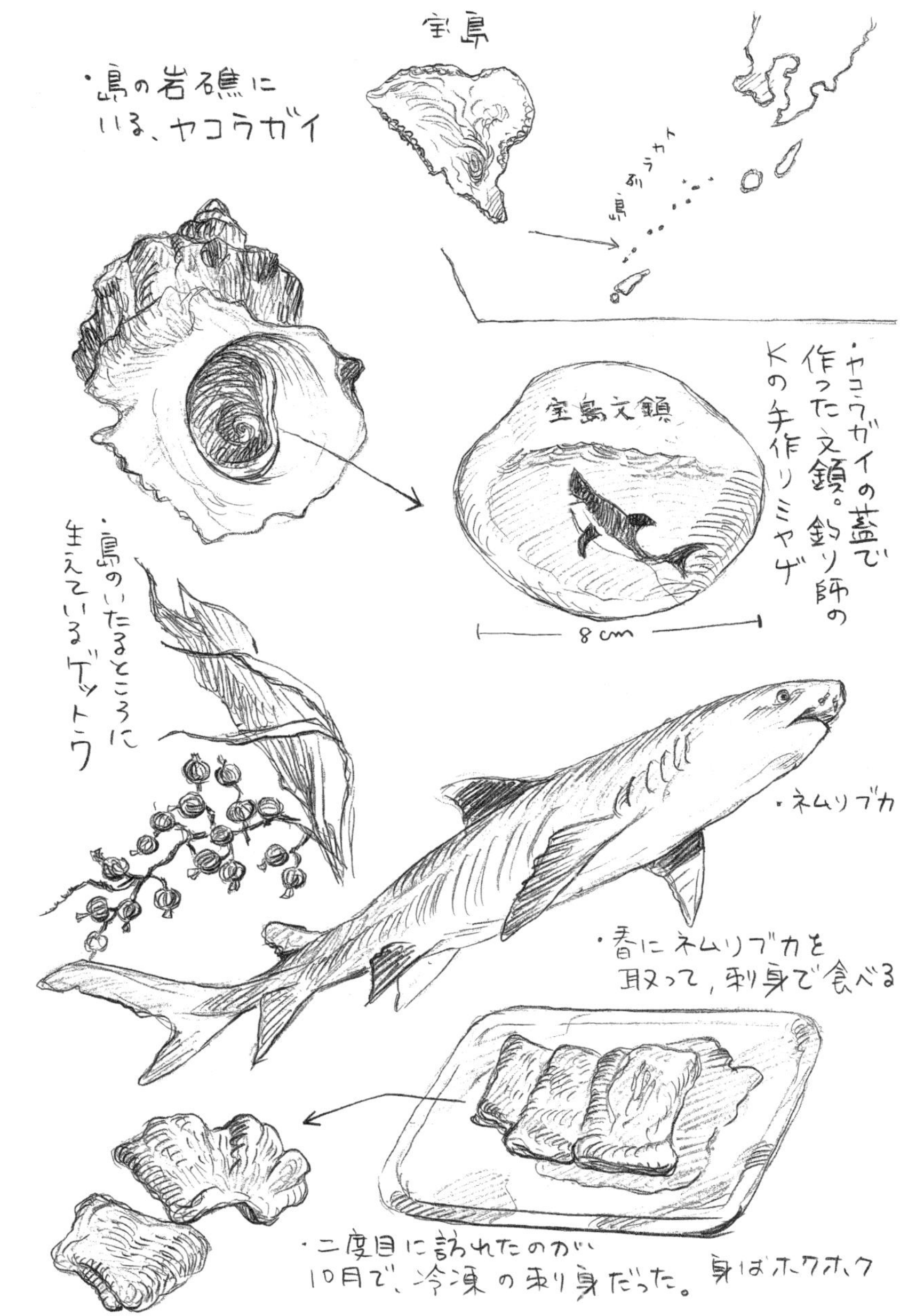
宝島
・島の岩礁にいる、ヤコウガイ
トカラ列島
宝島文鎮
8cm
・ヤコウガイの蓋で作った文鎮。釣り師のKの手作りミヤゲ
・島のいたるところに生えているゲットウ
・ネムリブカ
・春にネムリブカを取って、刺身で食べる
・二度目に訪れたのが10月で、冷凍の刺身だった。身はホクホク

午前中、潮溜まりで素潜り、昼はゴロ寝。午後は散歩。宿のオバさんは「わざわざこんな所まで来て変わってる」と不思議がっていた。ともあれ寝床の蚊帳《かや》にはりついたヤモリの鳴き声を子守歌に、亜熱帯の自然の空気にどっぷり浸かった旅だった。

十八年後、ふたたび宝島へ行った。羽田鹿児島間は飛行機で一時間五〇分。その夜の十時スタビライザーつきの高速船「としま」で出航、翌日の昼に宝島着。あれよあれよという間である。島には新しい住人がいた。大物釣り師のKと、画家のKの両氏だ。かつて泊まった、坂本さんの離れは廃屋になっていたが、オバさんは元気だった。むろん僕のことは覚えていなかった。

今度の宿は平田さんだった。二階の二十畳ひとり占めだったが、数日後、密漁で逮捕される男と相部屋になった。島には警察が無いので、奄美から警官が来るまで同居することになったのだ。宿は三食つきで一七〇〇円。信じられないほど安い。小柄なオバさんはプロレス好きで、テレビをみながら「この野郎！　殺《や》っちまえ、そこだ」と大声で怒鳴る。ふだんは大人しい人で、毎日おいしい料理をつくってくれた。醤油が甘いので、刺し身は濃い塩水をつくって醤油がわりにした。大物釣り師のKはザルの飲み助で、毎晩ふたりで「さつま白波」をあびるように飲んだ。

そのKから、すっかり禿げてしまったが島の娘と結婚した、と便りがあった。手紙と一緒に、トビウオの干物や、島の野生のミカン、今や名物になった落花生を送ってくれた。甘味が苦手なのを知っていて、黒砂糖も荷に入れてくれた。

今年あたりか来年か、はたまたいつになるかはわからないが、三度目の宝島行きを考えている。そんな計画が頭に棲みつくと、旅の虫が騒ぎだす。あの亜熱帯の小さな島が懐かしい。

海老は贅沢か、否か

種子島空港のロビーには土産物の売店と、赤葡萄《ぶどう》酒色の甲羅《こうら》の奇怪な海老がいる水槽がある。売店のオバさんがクツエビだと教えてくれた。踏みつぶされたように扁平で、なるほど靴に似ている。甲殻類の頭は頭胸甲というが、そこに一匹ずつ値札をつけている。大きなもので三〇センチほど。値段は七三〇〇円と立派。食べるととてもうまいという。正式名はセミエビという。高額の値札つきの海老が水槽の中で蠢《うごめ》いているのは、案外と見ものであった。

高知の居酒屋で食べたカワエビの唐揚げは三五〇円。四万十川のテナガエビだから図体が大きい。初夏に獲れたので腹に卵がぎっしり。海老の額角はノコギリ状の角で、目玉の上にありパリパリと噛むと、細い髭《ひげ》や脚も崩れる。その感触がいい。まだ歯は頑丈だという気になる。

北海道東部の標津《しべつ》で海老といえば、ホッカイシマエビのことをいう。尾岱沼《おだいとう》の船着き場をぶらぶら歩いていると、漁協の倉庫の奥でオバさんたちが大鍋を囲んでいた。浜茹《ゆ》でというやつで、蓋《ふた》をあけると湯気が舞い上がり、唐紅《からくれない》の海老がギッシリ詰まっている。美しくてうまそうで、気が遠くなりそうになる。北海道のオバさんは太っ腹だ。当方の欠食児童状態を見て、食べなさい、と茹でたてをくれた。前夜、旅館で食べたのとは雲泥の差だった。ほこほこして滋味がある。殻《から》のまま食べてもうまい。婦人会の寄り合いの準備の、嬉しいおこぼれ頂戴であった。

ホッカイシマエビの正式名は、ホッカイエビ。生息地の野付《のつけ》湾には紐状の海藻、アマモが群生している。漁は磯舟に帆を張った「打瀬《うたせ》網漁」。その舟に同乗した。船長は獲れたばかりの海老の殻を手早く剥《む》いた。それを湾の水でささっとすすいで、食べさせてくれた。肉はもちもちして淡泊。海老独特のねっとり感がない。適度な塩気が粗野な食べ方にピッタリ。なんといっても、獲れたては、うまいのだ。

京都の居酒屋で伊勢海老を食べた。いつもなら漬物が肴の定番。酒と肴の釣り合いの問題だ。だから居酒屋で伊勢海老では問題なのだ。けれどもその店の主がむかし魚屋だったので、新鮮な海の魚が安い。とくに伊勢海老はその店の目玉だった。海老や蟹を食するときは勇気がいるが、ここは正念場だ。意を決して約二五センチのを一尾頼んだ。

伊勢海老の半分は頭だ。だから丸ごとといっても、刺し身の量はとても上品だった。それを肴に、チビチビ飲んだそのあとのことだ。食べ終わった頭や殻の残骸を女将《おかみ》がいったんひきとって、それから茹でてくれた。そしてなれた手つきで、甲羅の裏側、脚の一本一本、太い触角から、竹串を使って身をほじくり出してくれるのだ。こうしてかき集めた海老の身肉の量たるや、小皿にてんこ盛り。脚も触角も細長く、赤い薄皮に覆われている。それをつるんと吸うと独特の繊細さが舌をはしる。殻の内側に残っている身肉は、汁がたっぷり。ふだんから魚は骨までしゃぶっている。が、活きづくりのあとの、海老の脚や触角までを徹底して食べさせてくれるのには脱帽した。京都は東山、店名は〈伏見〉。気のおけないスタンドだけの居酒屋だったが、店を出るときには「伊勢海老を食べたぞ」と、なかなか鼻息がおさまらなかったのだった。

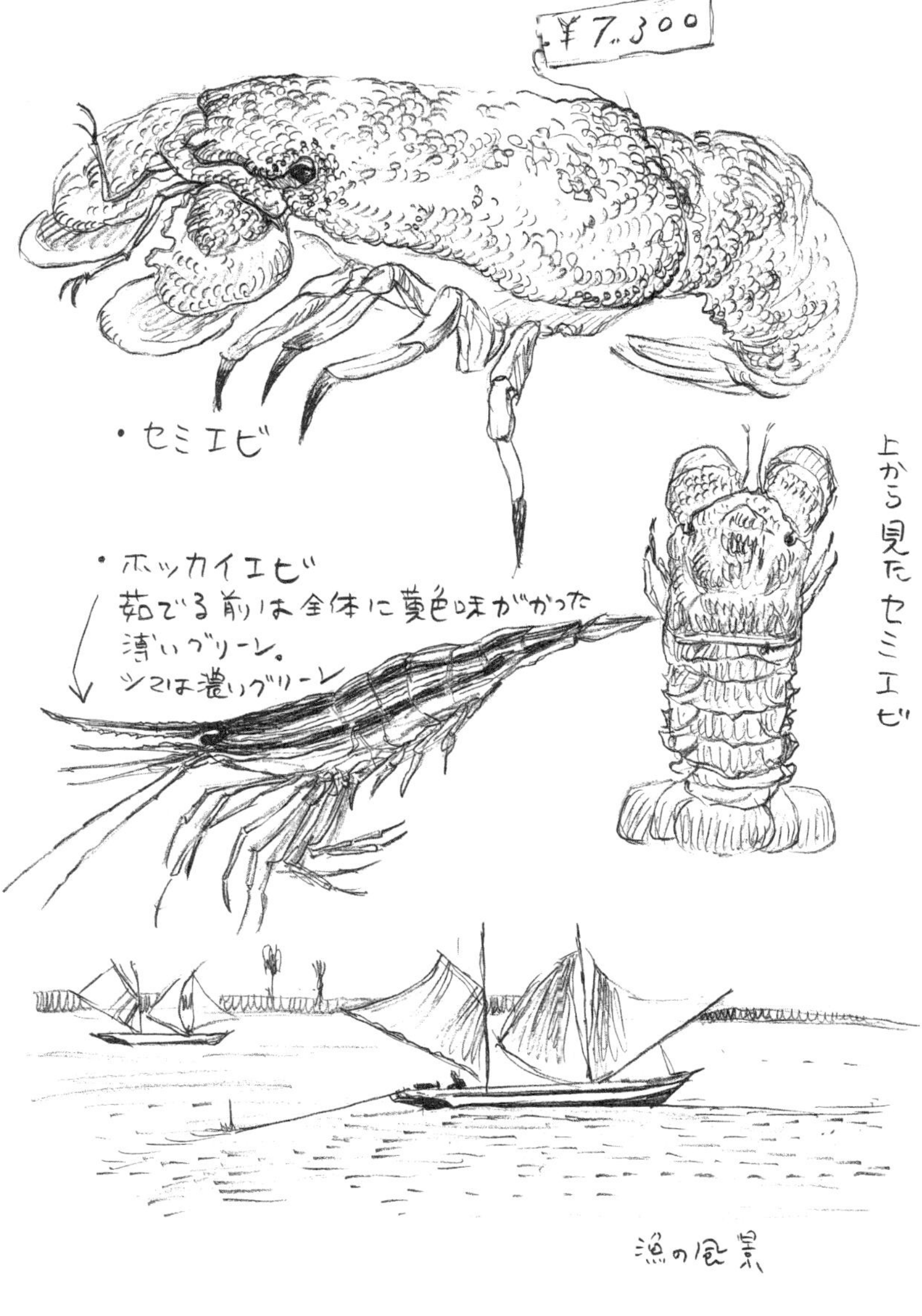
¥7,300
・セミエビ
上から見たセミエビ
・ホッカイエビ
茹でる前は全体に黄色味がかった
薄いグリーン。
ツメは濃いグリーン
漁の風景

絶滅危惧の店

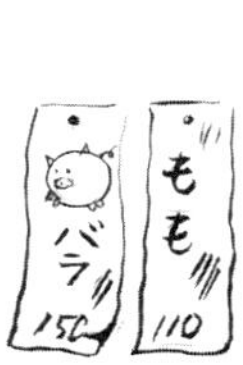

運転免許、パソコン、携帯電話がない。こう三拍子そろってないのは、今どき珍しい。絶滅を危惧されるイリオモテヤマネコやイヌワシと同じような存在である。ようするに時流に乗れない石頭のオヤジということになろうか。

こう書いてからン年がすぎて、パソコンだけは使うようになった。若い編集者からの「原稿をメールで」という要望に応えたのだ。

そんな、頭が固いし体も固いオヤジが好む大衆酒場に、南千住の〈大利根〉があった。間口一間の戸をあけると、中はドワッと広い別世界で、焼酎と煮込みを前にしたオヤジの群れがずらりと尻を並べている。これぞ大衆という熱気と喧騒が店内に充満している。

久しぶりにそっち方面に出向いたので寄ってみると、店がなくなっていた。現代韓国料理店に変身した店の前に、茫然と立っていると、軒の壁面にそこだけ汚れなかった〈大利根〉の看板文字の跡がうっすら残っていた。

名古屋の太閤通口を出た路地にある〈丸一食堂〉。入ったのは昼だった。水を打ったコンクリートの三和土《たたき》。デコラ張りのガタついたテーブル。入口にでんと座った女店主。朝定食は十時までで三八〇円。壁に海亀の剥製。「この店は昭和四十九年以来、ずっとうまい。安部譲二」なんて色紙が貼ってある。あの実力なら、まだまだ健在だろう。と、願う。

「黒猫」とくればポーの短編だが、古い日活映画あたりのバーの名前にぴったりだ。ところが、

御自由
にお取り
下さい
・丸一食堂はお好みを自由に選べるビッフェ・スタイル
¥650
ホルモン焼 ¥550
みそ煮込うどん ¥700
・酒飲みはこういうノレンを素通りしてはいけない
清酒
黒
猫
新鮮プリプリのボタンエビ！
使いこんだアルミの「ちろり」でキューッと一杯

山形駅近くの〈黒猫〉は、れっきとした居酒屋だった。猫と「清酒一声」の文字を染め抜いた黒いノレンをくぐると、カウンターだけの店で、老女将がジロリと一瞥。清酒を注文するとつきだしの漬物がでた。チビチビ飲んでいると、二人づれの女性客が来た。あいている椅子はあるが、老女将は眼力のあるあの一瞥《いちべつ》で「予約がある」と断った。清酒四杯、焼き鳥三本で、一三六〇円。由緒ただしき居酒屋であった。

金沢を流れる犀川の橋のたもとに、素通りのできない魚屋があった。尾のつけ根に出刃をたて串をさしたアカガレイが干してあり、小雪がチラついていて、とても絵になる。妹が洗濯バサミでカレイを干したのを見て「今の若い者は」と、お袋が嘆いていたのを思い出した。

そのアカガレイをスケッチしていると、店の中から出刃を手にしたオヤジさんが、さかんに手招きをする。なんだろう。魚棚の横沿いに中へ入ると、どんづまりが直角に折れて、立ちあがりの三畳とつけ台がある。そこが居酒屋というわけだ。たはっ、これにはまいった。

まだ日が落ちる前だが、先の客はすでに一杯飲っているオヤジ二名と、食事の女性。なにしろ魚屋である。通常ならパスするボタンエビなどを注文すると、鮮度抜群で舌のうえでトロける。高級魚のノドグロことアカムツの塩焼きもつまむ。たまにはいいか、こんな贅沢。といっても飲み代は安心、やはり居酒屋。

「材料費の倍額の売り値を標準とし、それ以上を下、以下を上とするのが正しい」

これは、僧で料理研究家の魚谷常吉の大衆料理の定義だ。むろん大衆酒場にも当てはまる定義で、そういう店が消えてゆくのは、じつに嘆かわしいのである。

夏だから鮎の話を

五月の末、上越線六日町駅前のスーパーで稚鮎《ちあゆ》を買った。ぶっかき氷に、ぬるりとした稚鮎が並んでいた。まさに初夏そのもの。そのときは、国道291号線を巡っていた。その日の宿は路線に沿ってとうとうと流れる魚野川の川岸。焚き火を囲み地酒を飲む、いつものパターンだ。売り場のオバさんは野外仕様の当方の姿を見て、はたしてこのオヤジは何者だろうと内心思っているにちがいない表情だが、営業用のニコニコ顔で、うまいよと薦める。

かつて日本橋の〈てん茂〉で、稚鮎の天ぷらを食べたことがあった。サクッとした歯触り、香ばしい衣、ハラハラと溶ける身、かすかに残る内臓の上質な苦み。まことに繊細、かつ上品。素人がそれを真似てどうかな、と思うが、焚き火と酒が腕をカバーしてくれる。

キャンプ用の道具で、さっそく天ぷらづくり。咄嗟《とっさ》に思いついたのが、小麦粉を水ではなく酒で溶くという手だ。イギリスのフィッシュ&チップスがビールで衣を溶くという、そのパクリだ。これが大成功。熱々の揚げたてをさっと塩につける。ハフハフと冷ますうちに、はかなく溶けてゆく。このうまさには、まいった。黄昏《たそがれ》の空に宵の明星がきらめき、川面は黒々とうねっている。焚き火の炎は燃えさかり、舌鼓タンタン、腹鼓パンパンだった。

この稚鮎が清流の苔《こけ》を食んで成長する。それを海鵜《うみう》にパクリと飲ませて、ケポッと吐かせる。鵜飼いである。その鵜を捕っているのが全国で一か所、茨城県十王町だ。太平洋に面した断崖絶壁に、「鵜の岬」がある。懸崖のテラスに、ムシロ張りの掘っ建て小屋をつくって、身を隠す。

外には囮《おとり》の鵜をつなぐ。渡りの鵜がそれを見て一服しようと止まったところを、トリモチを塗った棒で捕まえる。取材した手づくりの小屋は、子供の頃つくった隠れ小屋のようで、わくわくする。こうして捕まえた鵜は、長良川などの鵜匠へ送られる。

その長良川で獲れたての鮎を、釣り宿の主人が、ただ焼くだけで食べさせてくれた。遠火の強火でこんがりあぶるだけ。肉の水気がなくなる寸前に焼き終え、獲れたてで、生きている鮎でなければ駄目だという。主人は、刺し網を仕掛け、篝火《かがりび》を焚いて水面を照らして鮎を寄せ、舟の舷《げん》側《そく》を叩いて網に追いこんで獲る「追込み漁」をしていた。素焼きの鮎の皮は、川海苔《のり》を焼いた香ばしさ。肉はふんわり淡泊。頭はカリカリ。噛むと頭骨がすべての部位にバラけるのが舌で確認できる。蓼酢《たです》は必要なし。鰭《ひれ》と尾っぽが極薄の焼き菓子の歯触りで、繊細で高級。

愛媛県の大洲《おおす》の肱川《ひじかわ》の河口に、鵜飼いの屋形舟が何隻も舫《もや》っていた。大洲は六万石の城下町だった。古い家並みが宵の口の風情を醸しだす。鮎で一杯の胸算用をしたが、前の夜が鵜飼いの祭りだったとかで、ほとんどの店が休業だったが居酒屋が一軒だけ開いていた。ガランとして客の姿なし。やや甘口の地酒「東洋」を冷やで飲む。「祭りのあとで何もない」と言って、女将が獲れたての鰻を焼いてくれた。関西独特の蒸さない天然の鰻は、身がプリプリ。淡泊で芳醇《ほうじゅん》。チビリチビリと四杯。ぽつりぽつりと交わす世間話。壁にはランドセル。女将は子持ちのバツイチという。勘定一五〇〇円也。

帰り道に日本冒険小説協会公認のバーがあったので、エライジャ・クレイグのオン・ザ・ロックスを二杯飲んだ。我が夏の思い出は、稚鮎、鮎、鰻……。歌にある「遠い空と水芭蕉」ばかりでもない。

揚げたての稚鮎の
てんぷら

・野外での万能の
シェラカップで
コロモを溶く

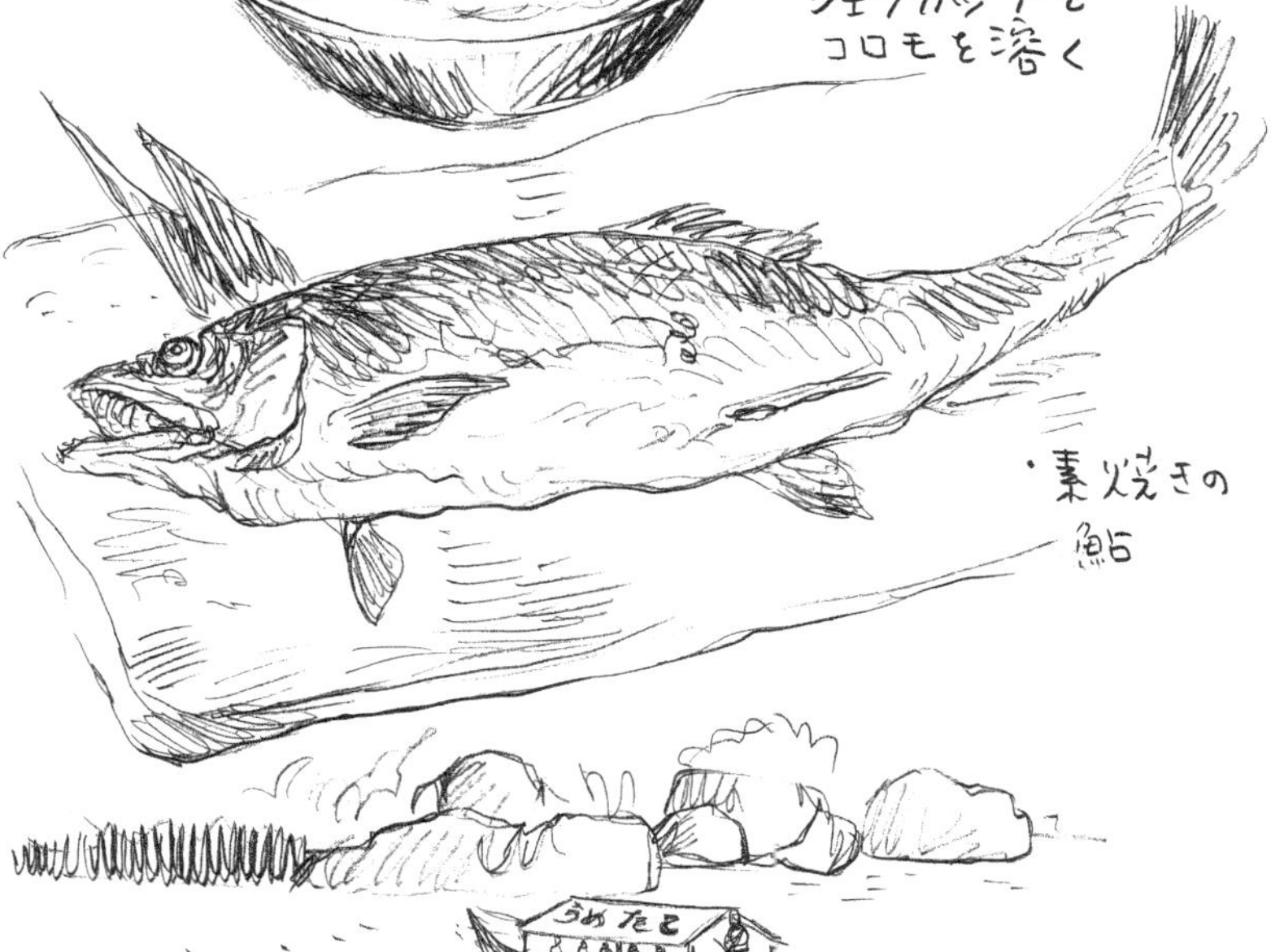

・素焼きの
鮎

・大洲　肱川

漬物は文化の指標なのだ

漬物が好きだ。酒の肴にも漬物は欠かせない。

地方に出かける楽しみは、うまい漬物に出合えるかどうかが大切だ。名所旧跡、温泉、銘菓などなくてもうまい漬物があれば、これぞ文化である、と思っている。

漬物といっても種類は多い。故郷には鰊《にしん》漬という一品もあるが、琵琶湖で食べた鮒鮓《ふなず》しのあの味が忘れられない。鮒鮓しは漬物ではないという向きもあろうが、わが国最古の塩漬けの保存食で、漬物の祖ともいえるのだ。

琵琶湖沖島の小川俊一さんは、自分で漁をしたニゴロブナで鮒鮓しをつくっている。湖畔の漬物小屋に案内してもらった。板張りのひなびた佇《たたず》まい。その風情がすでに味の保証をしているようで、おもわず生唾《なまつば》を飲みこんでしまった。ガタピシと戸をあける。三和土《たたき》に並ぶ漬物樽。充満している漬物独特の鼻にツンとくる発酵臭。それだけで酒が飲めそうな気配なのだ。

漬物樽の木蓋《ぶた》の上に大きめの石がデンと置いてある。水分がでて表面に溜まった水は常に流して、きれいにしておく。木蓋を取ると、米粒が熟れてペースト状になってあらわれる。白く熟れた飯はとても美しい。小川さんは指ですくって口に含むと、よし、と言った。これは黙って見ている手はない。「いいですか」と呟いて、返事も待たずに指でかすめ取ってなめた。上質な酸味。ブルー・チーズのような、発酵した独特の芳香が鼻先に抜ける。

鮒と米の組み合わせ。鮒鮓しは米文化ならではの漬物だ。塩漬け処理をしてから、腹に飯、頭

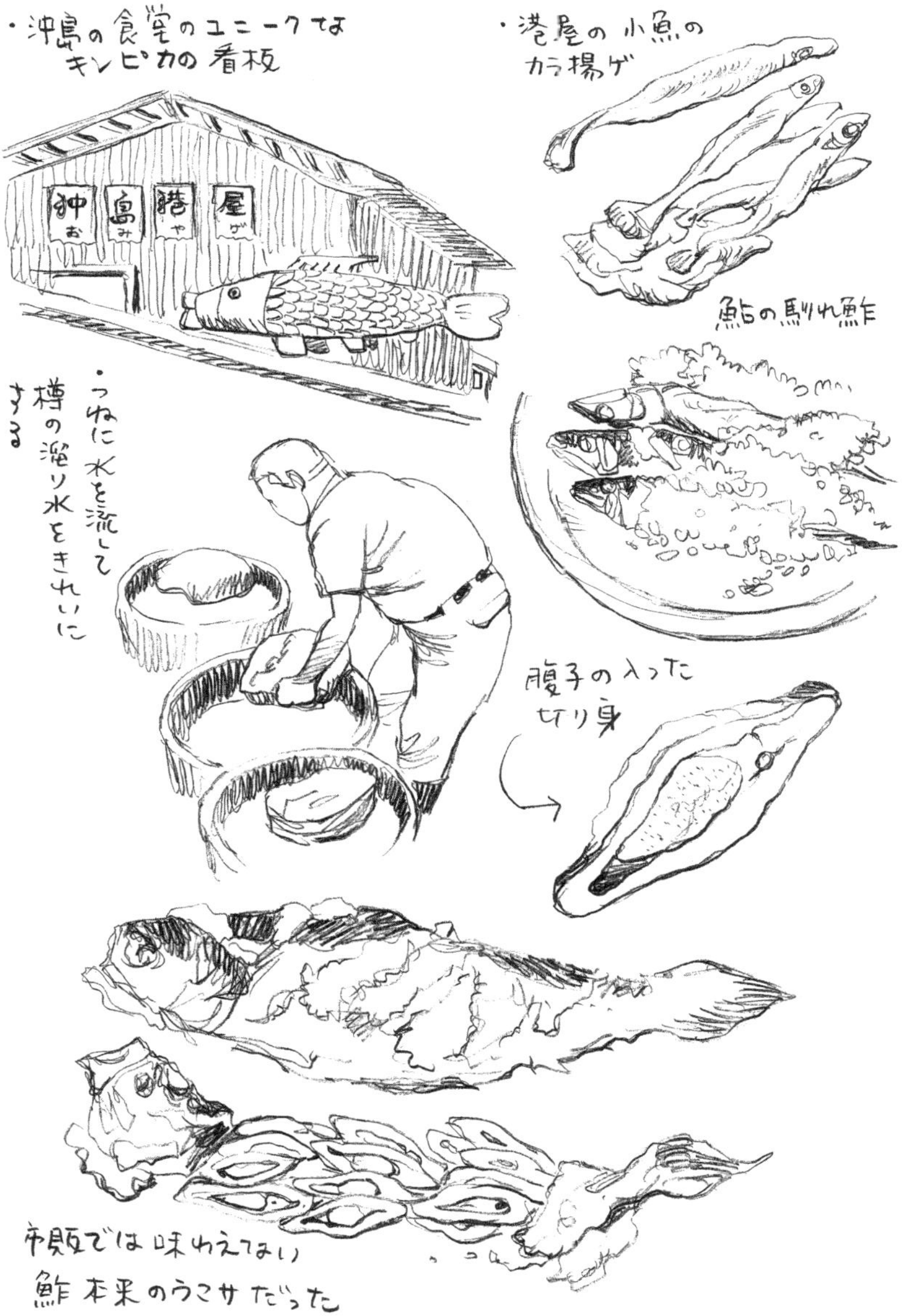
・沖島の食堂のユニークなキンピカの看板
沖島港屋
おみやゲ
・港屋の小魚のカラ揚ゲ
鮎の馴れ鮓
・つねに水を流して樽の濁り水をきれいにする
腹子の入った切り身
市販では味わえない鮓本来のうまさだった

に酒粕《かす》をつめたニゴロブナを何層にも重ねると飯の層が蓋になり、樽の中の鮒の発酵の安定を保つのである。

小川さんが樽からだしたニゴロブナのメスは抱卵し、オスも白子がみっちり腹につまっている。それが塩漬けと重石でペッタンコになり、白練のねっとりした飯にまみれて、いまが食べごろよ、といわんばかりで目の前にある。それを惜し気もなくブツ切りにしてならべると、オレンジ色のタマゴの列ができる。そうして、いよいよ食するのである。

トロけたチーズがからんだような、その一切れを食べる。飯と魚が発酵して絶妙の味になっている。鮒の骨のかすかにシコッとした歯触りが消えないうちに、もう次の切り身に箸が伸びる。それから、酒。紅緋の腹子がぎっしり詰まっている一切れにおよんでは、横取りされはしないかと殺気だつ。

最後に、頭と尻尾を椀に入れ、熱いダシ汁を注ぐ。ほどよく酸味の利いたお吸い物になる。これが箸休め、酒休め。気持ちも落ち着く。添加物は一切なし。素材と塩と手間だけをかける、これぞ漬物文化。

琵琶湖の湖畔にはこうした文化がさかえ、オイカワやハスも鮒鮓しのようにしてつくる。長浜の淡水魚専門店では〈ちんま鮓〉という名前で売られている。

鴨見物と鴨の味

石川県加賀市の海岸近くの片野に、鴨池と呼ばれる池がある。その名のとおり初冬になると鴨たちが飛来する。池と湿地を含むと一〇ヘクタールの広さがあり、国際的に重要な自然として、ラムサール条約の湿地登録地になっている。この条約では湿地を、沼沢地、湿原、泥炭地または陸水域で水深が六メートルを越えないものと定義している。

渡りの時季になって池にやってきた鴨たちは、夕暮れになると近隣の水田に餌を食べに行く。池から餌場に向かう方向が斜面で、飛びたった鴨たちはそれに沿って低く飛行する。鴨の通り道の下のボサに、Y字型の股木に網を張った男が潜んでいる。

逆三角形をしたこの網は「坂網」と呼ばれていて、鴨が池から手前に近づいて来たときを見計らって、空中に垂直に放り投げられる。飛びたったばかりで低く飛んでいる鴨は不意をつかれ、網に引っかかってしまう。これが三〇〇年ほど前から行われている、伝統猟の「坂網猟」だ。

この坂網猟は大聖寺捕鴨猟区共同組合が行っている。その狩りに同行した。生憎その日は不猟で、何度か坂網をうったが、シャ、シャ、と羽音を残して鴨は飛び去っていった。捕れたばかりの鴨で一杯飲れるのではと、捕らぬ狸ならぬ、鴨の皮算用をしていたが、アテがはずれた。

食べるのはあきらめて、翌日は鴨池観察館で鴨を見物した。水面にはマガモ、オナガガモ、キンクロハジロの群れが点々と浮いている。双眼鏡を握りながらアツアツの鴨汁蕎麦が食べたいという、不埒《ふらち》な考えが泉のようにわきでてくる。食べるなら、やっぱりマガモだ。通称、青首と呼ばれていて天然物は絶品。頭をそろえて並ぶ。池のまわりの木の枝に、鴨を狙ってオジロワシがとまっていた。オジロワシも鴨が食べたいのだ。

北海道のサロマ湖で鴨を見物していたときも、思わず「鴨を食いたい」とつぶやいてしまった。すると同行していた獣医の竹田津先生が、「鴨はうまいねぇ」と相づちをうってくれた。そして「しかし、白鳥の比ではない」とおっしゃる。先生は自然死した白鳥を解剖していたとき、あまりうまそうなので刺し身で食したという。サロマ湖の見物客が餌をばらまくと、湖面は水鳥でわきたつ。たくさんのオオハクチョウも飛来していて、こっちの話を知ってか知らずか、優雅に、くわん、くわん、と鳴きながら餌を取り合っていた。

木枯らしが吹く頃、上野の不忍池に出かけて鴨を見物する。この頃はユリカモメが多くなっているが、オナガガモ、ホシハジロも健在だ。その足で池の端の〈藪〉で鴨汁蕎麦を食べる。鴨見物のあとで、こういう贅沢がある。浅草にあったラーメン屋では、叉焼のかわりにローストした鴨肉を花弁のように盛りつける一品があった。

池袋の〈笹周〉で食べたコガモは忘れ難い。天然物だからときどき散弾の弾が入っていることもあった。痩身の店主が囲炉裏に陣取り、炭火でこんがり焼きあげた半身の皮をかむと、汁がたっぷりで濃厚な肉がむちりと歯にあたる。二号徳利の「菊姫・山廃」のあと「純米・三千盛」も二合。その「笹周」も、なくなって久しい。

秋田の市民市場では、季節になると青首が並ぶ。頬被り姿のオバさんが「ガタ（八郎潟）で捕れたもの、ウメェ」といった。そんなお国訛りも酒を誘うのである。

このしげみの下に
鴨池がある

待っている場所は
「坂場」といって
土の台がある

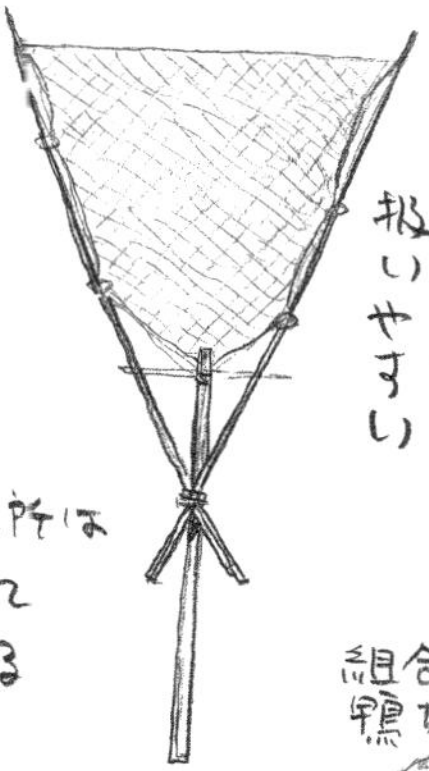

・坂網は組みたて式に
なっていて、軽くて
扱いやすい

組合には
鴨塚があった

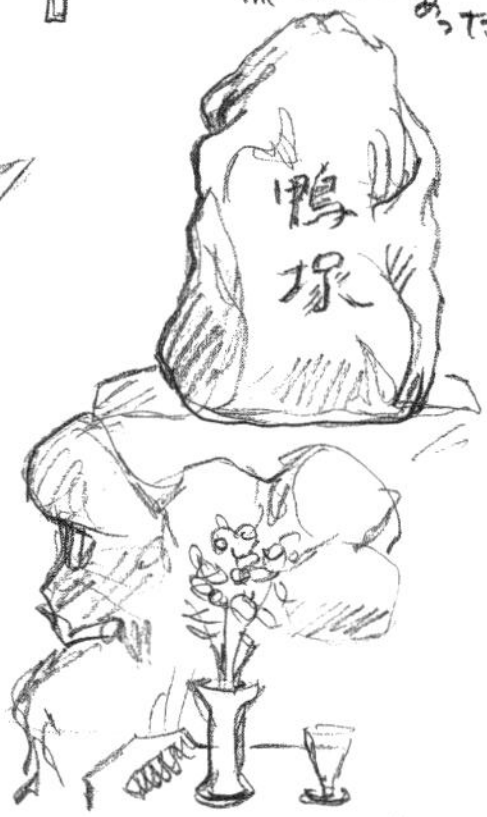

・オナガガモの
メス

尻を出して水草を食べるマガン

こちらは北海道の
オオハクチョウ

固い筍《たけのこ》バリバリと

チシマザサは雪の重さで根元が曲がるのでネマガリダケともいう。春に細長いタケノコがでるが、これがうまい。油揚げと一緒に煮つけたものが、とくに好物だった。これはお袋の味というやつで、根元のやや固いところを噛むとキュッと心地よい音がした。山菜王国秋田では季節になると市民市場にミズ（うわばみそう）、シドケ（もみじがさ）などがどっさり山積みされるが、ネマガリのタケノコはやや値も張り、別扱いされている。

孟宗竹の筍を食べたのは長じてからだ。ネマガリのタケノコになれた目には、ともかく馬鹿でかい。大味だろうとタカをくくっていた。ところがあに図らんや、先っぽのやわらかいのとワカメのすまし汁「若竹」の繊細で上品な味わいには、目からウロコだった。さらに煮物を食してからは、つゆのしみた固い根元の噛み具合が妙に気にいってしまった。

嗜好というものは段々エスカレートする。もはや味は二の次、固ければ固いほどよしとして、赤い粒々がある筍の根元をガリガリかじる快感に、すっかり中毒になってしまった。

あるときマウンテンゴリラがバナナの茎をバリバリかじる映像をテレビで見て、もはや我慢がならず伊豆へ出かけた。二月になると、小ぶりながらも伊豆では筍が店に並ぶ。目指すのは国道１３６号線の道路脇にある〈青市物産センター〉だ。電話予約をしておいたので、砲弾のような筍が手に入った。だらしなく相好が崩れ、奥歯にギリリと力がはいる。

さて、こいつをどうするかは、すでに作戦はたててある。センターの裏の空き地で焚き火の許

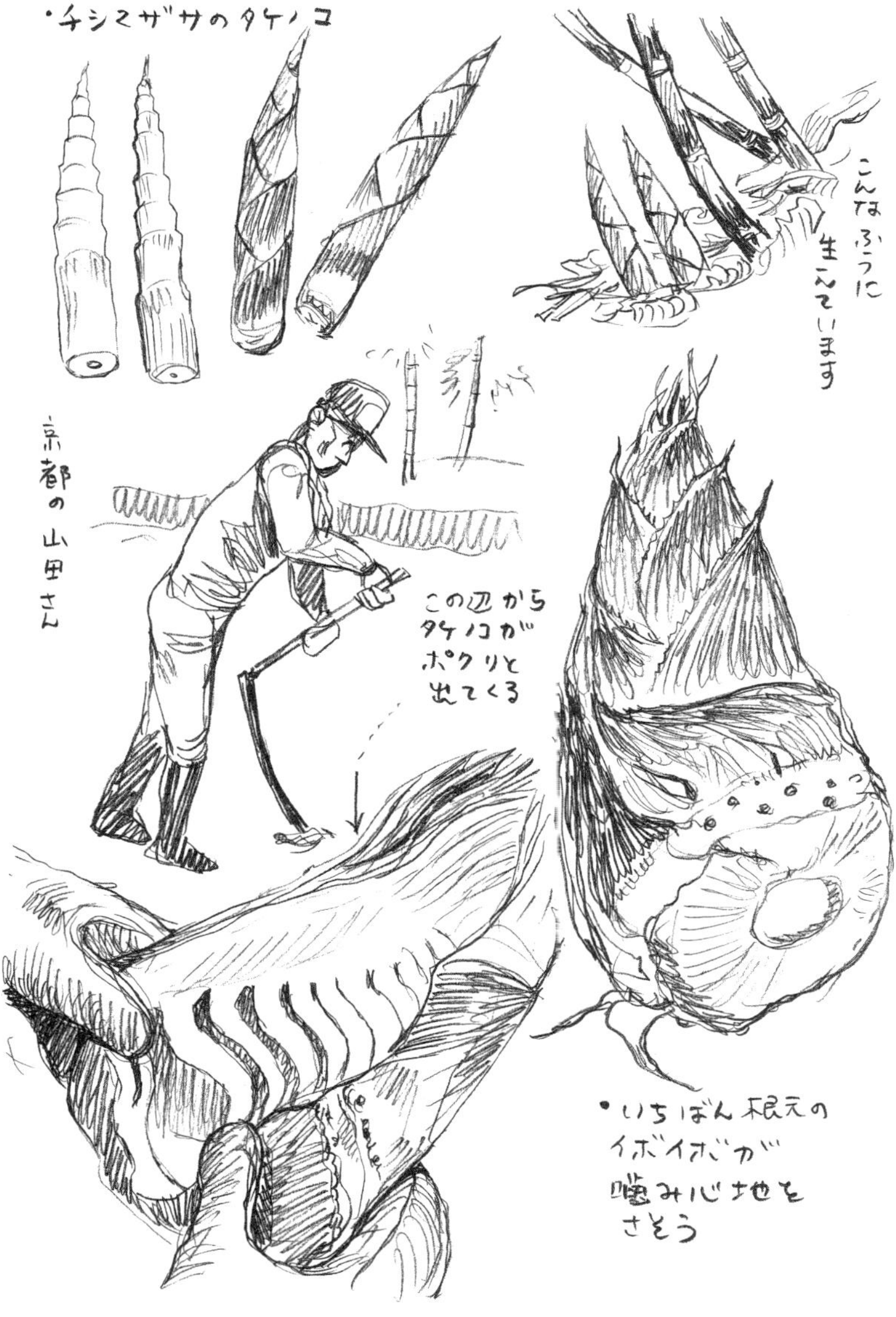
・チシマザサのタケノコ
こんなふうに生えています
京都の山田さん
この辺からタケノコがポクリと出てくる
・いちばん根元のイボイボが噛み心地をさそう

可をオバさんからもらった。スコップもかりて、地面を浅く掘って小石を敷きつめる。そこに筍をゴロリと寝かせ、上から小石をかける。その上で焚き火をして蒸し焼きを開始した。途中で焚き火好きオジさんがやって来た。筍を埋めてあるというと、火の具合を見て豆畑の支柱の古細竹を持ってきた。乾燥した竹をどんどん投げこむと、焚き火はゴウゴウと炎をあげて燃えさかった。

一時間後、燠《おき》から筍を取り出した。革手袋をして取り出し、縦半分に切り開くと、湯気のたった断面が現れた。焦げた皮をはがして、イボつきの根元をかじる。歯ごたえは充分。心地よい音が口腔内に響く。臼歯の圧力で縦に繊維が裂ける。それが帆立の貝柱に似た感触なのだ。かすかなエグミも好むところだ。

試食をお願いすると、センターのオバさんは「長くは続かない味だね」と、そっけない返事。野蛮料理は理解されにくいのである。

江戸時代からつづく筍園で、掘りたてを生で食べたのは京都だ。鶴嘴《ツルハシ》の親分のような器具であたりをつけ、筍をテコの原理でムクッと掘り起こす。簡単なようだが、筍の先はまだ顔をだしていない。そこが腕だ。やわらかい土からポクリと掘り出すと、根元の余分なところを、菜切り包丁でスパスパ切り落とす。泥つきの皮を素早く剝《は》いで、生のまま口の中に直行。産地直入。その味、筆舌に、尽くし難し。根元のしなやかな固さは早春の気にみちていて、筍の刺し身は果実のような瑞々しさだった。

固筍好きが高じて、尺八、踏み竹の類を煮込んでかじるなどと妄想する。とかく春は歯車が狂う季節だ。気をつけなければいけない。

ごはんの問題

人気《ひとけ》のないフィールドを移動している時の食事は、手間のかからないものがいい。林道を走っていて昼飯時になったら、小手をかざすほど見晴らしのよい所で車を止める。谷筋を見下ろせる峠など、いわゆるビュー・ポイント。

カートリッジをセットしたガスストーブを道端に置く。コッフェルに水を入れ、点火する。湯がわく間に、缶詰を開ける。サバの水煮だ。中身を器に移して、醤油をサッとかける。薬味は長ネギの微塵《みじん》切り。そうこうしているうちに、お湯がわく。半茹でパックのウドンを湯に入れ、かき混ぜてほぐす。サバの水煮にネギをかけたツケ汁。それにウドンをつけてズルズルする。これが存外にウマイ。食べ終わった容器は、ウドンの茹で汁で洗う。一石二鳥の昼ごはんだ。秋田の河辺郡と阿仁郡の分水嶺の峠で、こんな即席の、釜揚げ、いや、コッフェル揚げウドンを堪能した。

あれは、幻のイワナ、ゴギを探していた夏の初めだった。鳥取県南東部の八頭《やず》町。その山間の小さな町の魚屋で、アカイカを発見。新鮮なイカの証拠に胴体（外套膜に包まれた内臓塊という）の表面の斑が、ときおり妖しく収縮している。なんで、こんな山奥の魚屋にこんな新鮮なイカが。とにもかくにも、氷水にまみれたイカはまことに魅力的だった。

旅の相棒が大のイカ好き。それはいい。しかし、台所でもヌルヌルして扱いづらいイカを調理するのが、なぜかいつも当方の役目になる。何度もその被害にあっているうちに、イカを手に持ったまま皮をむき、頭を引っこ抜いて処理するテクニックを身につけてしまった。習うより慣れろだ。

野外では水の節約が鉄則。まな板を使うのは下処理をしたイカの、水気を切って刺し身用に切るときだけ。まな板は葉山の海岸でひろった板切れの小口に、反り防止の材を打ちつけたもの。

料理地兼野営地は、鳥取県千代川水系の支流の八東川《はっとうがわ》の川岸。川風に吹かれながらアカイカを賞味した。肉は厚く、歯ごたえも充分。アララという間に、濃厚な滋味が舌に溶けていく。

この日の酒は地酒の「鷹勇」。農家の蔵壁のホーローの看板に、羽を広げた鷹の勇姿があった。それでフラフラと酒屋へ。こうして飲んだこの日の酒、きれのいい辛口で大当たり。

さらに幻想的な舞台がはじまった。眼の前の流れから羽化したカゲロウが、まさにわき出てきたのである。桜吹雪を逆回しにしたように、花弁のような二枚の羽がヒラヒラと優雅に揺れる。

そして、ガスランプの光に誘われ、我ら酔いどれの周りに、まとわりつくように乱舞するのであった。その美しさ、筆舌に尽くし難し。

翌朝、目覚めると、あたりは一面カゲロウの死骸で埋めつくされていた。死骸は脂分が多く、ベタベタと周りのものすべてに粘り着いていた。その朝はメシ抜きで、焚き火の灰をかけて虫の脂分を抜く作業に終始した。灰の効果は素晴らしく、寝袋、焚き火の周りの装備、食器類の脂汚れが、昼ごはんまでにすべて除去できた。

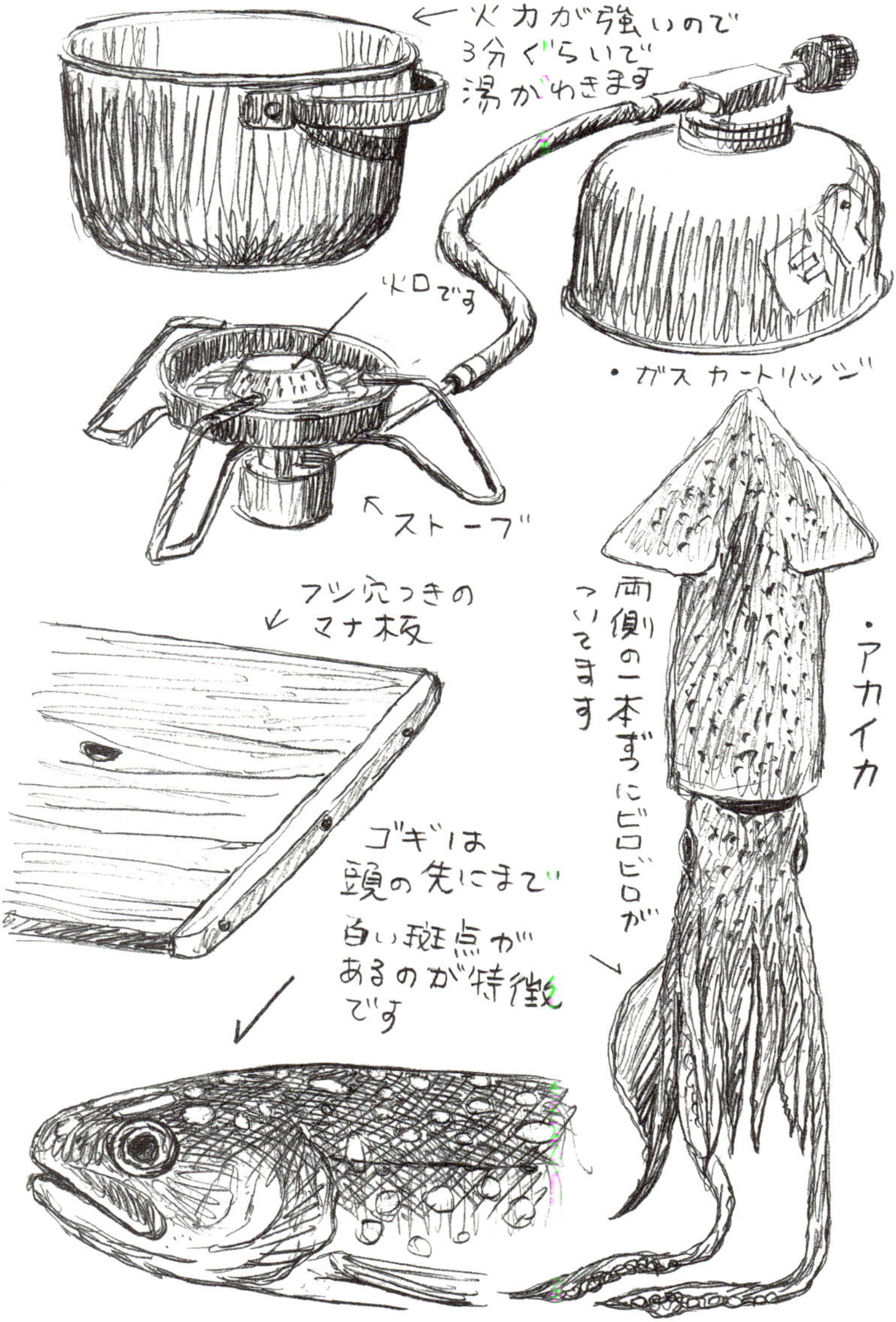

火力が強いので
3分ぐらいで
湯がわきます
火口です
・ガスカートリッジ
ストーブ
フシ穴つきの
マナ板
ゴギは
頭の先にまで
白い斑点が
あるのが特徴
です
・アカイカ
両側の一本ずつにビロビロが
ついてます

大岩の真実

十年前にちょっと興味を引く情報があって、その真偽を確かめるために、山梨と静岡の県境へ出かけることになった。情報源は渓流釣りのM。渓流釣りのエキスパートのMは編集者でもあり、全国の渓流に分け入っては、ガイドブックのために常に新しい川の情報を提供している。そのMがアマゴの棲む佐野川に出かけ、上流部の川岸で妙な岩を見つけたというのだ。

「釣り師の話を聞くときは両手を縛っておけ」というロシアの諺《ことわざ》がある。釣った魚のサイズは無論のこと、なにかと話が大きめになるのは、なにもロシアの釣り師だけとは限らない。

「人家のとだえた上流部の川岸に、不思議な溝の刻まれた大岩がある」不審な顔つきでそういっただけなら、そう簡単に重い腰を動かそうとも思わない。ところがMは、証拠の写真を持参していた。それには灰色の岩の表面に、原始的な刺青《いれずみ》を思わせるような線が複雑に刻まれていた。

これには大いに興味をそそられた。が、情報を得てから、出かけるまで十年間もの空白が生じた。その理由がともかく地の利がわるかったからだ。

しかし、ついにその日がきた。鎌倉に住むMと大船で待ち合わせ、車上のひととなった。海沿いに大磯から北上、箱根へ向かう。御殿場で昼食。ラーメン餃子で腹ごしらえ。東富士演習場、富士サファリパークを通過。八時半に家を出たのだけれど、目的地はまだまだ先だ。

富士宮市に入り、浅間神社を横手に身延線と合流。南へ五キロほど下り、富士川沿いに北へ。

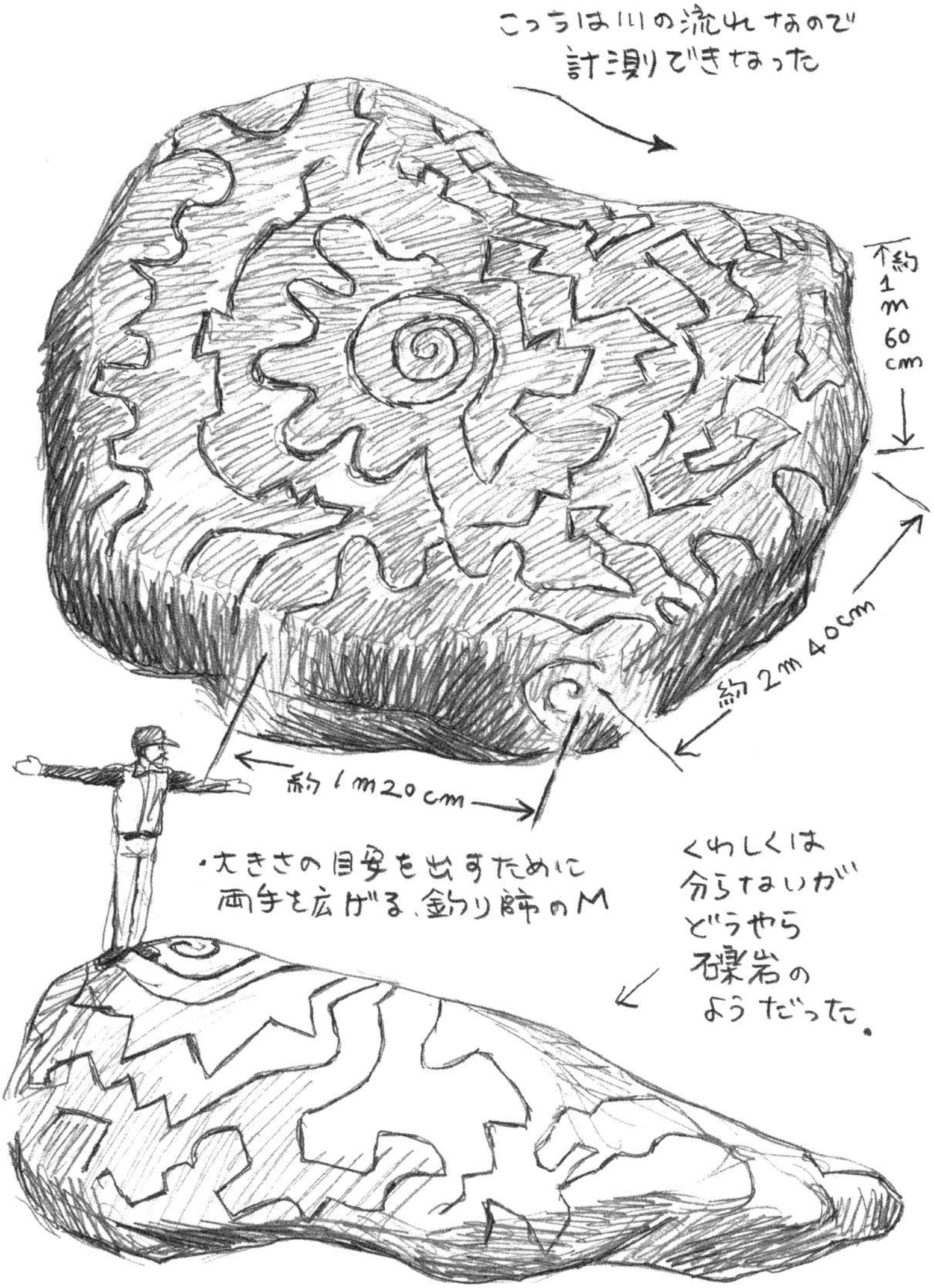
こっちは川の流れなので
計測できなった
約1m60cm
約2m40cm
約1m20cm
・大きさの目安を出すために
両手を広げる、釣り師のM
くわしくは
分らないが
どうやら
礫岩の
ようだった。

県境を越えると山梨で、ここで佐野川が富士川と合流している。井出から佐野川の上流を目指す。ダム湖の天子湖をやりすごし、さらに上流へ向かう。

岸辺にしげるマタタビの葉の一部が白化し、木漏れ日を浴びて輝く。梅雨入り前のぐずついた空模様。太陽が雲間にかくれて、道路が意味ありげに陰る。三時三十分ようやく現場に到着。

「まだ、あるかな」というMの不安をよそに、その大岩は忽然《こつぜん》と姿をあらわした。全体はひしゃげた五角形。一部が岸にかかり、片側は流れにえぐられている。流れは清冽で、苔むした巨岩があちこちの岸にゴロリと寝ころがっている。大岩の中心には太陽らしきものが描かれ、写真で見たプリミティブな線が表面をのたくっている。十年前のMの写真にはなかった苔が、ところどころに付着している。あたりは緑が濃く、空気がねっとりと重い。天候のせいか、不気味な気配がしないでもない。スケッチをすませ、大きさの目安になるように岩に乗って証拠写真を撮った。

帰り道、川下の無人だと思っていた店先で、オバさんがムシロを敷いて赤ジソの葉を取る作業をしていた。昭和十七年創業のタバコ屋のそのオバさんに、大岩のことをたずねてみた。

「あれはね、十五、六年前に大学生たちが削ったんだよ。一筆書きだから一年ぐらいかかったかねえ」。こういう事態をチラとも想定しなかった。まったくの単純な結論だった。

しかし帰路の長いドライブは妙に愉快だった。困ったことに艱難努力した結果、こういうお粗末な結論になることを、自ら好む癖が僕にはある。元の木阿弥が好きなんです。

足湯と漁師料理

格別な理由はないが、風呂も温泉も嫌いだ。けれども、足湯となると話は別だ。

長崎県平戸の街なかにその足湯があった。ゴシックふうの角柱であずま屋ふうのモダンなつくり。照柿色の泉水台から落ちこんだ湯が、ほんわかと湯気をあげて対面型の水路を流れている。

小座布団に尻を落ち着け、ポチャリと足をつける。腰痛が原因で足が冷え気味なので、あまり温まった感じがしない。尻を乗せたまま座布団をズラして、温度の高い湯の流れ出しに、にじり寄る。こういう、ものぐさが足湯のよさだ。そうこうしているうちに、度島《たくしま》行きのフェリーの出発にちょうどいい時刻になった。足湯は冬のとば口に足を暖めるのにぴったり、まさに渡りに船だった。

出港するとすぐに島影が見えた。ホカホカの足で、潮風に吹かれるのはとても気持ちがよかった。度島は平戸の北約四キロ沖合いにあり、玄武岩台地の平坦な島ということだったが、船着き場には和ローソクのような奇岩が、垂直にそそり立っていた。

島では「ホコ突き漁」が行われている。そのひとりMさんの「孝丸」に同乗させてもらった。通常はMさんひとりで櫓漕《ろこ》ぎの小舟で漁をしている。そこに僕が乗りこんだものだから、かなりの重量オーバーになったものの、若きMさんは力強く櫓を漕いでゆく。

漁の手順はこうだ。Mさんは箱眼鏡を口でくわえ、海中を覗きながら、左手だけで櫓を漕ぐ。アワビを見つけると箱眼鏡を覗いた体勢のまま、右手で傍らに置いてあるホコを取って、海底の岩にへばりついているアワビの殻に、ホコの先を引っかけてひっくり返す。それからホコを手銛《もり》にもちかえて、仰向《あおむ》けのアワビの身（正確には足）の縁を刺す。本体に傷がつくと商品価値がさがるので、殻の縁近くの数ミリの部分だ。

箱眼鏡を覗かせてもらった。海底の岩礁のアワビは保護色で、ホコの先で指し示してもらわなければわからない。しばらくしてなれてくると、岩にへばりついているアワビもサザエも見分けがつくようになった。が、ナマコだけはどうしてもわからなかった。そのナマコだが、銛で突くと、ショックで身が縮むのかゴムボールのように丸くなる。

これから旬を迎えるそのアカナマコを、酢醤油でご馳走になった。固すぎず、柔らかすぎず、クキッとした歯ごたえが小気味よかった。豊饒な磯の滋味を味わうのは、贅沢そのものだった。

ナマコに舌鼓を打っていると、金網に仰向けに置かれたハコフグが登場した。弁当箱ほどの大きさで、内臓を抜いた腹腔に味噌が仕込んである。硬い板骨で覆われた魚体が器というわけで、背中が鍋の底ということになる。炭火に乗せられるとハコフグはたちまちクツクツと煮えたって、味噌の香りが鼻孔をくすぐりはじめた。ハコフグのうまみは横腹に沿っている身肉だと、教えてもらった。箸で腹壁をなぞって、身離れのよい淡泊な身をゴッソリかきだす。ハコフグの白い身肉は淡泊でありながら濃厚さを秘めていて、ケガニの甲羅側にある肩肉の味に勝るとも劣らないものだった。つぶらな瞳のハコフグからは、想像もできない見事な味わいだった。

魚を知りつくした漁師自慢の一品で胃袋をみたし、ふたたび平戸にもどって足湯につかると、今までとはひと味ちがう旅の仕上げになった。

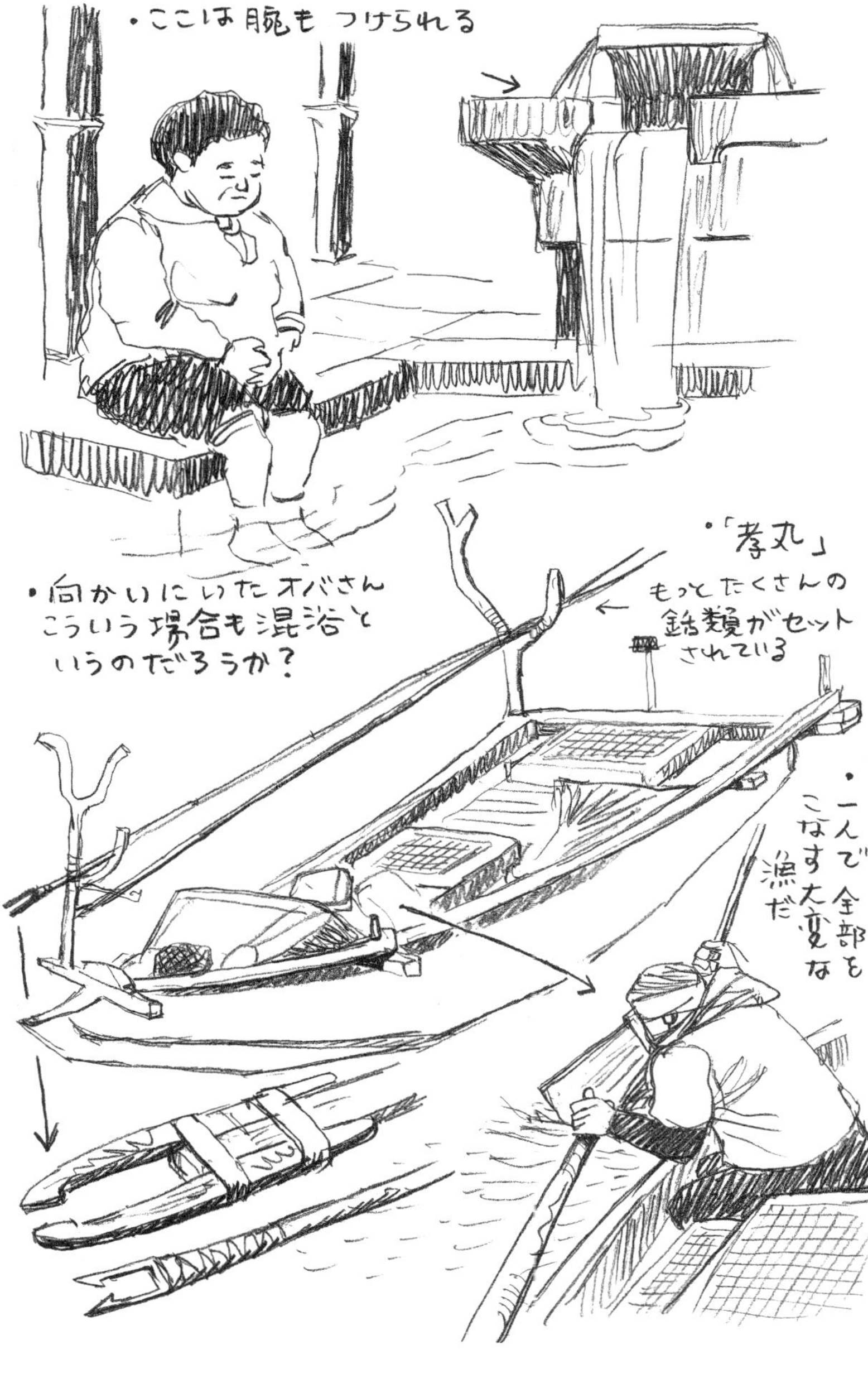
・ここは腕も つけられる
・向かいにいたオバさん
こういう場合も混浴と
いうのだろうか?
・「孝丸」
もっとたくさんの
銛類がセット
されている
・一人で全部を
こなす大変な
漁だ

ラーメンの日々

梅雨の時季だったが、茨城の海岸から那珂《なか》川の上流を目指し、栃木、福島、新潟の川をめぐる野宿とキャンプ料理の旅をした。昼飯は外食。いつもは行き当たりばったりで食堂を探して昼飯を選ぶが、今回は昼食を全編ラーメンでとおすことにした。

まず、スタートは那珂湊《なかみなと》。店構えで〈さかえ〉に即決。紺染めに「大衆食堂」の白抜き文字。上に小粋な板看板。さらに、正面の壁面に「お食事の店」と屋号の看板文字。こういった風情《ふぜい》に、ことのほか弱い。さて、旅のトップのラーメンは、なんとウインナー入りで登場。白い縮れ麵。見た目も味も家庭的。醬油味のスープには、化学調味料なし。全部飲みほす。これで四〇〇円。

つぎは那珂川中流の馬頭町の〈まんぷく食堂〉。佇まいを見て迷うことなくノレンをくぐる。ラーメンは四五〇円。値段からいって量が少なそうなので、一瞬、大盛りをたのもうかとも思ったが、そうしなくてよかった。出てきたラーメンは、でっかい丼にゆったり入っていた。二束にちょいと欠けるほどの麵は、すすってもすすっても、なかなか減らない。スープは醬油味で化学調味料なし。満腹満足。文字どおり、店を出る。

旅の三日目の朝もインスタント・ラーメンにした。こうなりゃあ徹底的に、というワケ。前日は、いい河原が見つからず黒磯の〈鳥野目オートキャンプ場〉で野宿した。テントを張らないといったら、管理センターの女性が、風邪をひかないように心配してくれた。あきれ顔だったけどね。

移動をつづけ、栃木県那須湯本温泉の〈さとう食堂〉でラーメン。ラーメン三日連チャンだけ

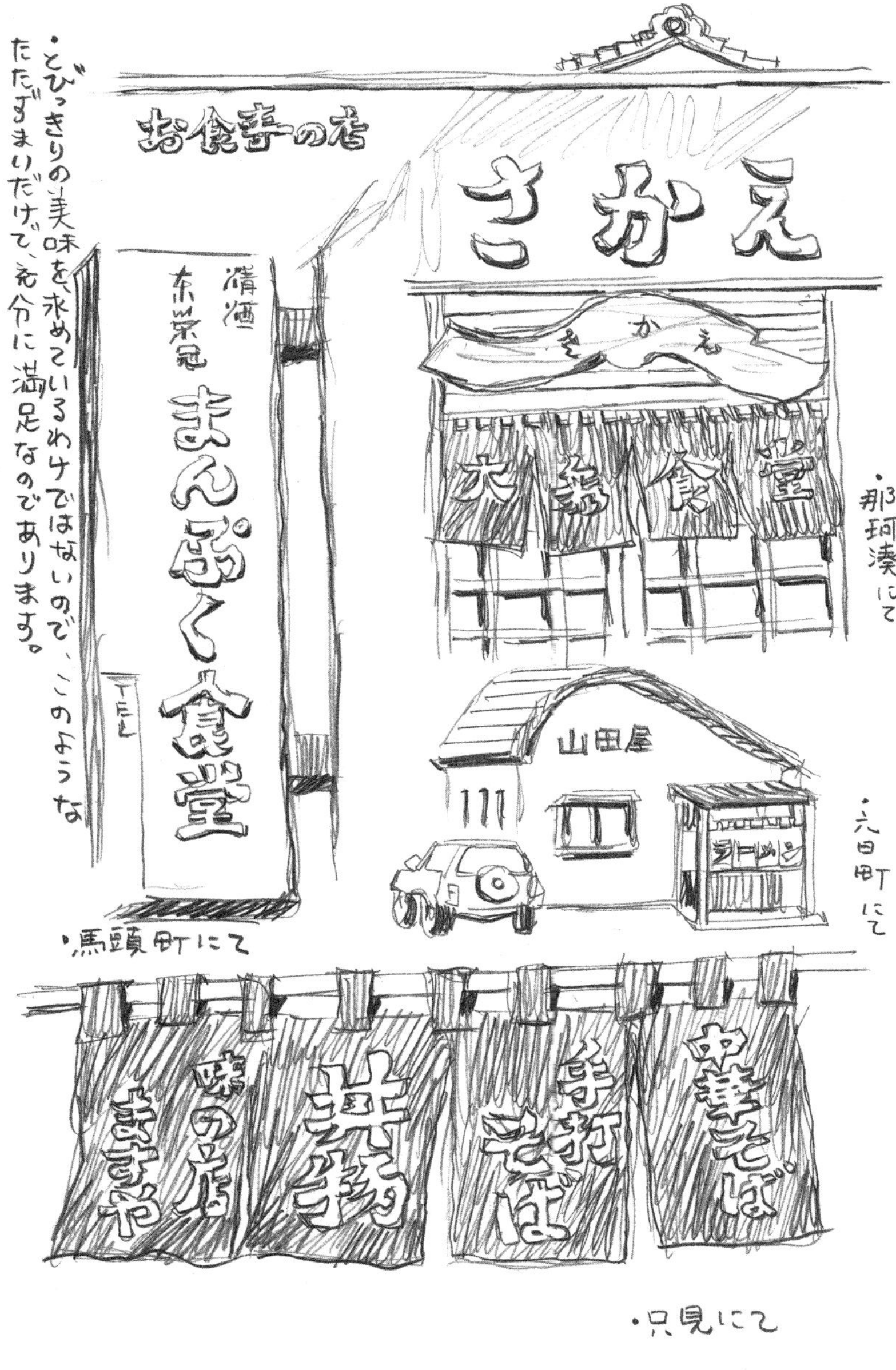
・とびっきりの美味を求めているわけではないので、このような
たたずまいだけで、充分に満足なのであります。
お食事の店
さかえ
大衆食堂
・那珂湊にて
清酒
东栄冠
まんぷく食堂
TEL
・馬頭町にて
山田屋
ラーメン
・六日町にて
味の店
ますや
丼物
手打そば
中華そば
・只見にて

ど、どの店も化学調味料を使っていないから飽きない。

ところが会津若松で大失敗。古い店構えにだまされて、つい浮気心をだして鰻を食べてしまった。これが、超弩級の大ハズレ。

五日目、南会津。気をとりなおしラーメンにもどる。〈すずや食堂〉は近所で人気らしい。日曜日のせいか、ひっきりなしに出前が出ていた。出るまで時間がかかったものの、茨城、栃木と確かにちがう鶏ガラスープの味。やはり化学調味料なし。好感のもてるラーメンを味わった。

さて、この旅をラーメンにした目的が、田子倉湖近くの只見で待っていた。ラーメン好きの釣り師から教えてもらい、味わったのが十数年前だった。その名も〈ますや食堂〉。紺染めのノレン。中華そば・手打そば・丼物の白抜き文字。ここでのラーメンは経験済みだから、ヒレカツ定食一三〇〇円に決心がゆるむ。そこをこらえてラーメンにする。

コクのあるスープ。海苔、ナルト、シナチク、刻み葱、脂身のトロけるチャーシュー。麺は手打ちだろうか、やや細い縮れ麺。正統派ラーメンここにあり。歳がいもなく大盛り七〇〇円を、ツユも残さず完食した。そして、なによりもいいのが店内の雰囲気だ。丼をかっこむ客、そばをすする客。おいしいものを食べている満足感が店内に充満し、明るく華やいでいるのだ。

七日目は朝から雨。群馬の広河原温泉に逃げこみ、最終日は只見線沿いに新潟にくだる予定。仕上げは六日町〈山田屋〉のラーメン。何度か食したことがあったが、いつのまにか店が改装されていた。けれども、実力におとろえなし。ひっきりなしにラーメン目当ての客がくる。

というわけで梅雨のうっとうしい旅を、連日のラーメンで乗り切った旅だった。

さかな・魚・肴

八月の盛夏。市場で魚を買ってキャンプ道具だけで現地で料理するという仕事で、四国をまわっていた。高知県の宿毛《すくも》にさしかかると、ピンとくる鮮魚店が目についた。よしっ、とばかりその店〈坂本鮮魚店〉に入ると、飛びっきりのムツがぶっかき氷に寝そべっていた。ふつうムツと呼んでいるのは、ムツ科のクロムツのことだ。ほかにムツとつくのはアカムツだ。口の中が黒いのでノドグロと呼ばれている高級魚だ。坂本鮮魚店のムツはクロムツだった。

ものの本によるとクロムツの旬は冬だ。ところがどっこい、眼を見ると鮮度抜群、食べてくれといわんばかりのその面相に、旬もへったくれもなくなった。で、松田川の川岸で焚き火料理をした。ピカピカのクロムツを三枚におろし、四切れに切り分けた。片栗粉をまぶしてオリーブ油でソテーする。コッフェルに紙パックの司牡丹をドボドボ注いで、沸騰したら同量の醤油を注いでからジャガイモをコトコト煮る。イモが煮上がる寸前にソテーしたムツを入れた。仏軍御用達のジュラルミンの椀にご飯を盛り、真ん中にムツを乗せて、グルリとイモで囲んで煮汁をかける。名づけてムツの河原丼。一口ほおぼって相好を崩し、自画自賛した。

日本人はむかしから魚を食しているが、切り身が流通の主流になってしまったので、もはやもとの姿など気にしなくなった。だから魚市場で、ウロコも取らずに魚を丸ごと欲しいというと、志のある鮮魚店のオヤジはとても嬉しそうな顔をする。函館の自由市場の〈高野鮮魚店〉でバラメヌケをそうやって買ったときは、なかなか魚の包みがあらわれなかった。遅いなと思っていたら、棚に並んでいた見事な天然ブリをおろして、切り身を六切れもプレゼントしてくれた。こういうのは嬉しい。ホクホク気分で市場内の〈ふじ屋食堂〉で朝食にした。白菜のお浸し、焼き茄子、トロロ、イカ刺し、ホッケのすり身団子汁。それに、例のブリの刺し身。これが凄い。濃厚な口当たりで、舌のうえでサラリと溶ける。

胃袋に余裕が生まれたので、バラメヌケをロールキャベツにするという現地料理のアイディアが浮かんだ。湯通ししたキャベツにバラメヌケの切り身を包み、アラの煮汁でコトコトと煮込む。じっくり味が染みたロールキャベツに、具なしのホワイトシチューをトロリとかけると完成。これまた自画自賛で、まことに結構。

沖縄の牧志公設市場のスジアラは真っ赤な魚体に小さなブルーの斑点が散っていて、目がハレハレになる。これをたっぷりの粗塩で包み、アルミホイルでグルグル巻きにして、砂浜に埋め、その上で夕方の四時から焚き火をした。島らっきょうのヘタを塩もみして、パリパリかじり、四合瓶の「久米仙」と「菊之露」を飲んだ。翌朝、手塩にかけた一品を掘り起こして、アルミホイルを開けると、粗塩が陶器のように堅くなっていた。それを叩きわると、なんと中は空洞だった。三五センチはあったスジアラが、消しゴムほどの大きさの炭のかけら二個に変身していた。仕方がないので、海岸近くの店で玄米ご飯を買ってきて、炭になったスジアラをちょこんと乗せてお茶漬けにした。サラサラとするが、炭は炭、魚の味はしなかった。

二月の沖縄の海岸で水平線をながめ、三〇〇〇円の高級魚のお茶漬けもどきをポリポリ噛んでいると、果てしなく遠くへ来たもんだ、そんな実感がひしひしとわいてくるのだった。

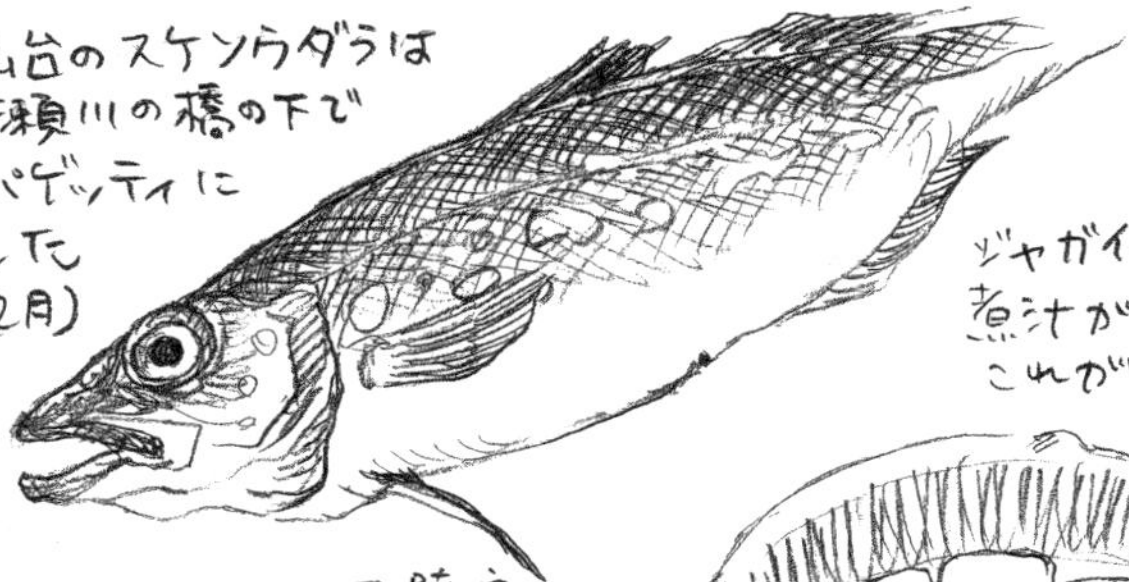

・仙台のスケソウダラは
広瀬川の橋の下で
スパゲッティに
した
(2月)

ジャガイモに
煮汁がしみ込んで
これがウマイ!!

・ムツの河原丼

三陸宮古の
ホヤは
汁を
ウオッカで
割って飲んだ
(7月)

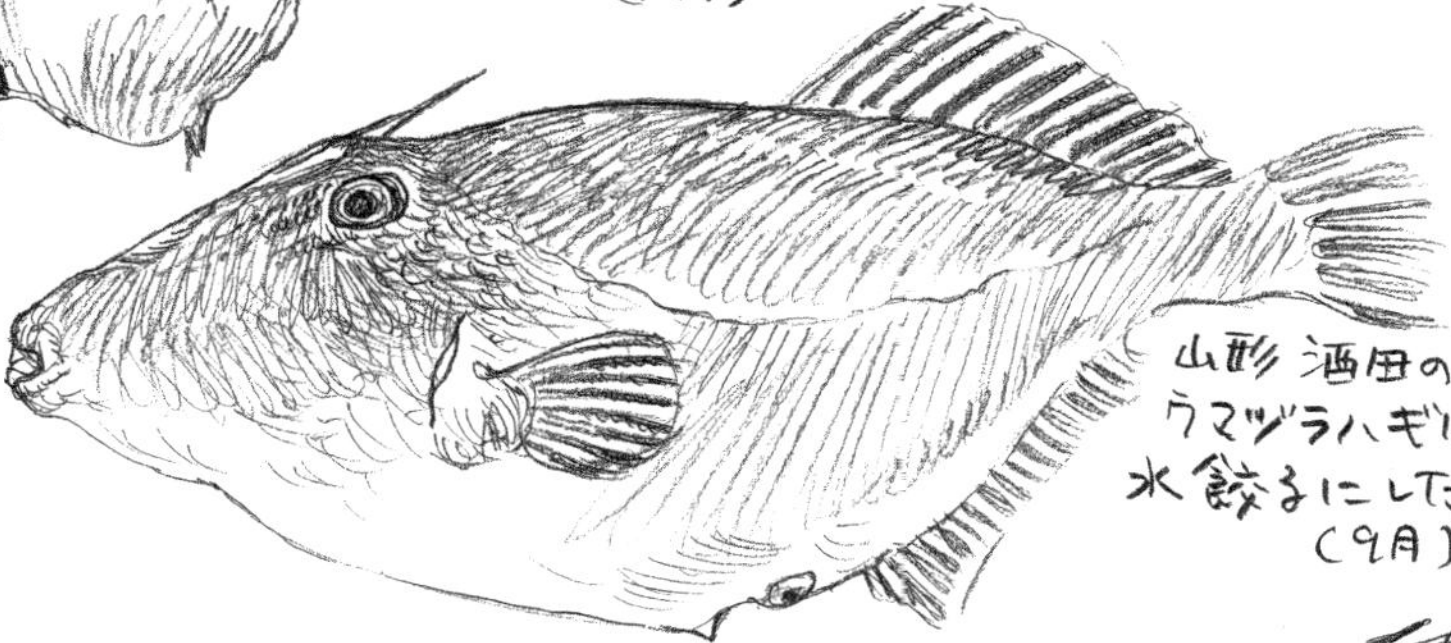

山形 酒田の
ウマヅラハギは
水餃子にした
(9月)

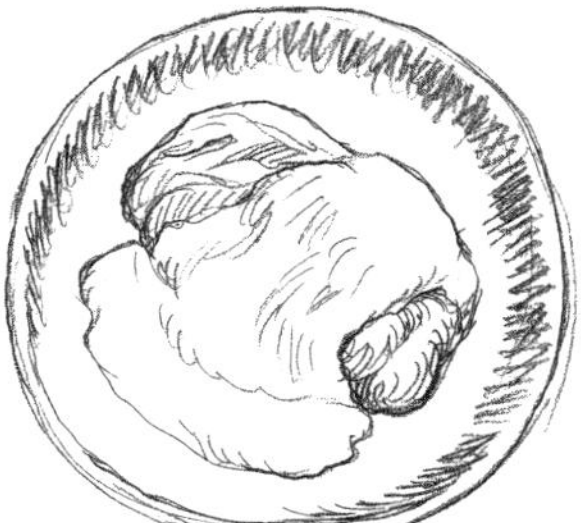

・バラメヌケの
ロールキャベツ

・隠岐の
チカメキントキは
チゲ鍋で 体が
ホッカ ホカ (3月)

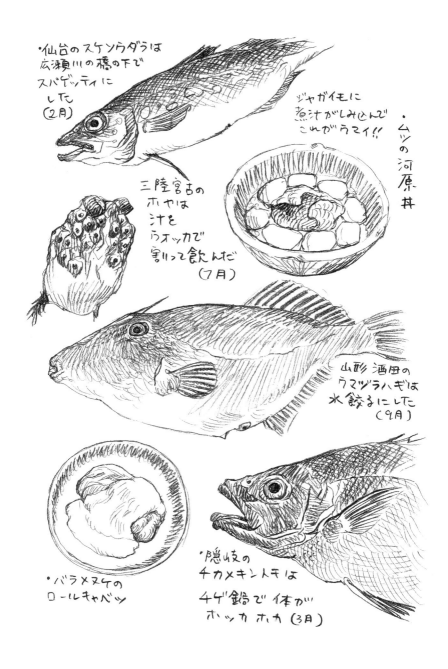

旅先で散髪をする

ここ三十年来理髪店にいったことがない。髪型は、大工刈り、GIカット、クルー・カット、どう呼んでもいいが、頭頂部は森林限界状態でツルツル。散髪代をかけるほどではないので、バリカン片手で自分で刈っている。が、伸びた髪が耳に触れただけでもうっとうしいのが短髪。海外で長旅になると、自分で、というわけにもいかない。

南仏の町アプト。いつもより早く目が覚めたので、早朝の散歩に出た。静まりかえった横丁の路地に、軒にハサミの看板をぶらさげた店があった。店内の灯りが路面にこぼれていたので営業中だろう。咄嗟《とっさ》に、早朝の散髪だ、と決めた。ところが店内をのぞくと、順番待ちの爺さんが三人も座っていた。海外初挑戦の散髪は、ならず、だった。

数日後のオランジュ。時刻は昼下がり。クシとハサミの看板を見つけた。こぎれいな店構えだったので、吸いこまれるように店に入った。三脚ならんだ散髪椅子は満席だったが、待ち人はいなかった。スタスタ入って店の奥の空き椅子を目指した。すると、女店員がすすっと寄ってきた。奥は美容専用のコーナーだったのだ。あわてて、ノンノンと、言った。そのとき、タイミングよく散髪を終えた客がいたので椅子があいた。それを見て金髪碧眼のお姐さんが、うなずいてくれた。内心とは裏腹に、ゆったりと腰をおちつける。と、お姐さんが、どういうふうに刈る、というぐあいに片眉をちょいとあげた。うまい具合に、先に席を立ったオヤジが同じ髪型だった。料金を払っているそのオヤジを指さして、「ムツシュ」と言ってから自分の頭を指さした。すると

・アプトのホテルの
部屋の横に
鐘があり、早朝に
叩きおこされた。
このハンマーが
ギリギリ
そり返って
から
鐘を叩く
・八百屋
・オランジュの市場風景
・魚屋
魚屋…
本マグロの
大トロも
売っていた
・カモミール
・香草を
売っている
店もある
・珍らしや白いナス

お姐さんはちょっと首をかしげて「ダコー」と言った。

ダコーは便利な単語だ。了解事項から感謝の気持ちまでニュアンスがあるから、これだけ覚えておくといいよと、トランスレーターに言われたとおりだった。つまりお姐さんには、当方の要求が通じたわけで、それを「了解」と告げたのだ。

仏国の散髪は首に幅広のゴムを巻かれて、白いエプロンがけで始まった。

それからは一気だった。お姐さんの手つきは鮮やかで、前頭部を山伏の頭巾のように残して、バリカンで頭全体をぐんぐんと刈る。もみあげはバリカンのヘリを立てて横にザザッとカットする。耳のうしろから襟足《えりあし》もおなじようにバリカン横立てで、グングン刈ってゆく。

ひととおり刈り終わると、お姐さんが「ダコー」と訊く。つまり「了解か？」である。仕上りがちょっと長かったので、親指と人差し指で間隔を狭くしてみせると、お姐さんは「ダコー」と言って、またもやバリカンを操ってたちまち短く刈りあげて「ダコー」と訊く。こんどは僕も「ダコー」である。洗髪はなし。首まわりの髪をブラシではらって完了。料金は六五フラン、約一三〇〇円。

髪型のあれこれが通じなかったときは、絵を描いて説明しようと思っていた。が、「ムッシュ」と「ダコー」のふたつの単語と指さしで、なんだかうまくいってしまった。金髪碧眼のお姐さんと、鏡に映った互いの顔をみながらのやりとりは、映画の画面を観ているようで妙な感じだった。

むかし「フランス帰りのパリ仕込み」という看板を掲げた理髪店があった。そんなことも思い出した、仏国散髪体験であった。

どこでも北斗七星

遠くの山並みに雲がかかっていて、吹きおろして来る風は鋭くて冷たい。小さな雪片が風に舞っている。十一月の末、那須の蛇尾川《さびがわ》。

ダッチオーブンという、やたらに重い鉄の鋳物《いもの》の鍋に、中身をくりぬいたトマト、味つけした鶏の挽き肉、細長く切った赤と黄色のパプリカなどを詰め、骨つきの鶏の腿《もも》肉を横にならべて焚き火にかけた。

広い河原の上空に、ひとつふたつと星が瞬きはじめるころ、鍋の蓋をあける。もうもうと湯気がわき上がる。素材から出た水が、透明で美しいスープになってコトコトと煮立ち、トマトはしんなり、腿肉も申し分がない状態だった。赤ワイン、清酒、バーボンを飲んで寝袋に潜りこむ。空は星で埋めつくされている。いつのまにやら白河夜舟。

明け方尿意で目が覚めた。心地よく暖まった寝袋からでたくはない。差し迫った状態ではあるが、ペットボトルの中身も凍るような外へとなると、かなり逡巡する。

「小便袋に一ぱいになった小便をこらへて／俺あ／朝の寝床でへんな快感をむさぼっている」

こんな木山捷平の一編の詩が、脳裏にもくもくと浮かんでくる。腕時計を見ると五時十五分。寝袋の口紐をゆるめて顔を出す。するとどうだろう。昨夜の空よりも、ずっと明るさをました千草色の空に、星がチカチカと煌《きらめ》いている。しかも、ほぼ正面にはひときわくっきり北斗七星が瞬いている。しばらくは尿意を忘れ、あっぱれな明けの星空に魅入った。

南フランスの小さな町。夕方、小さなスーパーで安全カミソリを買って、隣の、これも小さなバーに入った。入口のすぐそばに古びたサッカー・ゲーム機がある。店名も〈スポーツ・バー〉。奥のテーブルで地元の爺さんがたむろしてトランプの最中。「テン・ハイ」のオン・ザ・ロックス、一杯二〇フランをカウンターでひっかけてホテルへもどった。

明け方、時差で目が覚めた。腕時計を見る。午前五時。いくら目をつぶっても眠気はどこ吹く風、妙に冴えてくる。こんなときは散歩だ。外は十二月の寒気がキンキン。石づくりの町は森閑と眠り、街灯だけが点いている。そんな中をとぼとぼ歩く人影がある。ホテルの並びにパン屋があり、ウインドウの光がやわらかく石畳にこぼれている。焼きたての細長いパンを小脇に抱えた爺さん。バスケットを持ってトコトコ歩くお婆ちゃん。自転車で乗りつける若者。

広場のプラタナスの並木がすっかり落葉して、ずんぐりした幹からひこばえが放射状に伸びている。それに小鳥の群れが止まっていた。日本では山地でしか見ることができないコマドリだった。ふくら雀のように丸まって、おしゃべりをしている。

暁光の空にはまだ星がとんがっていた。七つの星のなかで、どっちから数えても四番目の煌きが弱い。北斗七星だ。異国の空で、なじみの星座を呆けたように眺める。いつのまにか空は明け、腹の虫が騒ぎだしている。さあホテルで朝食だ。

これだけは絶対似合わないと悪友が口を揃えた、熱々のカフェ・オ・レ、歯触りサクサクの焼きたてのクロワッサンを詰めこむ。このような朝食、確かに似合うガラではない。けれども本場の味に舌鼓を打ち、悪友の顔を思い浮かべて朝からほくそ笑むのである。

・ダッチオーブンの焚き火料理
・コマドリ
・クロワッサンと
カフェオレ

だらだらブラブラ奥の細道

松尾といえば和子、という人がいるかも知れないが、ここでは一応は芭蕉である。そして、奥の細道である。奥の細道のコースは江戸を起点に、奥羽から北陸をへて美濃の大垣までだ。芭蕉は百五十日間かけて歩いている。この旅で芭蕉がいちばん難所としたのが、羽前国（今の山形県北部）の山刀伐《なたぎり》峠である。ときに芭蕉四十六歳であった。期せずして、僕も同じ年齢のときに、この山刀伐峠越えをした。

仙台、古川とへて、宮城県と山形県の県境の無人駅「堺田」から歩きはじめた。車中仙台駅で購入した「はらこ飯」で、腹ごしらえはすませてある。四月二十六日。ぽっかんとした春で、天気は快晴。時刻は一時十五分。自転車に乗った小学生が、「こんにちは」と、黄色い声で挨拶をしてくれる。これだけで、グッと感じがいい。

歩いてすぐに〈封人の家〉がある。観光コースだから、ふだんなら素通りする。封人とは国境を守る役人のこと。芭蕉は尿前《しとまえ》の関所でスパイ容疑で足止めを食い、〈封人の家〉の馬屋のそばで二泊し、「蚤虱《のみしらみ》馬の尿《しと》する枕元」と、一句ひねっている。なら、見物もわるくない。

スパイ容疑、馬屋のそばの臭い宿。なるほど、芭蕉は業腹な句を詠んだ。しかしその後、この句を町の「売り」にされるとは思わなかったろう。

道が古川と新庄を結ぶ国道47号線なので車の往来が激しい。うるさいし危なっかしいので、道をはずれて畑のあぜ道を歩く。一時間ほどで羽前赤倉に着く。芭蕉はここから南へ向かい、赤倉

封人の家

・投句箱がある

・赤倉温泉風影

やはり温泉には入らなかった

筍と身欠き鰊のミソ汁

・「たちより」の

・トンネル入口

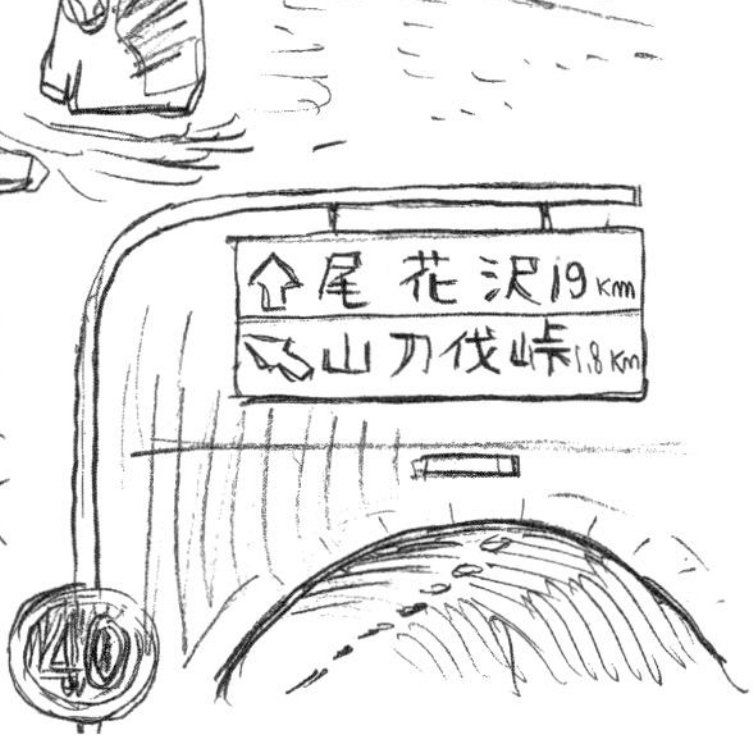

温泉から山刀伐峠へ向かっている。さらに一時間歩くと、小国川《おぐに》をはさんで建物が並んだ赤倉温泉に着いた。広い川面には乱杭歯《らんぐいば》のような石の土台があり、板の橋がかかっている。

宿は飛びこみで頼んだ〈みどりや〉。朝食と昼の握り飯を頼んで外へ出た。夜は当然、酒である。ところが、小さな町をひととおり歩いたが飲み屋がない。これはアセる。もういちど歩き回ったが、それらしき気配がない。そこで雑貨屋に入って牛乳を飲んだ。何気ないふうを装って聞くと、町はずれに一軒あるとオバさんが教えてくれた。ありがたい。助かった。

なるほどはずれにあった居酒屋〈たちより〉は、確かに目立たない。宴会があるので女将は、そちらにかかりっきり。手早く、山葵《わさび》の茎、筍と身欠き鰊《にしん》の味噌汁を用意してくれた。二階のざわめきを聞きながら、カウンターのひとり酒は望むところだ。棚に鎮座する徳利狸を見ながら、酒田の「初孫」を冷やで飲む。至福のひとときである。ぼんやり飲んでいて、芭蕉が赤倉温泉に逗留した形跡がないことを思い出した。そういえば、ここでは蚤虱の句も見かけない。堺田から山刀伐峠を越え、一気に尾花沢まで歩いたとしたら芭蕉はやはり健脚だ。

翌日、旧道のあるトンネルの麓にでた。石積みの旧道で峠まで一・八キロ。のんびり歩くにはちょうどよい距離だ。道の両脇にはブナが茂り、歩いていて心地よい。積もった枯れ葉が、乾いた音を奏でる。峠には巨木の子持ち杉があり、根元に子宝地蔵尊があった。見晴らしのいい場所で、おにぎりをパクつく。市野々まで歩いて旅を終えた。またふらりと出かけてみたいが、赤倉温泉までの歩きはちょっとパスするにしても、ぜひとも〈たちより〉で、初孫で一盃やりたいものである。

おいしい水のナンバーワン

福島県の田子倉湖にカヌーを浮かべ、小さな沢を目指していた。水は湖の深さを証明するような、濃いブルーグリーンだった。カヌーが沢の流れこみに近づくにつれ、水は透明度をまし、水路がさらに狭くなると、水底が黄瀬戸のような色の岩盤になった。水があまりにも透明なので、まるでカヌーが宙に浮いているようだった。舷側から手を伸ばし、カップで水を汲んで喉に流しこんだ。冷たくて澄んだ水には、静謐《せいひつ》な深山の精が息づいているかのようだった。

おいしい水が身近にあって、うらやましいと感じたのは、富山県魚津へ行ったときだ。立山連峰を源とした伏流水が、街中にわき出ているのである。湧水は共同の水場として飲料はむろん、野菜を冷やし、花を活け、洗い物をしたりと、住民の生活と一体化していた。黒部川扇状地湧水群と呼ばれ、銘水百選にも選ばれている所だ。住民はこの水を、清水《しょうず》と呼んでいた。

新潟県南魚沼郡の「清水」も水が豊富だ。雪溶けのころは、あちこちから水の流れる音が聞こえる。豪雪地帯の春は、まだたっぷり積もった雪景色と、にぎやかな水の奏でる音ではじまる。木々が芽吹いたあと「清水」の、湧水のある草地で一週間ほど野宿をした。こんもりしげった木の下の小さな池から、こんこんと水がわき出していた。岸に足場をつくり、網に入れたトマトや酒を冷やしておくと、食べごろ、飲みごろの温度になる。水自体も軟水で、寝袋脇に置いた水筒から口飲みする酔いざめの水は、もう何と表現していいやら……。

初めてロサンジェルスへ行ったのが一九七五年。日本では飲料水は水道水。ロサンジェルスのスーパーで水を買うのが何となく不自然だったが、ロッキー山脈と清流をマークにした「ローリング・ロッキー」というミネラル・ウォーターで、乾いた喉をうるおした。

フランスでは発泡性の水が主流で、「バドア」という銘柄が多かった。ペリエより軽く、喉に吸いこまれるように、心地よくしみこんでゆく。ビールもそうだが、乾ききっているときは発泡性のある液体のほうが、舌から喉に届く間もなくしみこんでゆく感じが強い。その地方だけのブランド品に出くわすことがあって、泡の刺激の微妙なちがいや、硬水のトゲトゲしいタイプや、やや塩分を感じたりとか、発泡水ながら、こだわりがあって奥深い。

おいしい水は故郷自慢のひとつだから、ここの水を飲んだらほかの水は飲めない、などとよく言われる。今まで飲んだ水で、ともかくうまかったのが、ひとつだけある。群馬県水上町にある奥平温泉で飲んだ水だ。温泉は嫌いだが、野宿帰りで汚れきっていた。社会復帰のために仕方なしに寄ったのだった。そこでは温泉水を利用してテラピアを養殖していて、それを狙った野生のタヌキが池の網に引っかかっていた。助けようにも、牙を剝いて唸り声をあげるタヌキに手を焼いていた温泉宿の主人が、ともかくここの水を飲め、と言う。手を離せそうもない状態なのに奇特だなと思いつつ、宿の水場に寄って半信半疑で水を飲んだ。それがすごい。ひとくち口に含むや、ウマイという信号が頭の中を駆けめぐったのである。この最初のパンチは、もう言葉では表現できない。ただの水がいくらでも飲め、しかもウマイのだ。

以来、絶対にウマイ、と言われた水を何度も飲んだが、奥平温泉のあの味を超えた水はない。素晴らしい味の水に巡り合えたのも、盗人タヌ公のおかげだったのかも知れない。

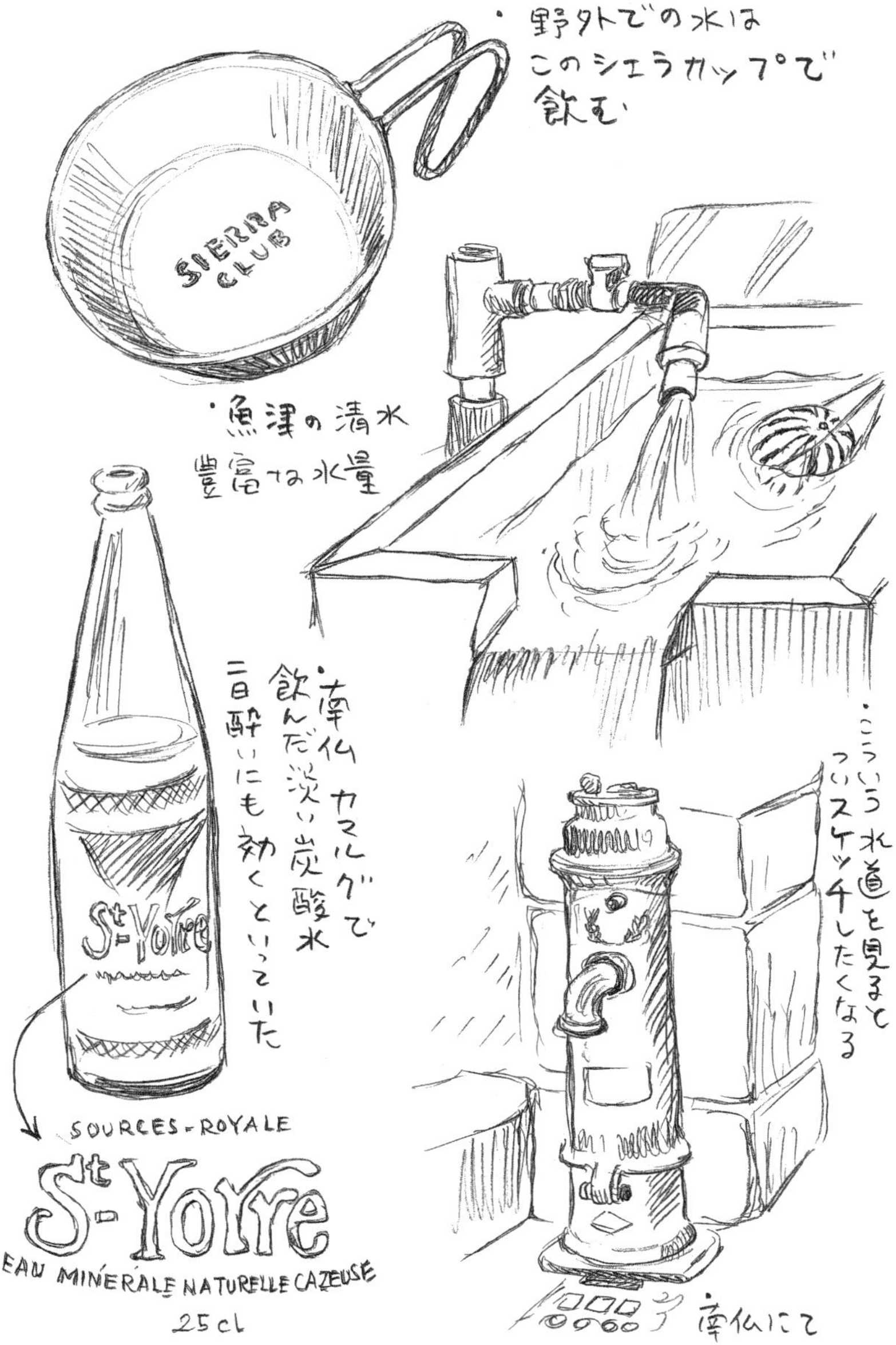
・野外での水は
このシェラカップで
飲む
SIERRA CLUB
・魚津の清水
豊富な水量
・南仏カマルグで
飲んだ淡い炭酸水
二日酔いにも効くといっていた
St-Yorre
SOURCES-ROYALE
St-Yorre
EAU MINÉRALE NATURELLE CAZEUSE
25cl
・こういう水道を見ると
ついスケッチしたくなる
南仏にて

ヘソの町のカンジ

秋田県のほぼ中央にあることで、河辺町は「秋田県のヘソ」をスローガンにしている。その河辺町を流れる岩見川で、かつて行われていた川漁の取材を終えて、通りすがりの小さな酒屋に寄った。店を出ると、向かいの家の開け放した土間の薄暗い中に、美しく冷ややかな光が見えた。引きつけられるように、つい足を踏み入れた。

光の主は、十丁ほど並べて壁にかけてあった、抜き身の鉈《なた》だった。鉈は先が直角なものが普通だが、そこにあった細身の鉈は、先が刀のように鋭く、大振りしてもすっぽ抜けないように柄の尻が鈎《かぎ》型に工夫されていた。土間のすみには、草刈り鎌や鍬《すき》も立てかけてあった。これらの道具は今まで見たものとちがい、素朴で力強く、機能を追求した独特の美しさがあった。

酒屋で買った地酒の「銀鱗」は、甘口でいただけなかったが、この家で鉈を打つ野鍛冶《のかじ》の小山薫さんとの偶然の出会いは思わぬ収穫だった。

二年後、小山さんに鍛冶仕事の取材のお願いをした。通りすがりの僕を覚えてくれていて、快く取材を引き受けてくれた。

薫さんは二代目だった。先代は父親の金助さん。腕は確かだが、厳しい職人だったという。このあたりでは鍛冶屋をカンジと呼ぶので「金助カンジ」と呼ばれ、よく切れる、と客がついた。

小山さんの仕事は、まだ薄暗い朝五時三十分に始まる。この時間は熱した鉄の色具合を見るのに、ちょうどいい明るさなのだ。それと、最初の重要な工程の、地金に鋼《はがね》を叩きこんで密着させ

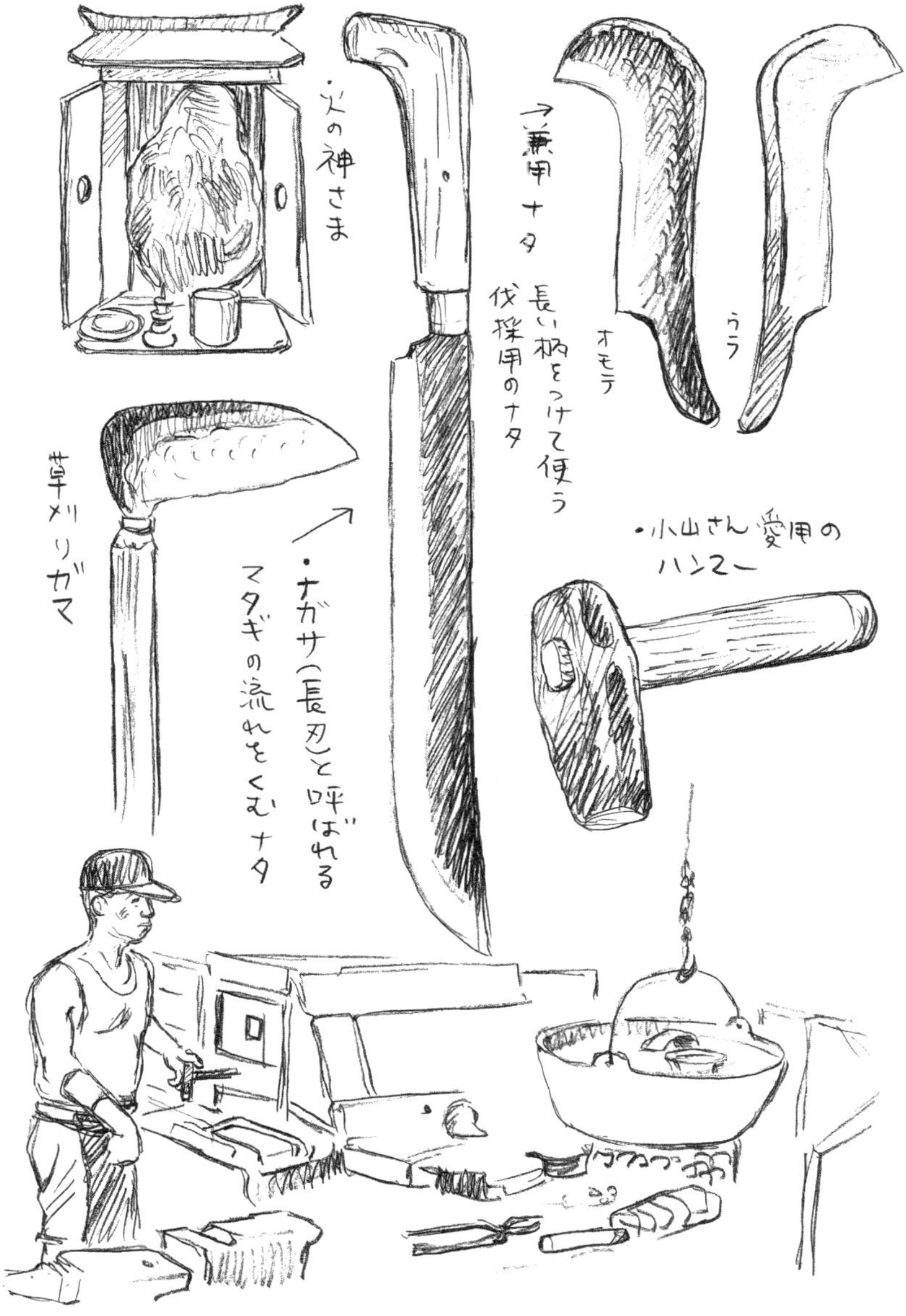
・火の神さま
兼用ナタ
長い柄をつけて使う
伐採用のナタ
オモテ
ウラ
草刈りガマ
・ナガサ(長刃)と呼ばれる
マタギの流れをくむナタ
・小山さん愛用の
ハンマー

る作業の秘密を守るためでもある。

　鍛冶の仕事は火の神さまに灯明をあげ、炭火おこしから始まる。それから一連の行程がつづく。地金に鋼を付ける。オレンジ色に熱した地金をハンマーベルトで基本形に成形する。布ベルトで作動するハンマーが、地金を打つたびにドスンドスンと腹に響く。ふいごで空気をおくり、炭火の火力をあげる。微妙な工程は金槌《かなづち》を手にして叩く。火玉が散る。何度も火に出し入れしながら、地金は金床で叩きあげられてゆく。熟練した小山さんの動きにはまったく無駄がない。ちょっと猫背気味に構え、体全体でリズムを取りながら、百以上もある工程を二時間四〇分ほどでこなしたあと、柄をつけて砥石で磨き上げる。焼き入れの温度、力の配分、炭火の加減、すべて父親の一挙一動を見て覚えたもので、理屈や口伝では習得することのできない技術だ。「しばしも休まず槌《つち》打つ響き」と唱歌でも歌われた職業だが、後継者がいないという。「わたしの代で、鍛冶の灯は消えてしまう」。仕事を終えたあと、小山さんがそう言った。

　山仕事をする人には鉈は必需品だ。営林署御用達の伐採用の長柄の鉈は、現場からのリクエストを取り入れながら鍛え上げたものだ。切れ味がよく、幹が一〇センチほどの木でも、一発で伐れると折り紙つきだ。草刈り用の鎌は、鳥のくちばしのようなデザインだ。地肌は黒。磨き上げられた刃の白とのコントラストが鮮やかだ。

　十一月のはじめ、突然、小山さんの訃報が届いた。原因は心筋梗塞《こうそく》らしい、としかわからなかった。重い金槌をふるい、一日三丁がやっとの仕事。作業が終わっても、握った手が開かないと言った小山薫さん。享年六十五歳であった。

愚にもつかない自慢話

「ショボスマ」という言葉を、打ち合わせの喫茶店で初めて聞いた。オートキャンプ雑誌の女性編集者が、最近はショボスマが増えつつあるというのだ。

知らないと答えると、彼女は「ショボくてスマート」の略だと教えてくれた。何でも縮めればいいとは思わない。が、ショボスマには確かに、それなりの理由があった。

家族でオートキャンプをはじめたが、当初はおもしろがっていた妻子も、それほど関心を示さなくなった。ところが当人は経験を積むうちに、シンプルなキャンプの魅力の奥深さを知るようになり、妻子との溝が深まる一方になる。しかし、単独では淋しい。それで同じ境遇の仲間同士で、キャンプを楽しみはじめた。各自が厳選した一家言あるシンプルな装備で、「ショボい」けれど「スマート」に野外生活を楽しむというのだ。

それなら僕がやっていることと、たいしたちがいはない。ただし、当方はテントを使わない。酒と焚き火が必須条件である。かれこれ四十五年以上やっていることだ。もっともこちらは「犯罪を行わない山賊」、または「ちょっとお洒落なホームレス」などと称していた。最近は雑木林に死体をすてたり、犯罪者が山中に逃げこんだりするものだから、見知らぬ風体の人物は警戒される。フィールド探しにも苦労して、はた迷惑もいいところだ。

ところがどっこい山梨の山中に、すでに二十五年以上前に入手した、一五〇〇坪の焚き火場がある。標高九〇〇メートルの斜面に、へばりつくように猫の額ほどの平地があって、そこに巣くうのである。そこへ出かけるときの出で立ちは、フランネルの赤いシャツ、米国製樵《きこり》用のカーキ色のパンツ姿だ。焚き火を囲んでの酒は申し分ないが、おもむろに秘蔵のグッズを出して自慢しあう。高価格やブランド物は一切評価の対象にならない。鵜の目鷹の目で入手したこれらの品を、今までの経験と審美眼とをもって、焚き火の前で厳正に審査するのである。その二、三品を紹介する……。

ボーン・マン。「骨男」という意味。僕が隠岐の海岸でひろって、サンドペーパーで磨きあげた船材の棒切れ。人間の大腿骨に似ていて、座椅子の腰にあてる。長い間焚き火の前に座すための、腰痛防止用棒。京都で買ったインド製の銅コップ。単純なフォルムで、内側に叩き出した打ち目が並んでいる。酒が程よく冷えて、重さも掌に心地よい。一五〇〇円と格安だった。米軍払い下げの救急用鏡。五×七・五センチの小さな鏡。真ん中に穴が開いていて、その穴に光点が現れるように角度を調節すると、穴から見える対象物に確実に太陽光線が反射して、遠くの船舶や飛行機にシグナルを送れる。価格が四〇〇〇円近かったが、厳しい仲間も絶賛してくれた一品である。テコ式の缶切り。これは使い終わったガスのカートリッジの穴開け用。シエラカップと同じプロポーションでつくった、通称「シエラザル」も、使い勝手抜群の特注品。あまりの出来の良さに、もうひとつ同じものを頼んだら断られた。職人泣かせの難物だったようだ。

他にもモロモロあるが、家人や関心のない御仁には単なるガラクタである。

・他人から見ればガラクタ同然の野外使用具図譜
・（　）の中は購入地

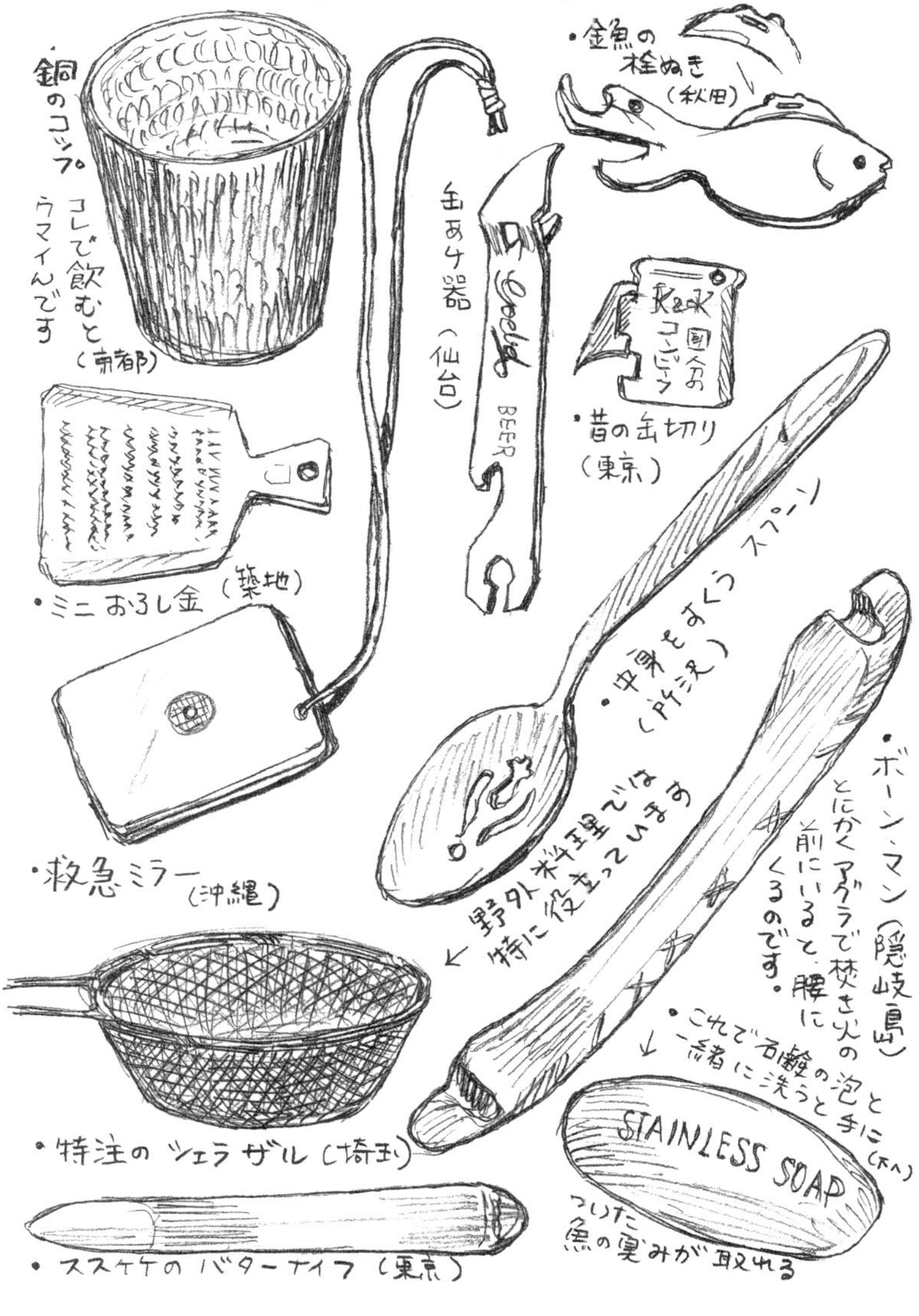

南国は、ほんわか・のんびり

宮崎県はかって新婚さんのメッカといわれていた。市内の通りには堂々たるフェニックスの並木がありエキゾチックだ。郊外を流れる大淀川の岸辺に座り、川風に吹かれてぼんやり夕焼けを眺めていると、たしかに新婚さん向きだと思う。「鬼の洗濯板」という磯の岩場に、何組ものカップルが集まっている写真をグラフ雑誌で見た記憶もある。今は新婚さんの影はない。

宮崎での思い出といえばやはり飲み屋だ。宮崎駅を背に高千穂通りを真っ直ぐ進み、橘通りとの交差点を過ぎた南側が飲食街で、いい風情を醸し出している。しなだれた柳並木。昔の面影を残した店の並びは、昭和三十年代の映画のセットのようだ。「くつろぎの本格焼酎・霧島」なんていうネオンサインがきらめくアーケードをくぐるときの、うきうきした嬉しさは格別だ。

宮崎市から五〇キロほど北の、美々津まで足を伸ばすとちょうどお昼どきだった。食堂を探したが、なかった。そのかわり弁当を近くのスーパーで買ってくれば〈美々津まちなみセンター〉の座敷で食べられるという。それで鰯《いわし》と鯖《さば》の寿司・鶏の竜田揚げ・白菜漬けを持ちこんだ。まちなみセンターは格式ある古い商家の建物で、まるで高級料亭の雰囲気だった。

腹ごなしに美々津の古い町並みを散歩する。十二月の中旬だというのにポカポカ陽気。人通りがない。庭木に渡りの途中のジョウビタキが止まっている。居眠りをしていた猫がもたもた歩きだすと、乗っていた雨戸が崩れて落ちた。ガラン、ガランと間の抜けた音が響いたが、人が出て来る気配もない。歩きながら居眠りしそうになってしまった。

・サメの干物

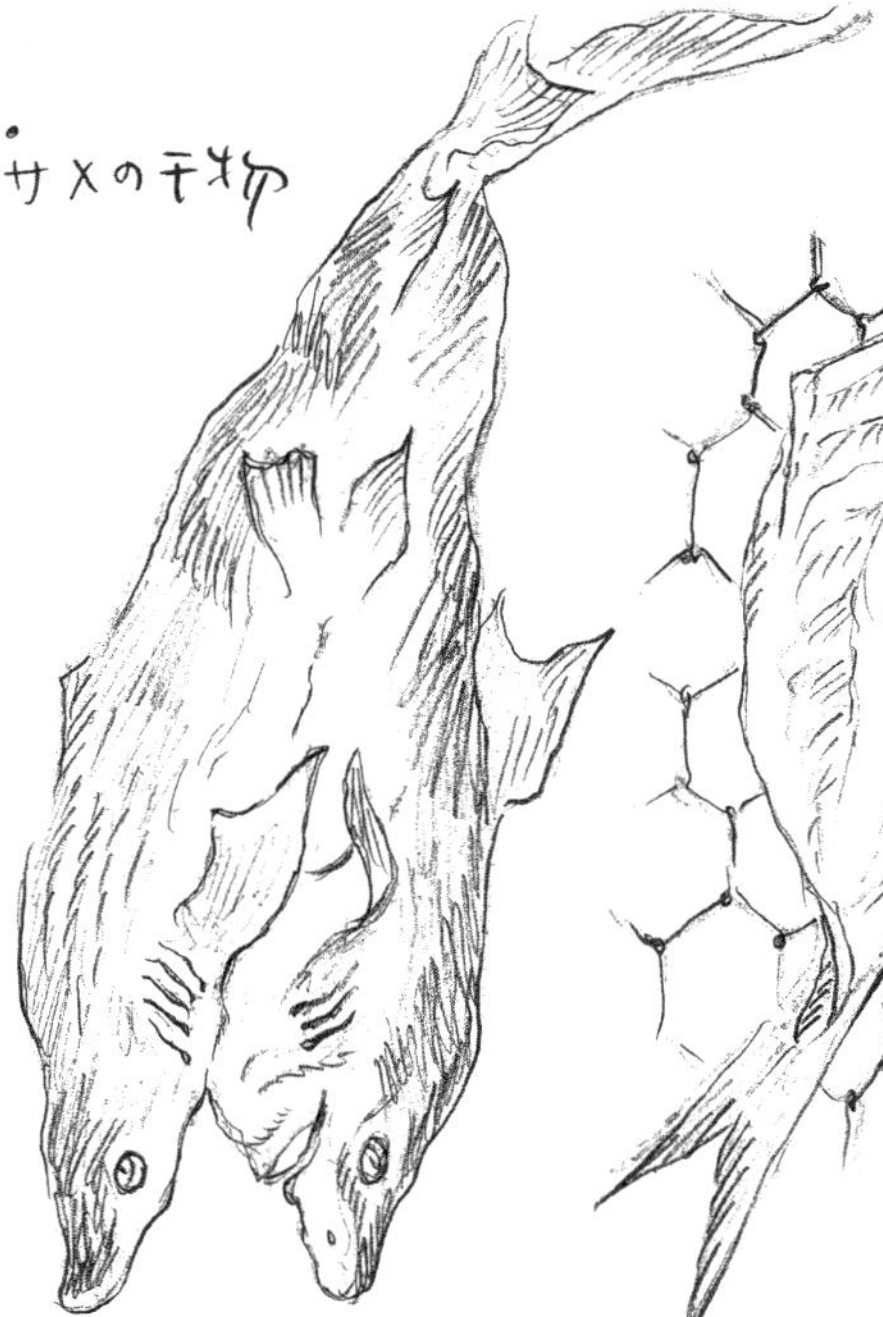

・アジの干物

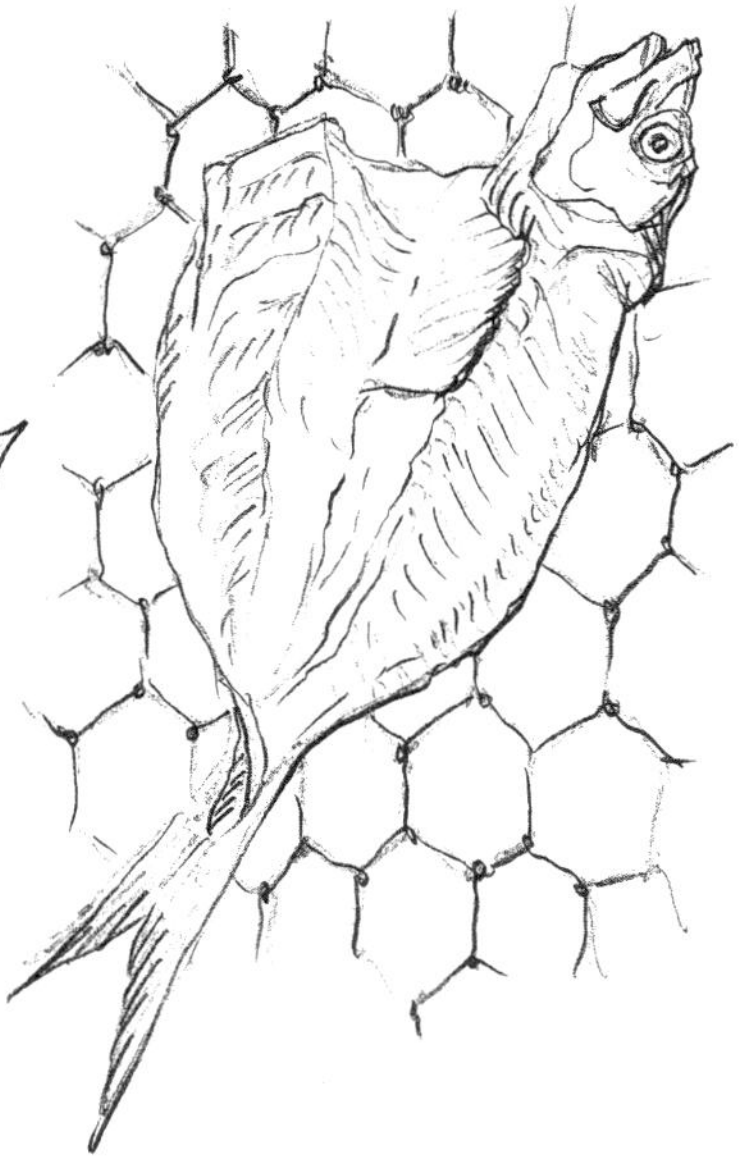

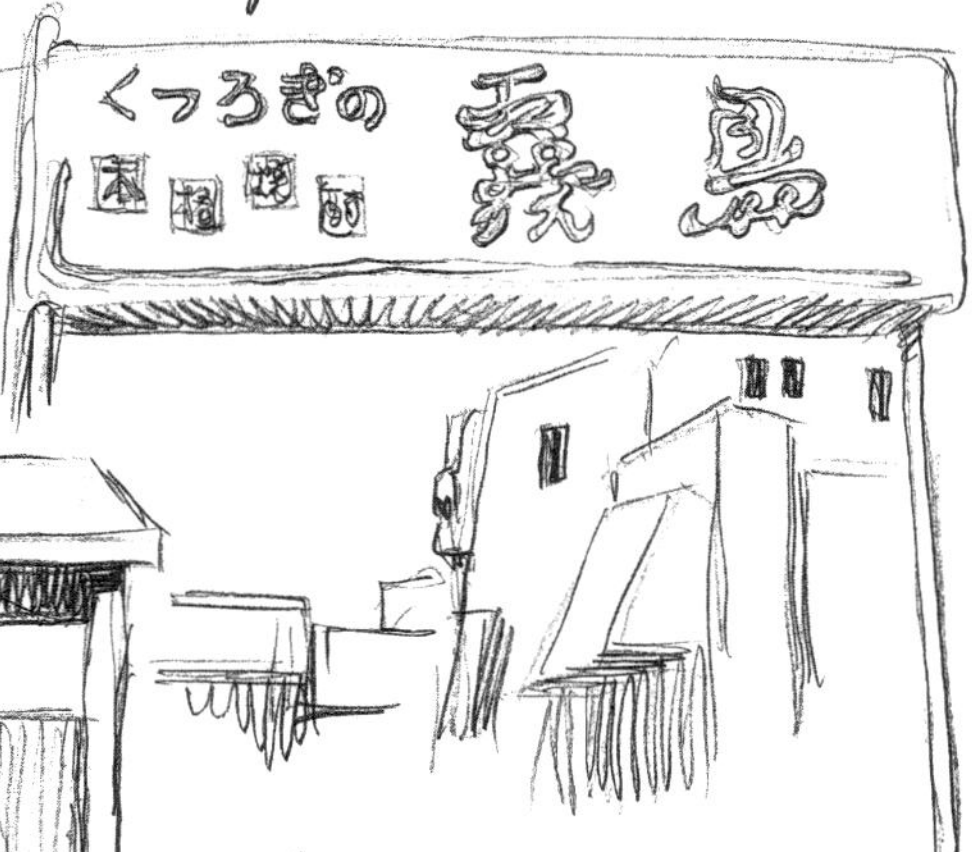

・郵便箱
かなり大きいモノです

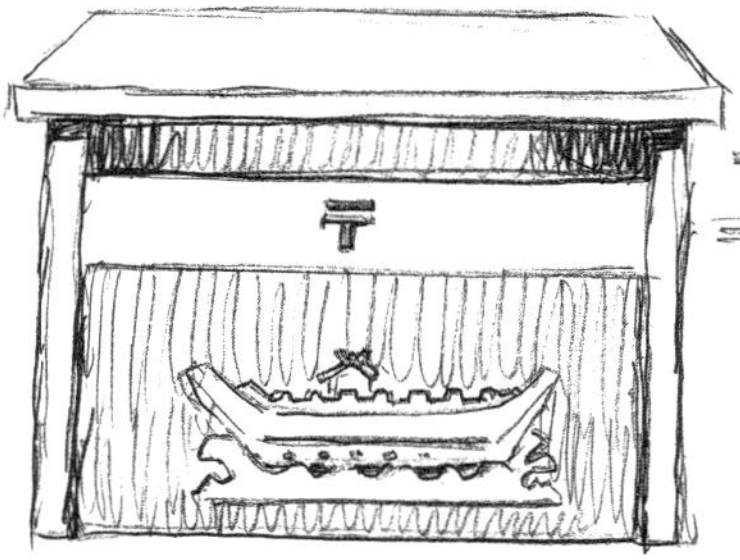

・飲食街のアーケード
ついフラフラと入りたくなる

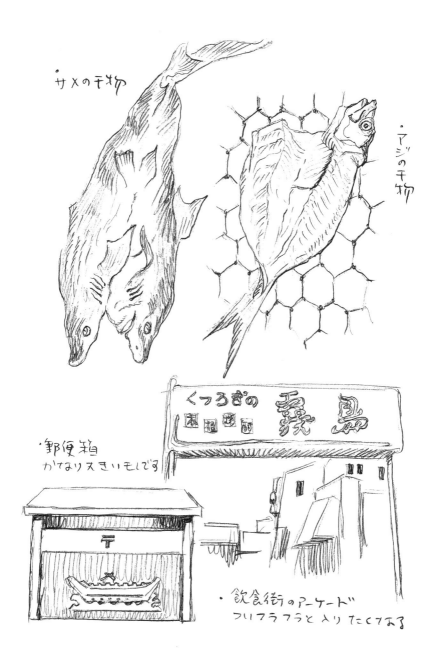

歴史をひもとくと、美々津は神武天皇東征の船出の地という言い伝えがあり、それを祀《まつ》った由緒ある神社もある。その神武天皇が東征のときに乗った船を意匠にした郵便受けが、どの家にもある。白い波に浮かぶ船の形は埴輪《はにわ》でみたことがある。箱の上部は白塗りで、赤の〒マークが鮮やかだ。道一本はさんだ日向灘の潮風を受けても、木製だから錆びなくていいそうだ。

美々津からさらに二〇キロほどで日向《ひゅうが》市だ。東に陸つづきの細島がある。このような島を、コンサイスの『日本地名辞典』によると「陸繋《りくけい》島」という。港には小型漁船が舫《もや》ってあり、倉庫脇の水場で女衆が魚を処理していた。大きさからみて鯵《アジ》のようだ。草地の棚に見なれぬ魚の開きが干してあった。近寄ってみると鮫《サメ》だった。種類を聞くとオバさんは、「鮫だよ」というだけだった。鮫の干物は正月になるとブツ切りにして、柔らかくなるまで煮て酢味噌で食べる。鮫の干物がなければ正月が来ない、という。

青森や秋田の魚市場では、ホシザメやアブラツノザメが棚に並ぶ。ここの鮫は多分シロザメだろうと見当をつけたが、はたしてどうだろう。

日が傾いた漁港は、霞んだような独特の雰囲気がある。その大気を切りながら、漁船が帰ってくる。それまで誰もいなかった岸壁に、いつのまにかバケツを片手にした女衆が、ひとりふたりと出迎えにやってくる。このあたりでは河豚《フグ》が獲れるそうで、下関へも出荷しているという。

一匹一万円で売れるというトラ河豚もこの日は不漁で、「潮が悪ちゃろか」と女将さんがぽつりと呟いた。初めて耳にする柔らかなイントネーションの方言は、あまりせっぱ詰まった感がない。のんびりとしていて、しかもやさしく耳に響くのだった。

かまぼこあれこれ

愛媛の八幡浜の市場でエソを買った。胴体はペロンとして細長く、下あごの半分が肌色でタラコ唇のようだが、ヤスリのような細かい歯がぎっしり並んでいる。なかなかの強面《こわもて》だが、目玉がクリンとして愛らしくもある。「この魚はどうやって食べるの」と市場の兄さんに聞くと、「カマボコにする」と教えてくれた。きっと白身で淡泊な味にちがいない。

そこでカマボコづくりに挑戦することにした。キャンプ用の調理道具を持参して現地調達・現地調理の旅だったので、渡りに舟とばかりに兄さんのひと言に食いついたのだ。

しかし、カマボコのつくり方などまったく知らなかった。ただなんとなくエソの身を叩き、すり潰して蒸せばいいと思っていた。近くの海岸でつくったエソは、弾力があっておいしかったものの、カマボコとはほど遠いものだった。素人料理は、これでいいのだ。

カマボコといえば、金沢の近江町市場の鮮魚の棚には、タイ型のカマボコが絢爛豪華に並んでいる。紅色に着色されていて、それは、それは艶やかなものだ。ところがこのタイ型のカマボコは、お隣の富山県が本家だという。このタイプのカマボコは「細工カマボコ」と呼ばれ、富山県内のほとんどの地域で、結納や結婚披露宴の引き出物として、欠かせないものになっている。

富山市の〈梅かまミュージアム　Um-e-i館〉で、面白いカマボコの定義を知った。厚労省はカマボコを「魚肉ねり製品」と表現し、農水省では「水産ねり製品」とし、それぞれにちがっている。また関西では「練製品」と書き、関東では「煉製品」と書く。なるほど。

さて、その煉り製品だが、これも各種に分類されている。蒸したものが「カマボコ」。チクワは「焼き抜きカマボコ」。ハンペンは「ゆでカマボコ」。てんぷら（さつま揚げ）は「揚げカマボコ」。カニカマボコのようなタイプは「風味カマボコ」。ちなみに魚肉ソーセージは「ケーシング・カマボコ」という。

日本一のカマボコの生産地は長崎、二位が仙台、富山は七位だ。一位の長崎は意外だ。イメージでは小田原がトップの感がある。その小田原には〈かまぼこ博物館〉がある。一階でカマボコの製作過程が見物できる。二階がギャラリーで、カマボコの板に絵を描いた作品を展示している。板はモミの木で、僕も依頼を受けて鯨の絵を描いた。マッコウ鯨、セミ鯨など数種。いちばん体長の長いシロナガス鯨は、板を二枚横につなげて描いた。

伊勢貞頼の『宗五大草紙』（一五二八）に、カマボコの名称由来の一説にナマズ説がある。ナマズは見た目にグロテスクなので、すり潰して竹串に塗りつけて焼いた。できあがりの形がガマの穂に似ているので「ガマの穂」としたが、それが変化して「カマボコ」になった。

愛媛の土産でもらったカマボコはイシモチが原料。薄いグレーで素朴な一品だった。軽くあぶって酒の肴にすると、とてもうまかった。かたや仙台では塩竈《しおがま》名物の笹カマボコは、高級魚のキチジ（キンキ）だけでつくったものだと鼻息を荒げる。広島出身の男は「カマボコはハモに限る」とゆずらない。いろいろこだわりもあろうが、そこまでこだわられると、冷や酒と市販のカマボコの板わさで充分と、つい天《あま》の邪鬼《じゃく》になってしまうのである。

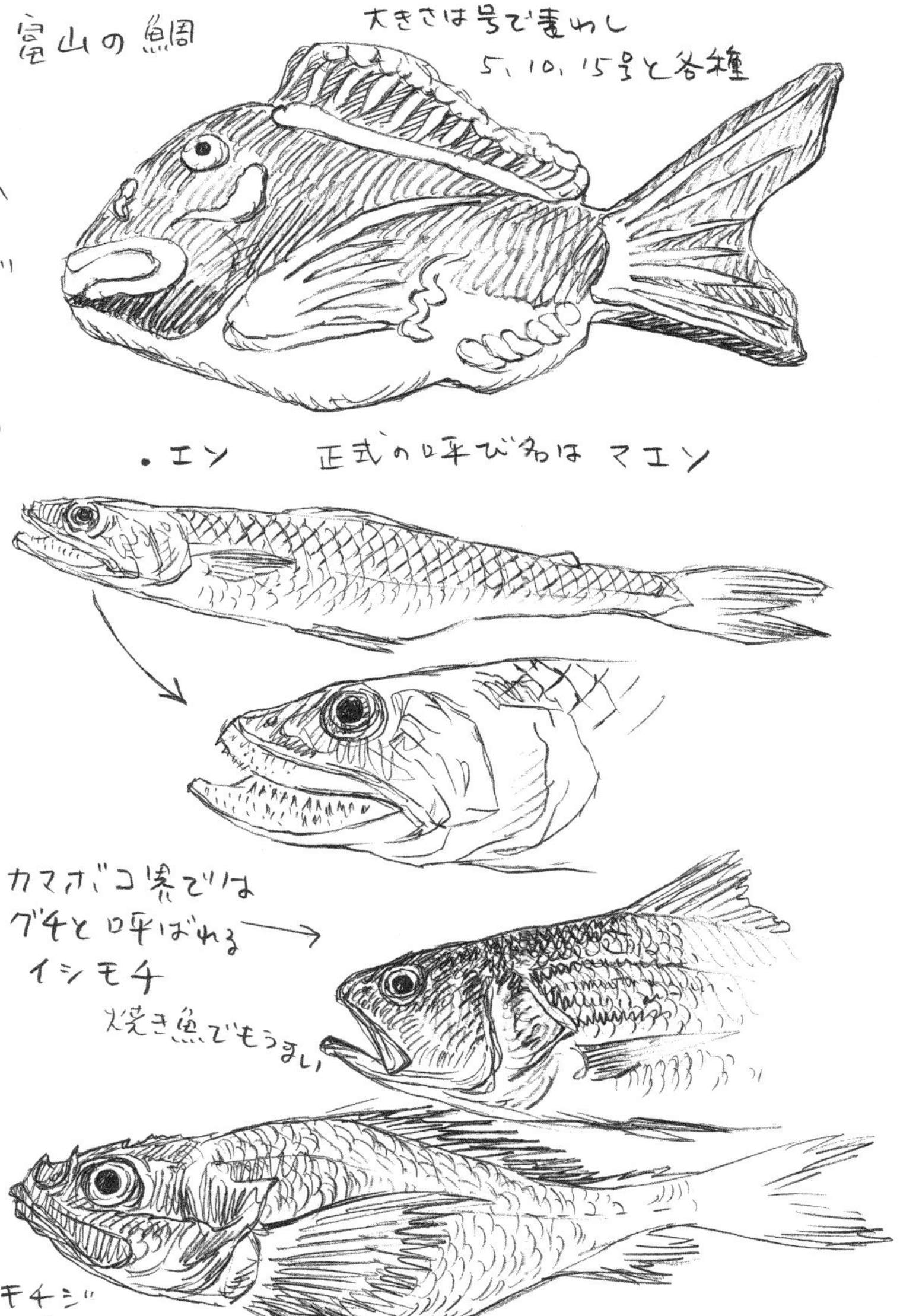
富山の鯛
大きさは号で表わし
5、10、15号と各種
かまぼこの魚たち
・エソ　正式の呼び名は マエソ
カマボコ界ではグチと呼ばれるイシモチ
焼き魚でもうまい
・キチジ
通称、キンキ

「魚付き保安林」

真鶴半島の「魚付き保安林」の見物に出かけた。「魚付き保安林」とは耳慣れないが、森林法という法律で大正九年にその名前で指定を受けてできた、海の魚を育《はぐく》むための森のことである。

全国でも魚付き保安林は少ない。たくさんの自然条件が必要だからだ。「岸から海が急に深くなっている地形」、「海藻と岸のつくる影が魚の隠れ家となり、魚が安心して集まる海域」、「陸地に豊かな森林があること」。安定した森林は降雨を土壌にたくわえ、一定量を流しつづけるので水温の変化がなく水質がよい。また、海面に落ちた枯れ葉や虫でプランクトンが繁殖し、それを食糧とする魚が集まる。

真鶴半島の先端部の森に入ると、堂々たる巨木が迎えてくれる。ふた抱えもありそうなクスノキやタブの幹は、神殿の柱のようだ。針葉樹はクロマツ。それらの樹齢は一五〇年から三〇〇年、樹高は二五メートルにもなる。これだけの森なら海を育む包容力があると、納得する。

翌朝、真鶴漁業組合の足柄丸に乗って、定置網の網あげを見物した。定置網は半島の赤壁と呼ばれる断崖の近くに二か所設置してある。海から岸を見ると、こんもり茂った森がよく見える。

網あげがはじまると、おこぼれを狙ってカモメが群れてくる。黒々とした海面に小さな泡がたちのぼってくる。魚の入っている証しだ。あちこちからくるくると渦巻く泡を見ていると、大漁の予感で背中がゾクゾクする。網の片側はもう一艘の漁船が固定している。

網をあげるにつれて、船は互いに船腹を近づける。そうするとパニックを起こした小魚が、水

ほうぼう

・まんぼう

・網あげ

・山の神さま

面を飛びはじめる。水中の魚が身をひるがえすと、金属のような光沢が奔《はし》る。小さなホウボウが浮いてくる。鮮やかな青緑の胸鰭《むなびれ》を扇のようにひらき、白い腹を見せているのもいる。

網がさらにしぼられると、おびただしい数のマアジが一斉に跳ねだした。漁労ブームにつけた大きなタモがマアジをすくい、ハッチにぶちまける。ハッチに魚がたまると二五〇トンの足柄丸が少し前に傾く。こぼれた小魚を漁師が空に投げると、カモメが素早くかすめとる。ホウボウの群れが現れると、海が桜色に染まる。ホウボウは底魚で以前は採れなかったが、このところよく網に入るという。これが漁師にはちょっと心配だ。伊東沖地震（平成一八年）のときにホウボウがいっぱい獲れた。獲れる魚の種類が変わると、天変地異の心配がある。

大物が現れはじめた。畳ほどもあるマンボウが二尾、ステンレスのような輝きを放つスズキ、もっとギラギラのタチウオ。縞模様が美しいイシダイ。ともかく大漁である。

森の恵みは想像以上に豊かだった。先祖から譲り受けたこの森を、漁師たちは「お林」「お山」と呼んでいる。森には神社があり、裏にクロマツの巨木が生えている。その根もとに石でつくった小さな社がある。それが山の神さまだ。森が海を守るこんな身近な例は、なかなか目にすることができない。

愛しのアブラチャン

名前を覚えるのは、人間、動物、植物に限らず苦手である。過去に覚えていた名前も、最近はなかなか口をついて出ないことがしばしばある。古い映画で、顔、服装、背景は心憎いところまで覚えていても、肝心の俳優の名前が出てこないことなどザラである。ほら、アレだよ。そうそう、アレ。アレ？ ああアレね。なんて、わけのわからない会話になる。

野外に出かけたときも、樹木や野草の名を知っても、次回に再会するときまで覚えているかどうかは、怪しい。しかし、一度聞いただけで、忘れ難い名もある。奇妙な名だとか、漢字名を見て合点がいったものがそうだ。山梨の山林に植物写真家のカメラマンKが同行してくれ、野草や樹木の名を教えてくれた。あまり日の射さない林床でよく目立つオレンジ色の花を咲かせていたのが、フシグロセンノウという名前だった。つぶやいてみると、漢方薬のような響きのせいか、家に帰っても覚えていた。植物図鑑、百科事典では節黒仙翁という漢字だった。そういえば、茎に関節のような丸い節があった。確かに根もとのほうは、やや黒ずんでいた。これで「節黒」で、合点がいった。「仙翁」のほうは、京都嵯峨の仙翁寺の「仙翁」で近種のセンノウが最初に見つかったことによる、というものだった。

山梨では全部で二十種ほど教えてもらったが、あとはアブラチャンしか覚えられなかった。この可愛らしい名の記された札を、以前、目黒の白金自然教育園で見たことがあった。が、落葉した裸木なのでほかの木とくらべるすべもなかった。山梨では秋ぐちだったので、まだ葉が少し残っていて小さな丸い実がなっていた。特徴は葉の柄が赤味を帯びていて、葉を揉んで嗅ぐと樟《しょう》脳《のう》のような香りがする。それに、こんな奇妙な名はいちど覚えたら忘れられない。このアブラチャンはその名のとおり、果実から油を絞って燈用にしていた。枝にも油分が多くよく燃えるという。焚き火をするときに役に立ちそうなので、ぼんくら頭に名前を刻みこんだ。

数年後、福島県の山中でアブラチャンと再会した。このときは見覚えのある実がひとつついていた。さっそく葉を揉んで確認した。三度目にアブラチャンと会ったのは、新潟の山中だった。葉が茂っていたが見分けがついた。臭いの確認もした。これ以後、アブラチャンは山中のやや湿った場所や沢筋でよく見かけた。さらに数年たってから花を見た。まだ残雪のある群馬県の山中の川岸に、アブラチャンが咲いていた。淡黄色の可憐な花が、粒のように枝についていた。

この奇妙な名のアブラチャンは漢字で「油瀝青」と書くことがわかった。「瀝」は単独で「れき」「りゃく」とも読み、「漉《こ》す」とか「したたり落ちる液体」という意味。「瀝青」はアスファルトやピッチのことで「レキセイ」と読み、別称で「チャン」ともいう。つまりアブラとチャンのふたつが合体した名前だったのだ。かくかくしかじかで、アブラチャンは怠け者に、図鑑や百科事典、漢和辞典まで調べさせる不思議なパワーを発揮した。最初に自然教育園で見てから、ざっと十年以上はたっている。ところが、アブラチャンは雌雄異株で、オシベとメシベの花房があるはずで、その見分けがまだつかない。これを見分けるとなると、あと十年はたっぷりかかりそうだ。山中で会うとしたら、どうせなら雌のアブラチャンがいいな。

・フシグロセンノウ
〈ナデシコ科〉

・アブラチャンとは
長いつきあいである
これからも……。

9月 山梨

アブラチャン
〈クスノキ科〉

ややツヤがある

・新湯 10月

アブラチャンをスケッチしていたら
すぐそばのオニグルミの枝に
アオガエルがじっとして、哲学していた

花 3月
群馬

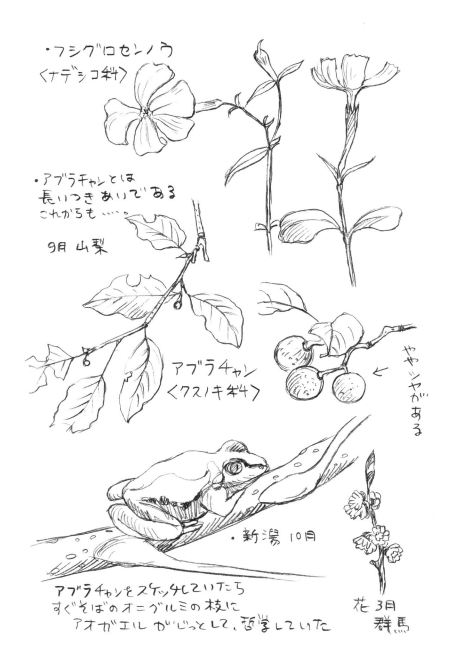

手づくりコンニャク見聞録

好き嫌いは身勝手なものだ。焼いた餅は好きだが、それを煮ると食べられない、などと平気でぬかす。子供のころ好き嫌いがなかったので、そういうわがままさがうらやましかった。同じモノを嫌いな者同士が、嫌いなニュアンスを話し合っていたりすると、妙に疎外感を感じたりもした。そこで熟考の末、コンニャクを嫌いにすることにした。ぷるっとした感じだとか、シラタキは食べられるけど、コンニャクは……、というわがままさが程よかった。

長じて酒を飲むようになり、コンニャク嫌いをすぐに撤回した。ピリ辛炒めなんてのは肴に最高だもの。子供のころのそんな事情があったので、手づくりコンニャクの取材の仕事が来たときには、複雑な懐かしさが胸の中を走ったのだった。

取材地は栃木県星野町。建築美術意匠をしているSさんと奥さん、それに応援の女性Tさんの三人が、手づくりコンニャクを披露してくれた。まあ、それにしても何とグロテスクな物体だろう。栽培して三年で収穫された、コンニャクダマ（コンニャクイモ）を見てそう思った。円形のタマの表面は、ブツブツの吹き出物で覆われ、切り取られた茎の周りの枯れた芽が、ダラリと垂れ下がっている。重さを測ると、一・一キロ。醜悪なコンニャクイモは洗うと色白になり、半分に切り、さらに四分の一に切ると単なる根菜になった。あとは皮をむいて芽を取るのだが、手袋をつけないとひどくカユクなる。さらに薄く切ると、もう外見は白いサツマイモのようだった。それをミキサーに入れ、水を加えてドロドロにする。その間に手が足りないので、ドラム缶を寸

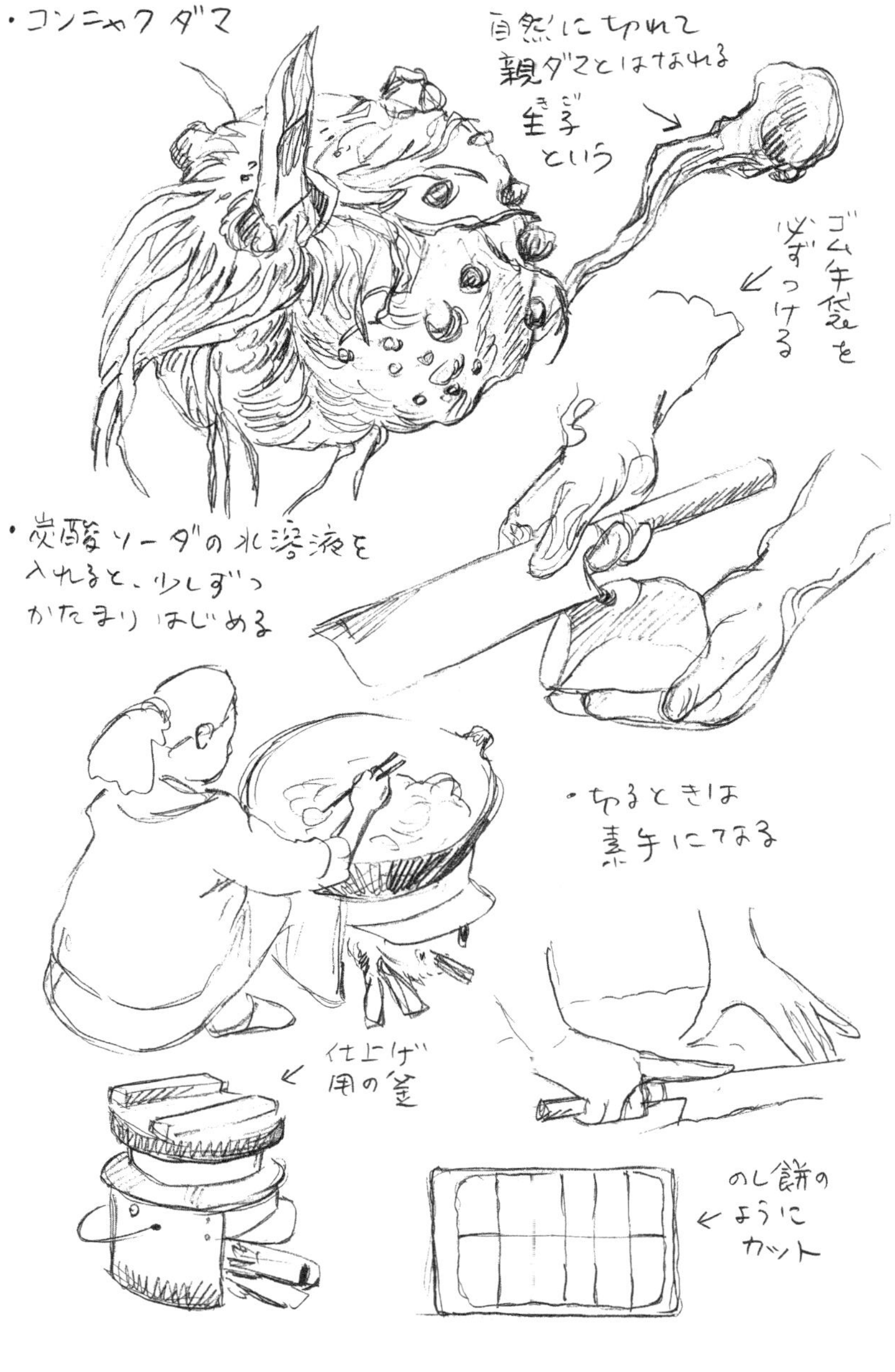

・コンニャクダマ
自然に切れて
親ダマとはなれる
生子《きご》
という
ゴム手袋を
必ずつける
・炭酸ソーダの水溶液を
入れると、少しずつ
かたまりはじめる
・切るときは
素手になる
仕上げ
用の釜
のし餅の
ように
カット

足らずにしたようなストーブで、湯を沸かしてくれとたのまれた。僕は国際焚火学会の創立会員である。マキで湯を沸かすなど、赤子の手を捻《ひね》るようなものだ。たちまちのうちに大きな鉄鍋に、湯がぐらぐらと沸き立ったのは、いうまでもない。次に、湯の中にドロドロになったコンニャクイモを入れ、水で溶いた炭酸ソーダを加えて素早くかき回す。鍋からはコンニャクの匂いが立ち上ってくる。このあたりから、手順にスピード感が出てきた。頃合いを見計らって、平らなバットに鍋の中身をあけて、表面を平らにならす。こうしてコンニャクが固まるまで冷やす。

もう一度お湯を沸かすので、ふたたび火の番をたのまれた。合点承知の助で、またもや火を燃やした。こんどはストーブにお釜が載っていた。最後の手順で、コンニャクを煮るのだろう。その前に、平たくしたコンニャクを切る。のし餅を切るのと同じ要領だ。そのとき触れた手は、やはりよく洗う。

このあたりで空模様がおかしくなったので、マキを足して火力をあげた。釜で二〇分ほどゆでると、手づくりコンニャクは完成した。この段階では、もうコンニャクに触ってもカユクならないから不思議だ。ポツポツと降りだしたが、作業になれている三人は傘を差しながら、柄杓《ひしゃく》を片手に湯加減などを調節している。そしてその奮闘ぶりも目覚ましく、小雨のなかコンニャクは見事に完成した。

出来たてを食べると、じつにうまい。ぷるっとした触感が何ともいえない。自然の甘みをともなったコンニャクの味が、口中に広がってゆく。これはたしかに、大人でなくてはわからない味覚である。

焼酎、泡盛、山の露

学生時代。九月の八丈島で焼酎にノックアウトされた。島でアルバイトのフェニックス畑の雑草取りを終え、畑から帰って焼酎で乾杯ということになった。コップ一杯の焼酎を飲み干してしばらくすると、視界が円形に暗くすぼまってきた。強烈な酔いに襲われ、フラフラになってテントに戻った。

翌朝。テントを張っていたのは少し傾斜地で、頭を低いほうにして寝入ったので、顔がパンパンに腫《は》れてしまった。飲んだのは「鬼ごろし」という、恐ろしげな名の焼酎だった。この後、焼酎を数知れず飲むことになろうとは思いもよらなかった。

鹿児島市の天文館通りの外れの、小さな居酒屋で清酒をたのむと、「どこから来た」と聞かれた。地元では焼酎しか飲まないから、すぐによそ者とわかるのだった。それで棚を見ると妙にレッテルの派手な瓶が目についた。それをくれというと親父が「知っているのか」と聞く。地元でも滅多に手に入らない幻の焼酎だという。「伊佐美」というその焼酎を飲んだとき、「ああモノには何でもナンバーワンがある」と思った。

幻だけあってその後、伊佐美にはなかなかお目にかかれなかったが、意外なところで再会した。種子島のラーメン屋である。焼酎にこだわっている客が、店で飲んだ喜界島の黒糖焼酎の「あまみ朝日」をいたく気に入って、交換してくれと伊佐美を置いていったというのだ。そういうとオバさんは、コップに伊佐美をなみなみと注いで「サービスだよ」と言った。

種子島のラーメンは沖縄のソーキソバと九州の豚骨ラーメンの中間という味で、なかなかイケる。それを肴に伊佐美のコップ酒で、昼間からご機嫌になった。

鹿児島や伊豆諸島の甘藷《かんしょ》焼酎、奄美諸島の黒糖酒、そして沖縄の米泡盛というふうに、酒は南に行くほど強烈になる傾向がある。泡盛でポピュラーなのが久米島の「久米仙」だ。そいつを飲みながら名護市の海岸で焚き火をした。黄唐茶色の砂浜に寝転び、アダンの葉の隙間から星を眺めた。

那覇市の居酒屋にはたいてい泡盛の大甕《おおがめ》が置いてある。十年、二十年寝かせたクースだ。柄酌で汲んでくれるが、匂いもさることながら、喉越しにさえ品格が漂うのである。

ケンタッキーのワイルド・ターキーの蒸留所の作業部屋には蒸留タンクと透明のパイプが設置されている。このパイプには一六〇プルーフ（八〇度）の原酒にライムストン・ウォーター（石灰岩で濾過された鉄分の少ない水）を加えて、一一〇プルーフ（五〇・五度）まで度数をさげた透明な原酒が流れている。通常、アメリカの蒸留所では試飲をさせてくれない。パイプを見ていると、よほど物欲しそうに見えたのか、係のオヤジさんがパイプの蛇口からグラスに注いでくれた。原酒は当地の呑み助が、ホワイト・ライトニング（白い稲妻）とか、マウンテン・デュー（山の露）と呼んでいる強烈な代物だ。もう一杯欲しいと人差し指を立てると、オヤジさんは、おまえも好きだなあという顔で注いでくれた。この原酒の味が泡盛と非常によく似ていた。それで考えた。内側を焦がしたホワイトオークの樽に泡盛を詰めて、八年間熟成させるとワイルド・ターキーのような酒が出来るのではないか。巷で泡盛を飲んでいると酔いと一緒に、この泡盛をバーボンに変身させるという考えがフツフツとわきあがってくる。まことに、仕方のないことである。

・幻といわれている
・ホワイト・ライトニングを入れるビン
とうもろこしの栓
ONE GALON
パイプから取ってくれるオジさん
・スクガラスに豆腐が泡盛のよき友だち

イワナ三昧

礼文島の礼文岳に登ると、それはそれは見事な景観が広がる。眼前をアマツバメが飛び交い、縮緬《ちりめん》のような日本海の水平線上に利尻島の高峰、利尻岳が忽然とそびえている。

登った道をそのまま下るのは芸がないので、内路川の源流から河口まで下った。ハイマツの林にドカドカと分け入ると、すぐにぬかるんできて、そこが源流部だった。ジクジクの地面から小さな流れが生まれ、幅二メートルにも満たない静謐《せいひつ》な川になる。中流まで下ると、流れのなかに小さな魚影が現れる。魚体に赤い斑点の散る北限のイワナ、「オショロコマ」だ。

地元の人は、ウジャウジャいるから釣る気もおこらないという。狭い環境に数多く生息するので、一〇センチほどにしか育たない。けれどもイワナ特有の獰猛《どうもう》さでルアーに果敢に食らいついてくる。釣りの趣味はないけれど、このときだけは例外だ。釣り師なら見向きもしない、そんな小さなオショロコマを三匹ほど釣って食べるのである。ここのオショロコマはベーコンでひと巻きできる大きさだからちょうどよい。こんがりソテーすると、ベーコンの塩気が魚体に滲みこみ、身は香ばしくほくほくだ。こいつには辛口の清酒か、白ワインが欲しくなる。

秋田の玉川の支流。釣り師が二〇センチほどのイワナを釣った。スケッチしようと思ったが、ちょうど夕まずめどき。手もとが暗くなってきたので川岸の水の溜まる砂場に、穴を掘って入れておいた。翌朝、蓋にしていたフキの葉をどけると穴はも抜けの殻だった。イワナがヘビのように身をくねらせて、川まで砂地をかき分けて脱出してしまったのだ。

・ベーコンでひと巻きのオショロコマ。約11センチ

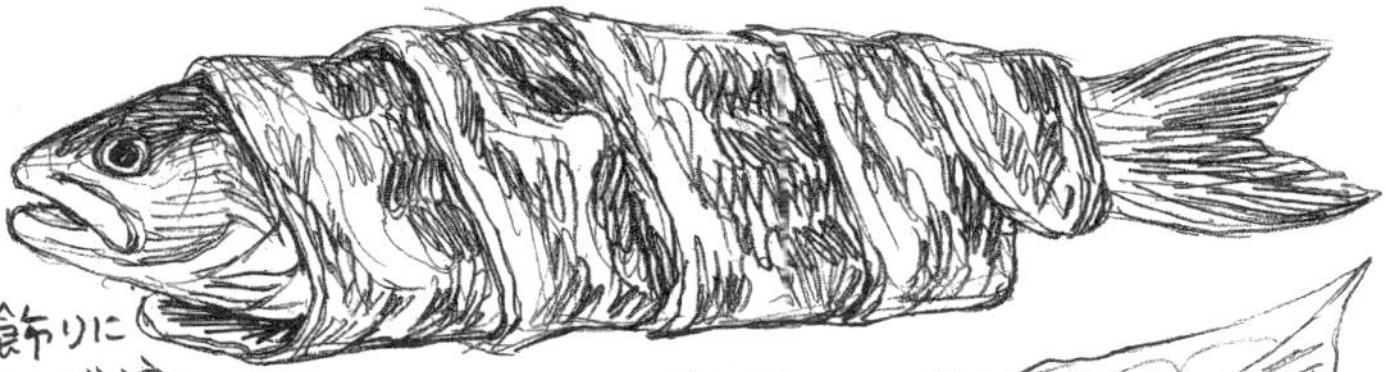

・頭も飾りに使う。マタギ流

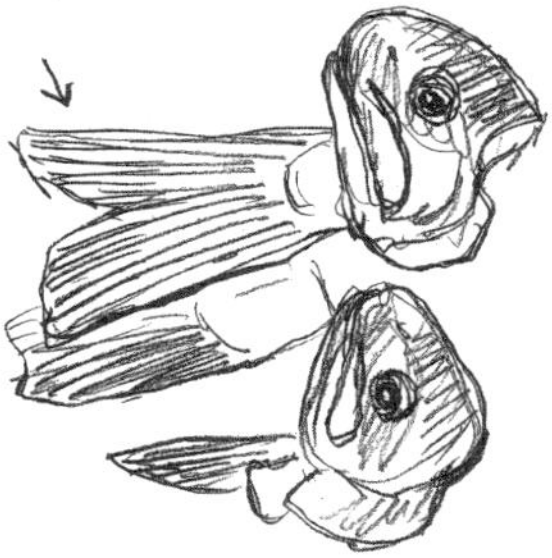

・イワナの背ごし

・特製の毛バリでイワナを狙うマタギの釣り師

欧州のアルプスに生息しているイワナは「オンブル・シュバリエ」と呼ばれている。フランス料理ではジビエ感覚で内臓を食す。胃袋とエラをのぞいた新鮮な内臓を、包丁で丹念に叩いてペースト状にする。それにみじん切りのエシャレット、バター、ベルモットを加えてソテーする。イワナは骨が硬いのでソテーしたあとミキサーにかけて、バターと塩を加えてから裏ごしをする。

こういう手順でできあがったペーストを、ひと口大に切ったフランスパンの小口に、たっぷり塗ってからオーブンで焼く。塗ったペーストの表面の焦げがクックツと波打ち、焼けてサクサクになったパンに、焦げの小さなほころびから濃厚なペーストがトロっと出てくる。たはは……。

忘れ難いのはイワナ酒だ。マタギの里といわれている山形県飯豊温泉の宿。夕食にイワナ酒を用意してくれる手はず。おそらく大ぶりの湯呑みに、こんがり炙ったイワナを頭から突っこんでから、熱燗を注ぎいれる。そう予想していたのだが、最初に土鍋が出てきた。

まずは鍋か。なんの鍋だろう。キノコ鍋か猪鍋か、はたまた狸か。蓋を開けると、何と、中には尺にやや欠けるイワナが四匹も寝そべって、ほどよく燗のついた酒に身をひたして揺らめいている。囲炉裏でこんがり焼きあげた天然イワナ。こんなに豪華で、しかもそれに見合った味のイワナ酒であった。

山国の貴重な蛋白源のイワナは、今でも飯豊で多様に食されている。「塩焼き」をはじめ、釣れたてを叩きにして山ウドと味噌で和えた「背ごし」。囲炉裏端で乾燥させたものからダシをとった「雑煮」、「南蛮漬け」、「甘露煮」など……。追記すべきは宮城県栗駒山のイワナ養殖発祥の地でご馳走になった「イワナの炊き込みご飯」は、これもまた忘れ難い味であった。

サンマの刺し身とカジカ汁

近年、太平洋側の海水の温度は、例年より二度ほど高い。その影響で北海道の定置網に南からの珍客がかかる。なるほど、根室市歯舞《はぼまい》の漁業組合の市場に、畳一枚ほどのマンボウが二尾重ねで放置してあった。根室では食する習慣がないので、投げてしまう前だろう。

この、「投げる」というのは、北海道弁で「捨てる」という意味。

マンボウの刺し身を食べたのは宮城県静川町の民宿だった。シャリシャリとした歯ごたえは、赤貝の食感にそっくりで、あっさりした味はわさび醤油とよくあった。マンボウの肉は時間がたつとアンモニア臭がでるので、船で食べる漁師の特権料理だったが、三陸では活きのいいマンボウが入るので鮮魚店の店頭に並ぶのである。

海温上昇の海のめぐみは珍客だけではない。本場根室で、さらにサンマが豊漁になった。すでに馴染みの魚だが、新鮮なものがたくさん獲れるようになると刺し身でも楽しむことになる。サンマの刺し身は三陸名物だが、どっこい根室でもさかんに食べている。漁業組合の婦人部の世話で、サンマの刺し身と、これも名物のカジカ汁を御馳走になった。サンマを刺し身にするには、〝立つ〟サンマでなければならない。つまりサンマの頭を握って、赤城山の国定忠治が構える刀のように持つ。そうすると垂直になる。「ピンと立つことが肝心」と漁協婦人部のご婦人にこう言われると、何だか妙に落ち着かなくなってしまった。サンマのおろし方も独特で唸ってしまう。

まず、尾のほうから切り進んで背ビレを取る。次に尻ビレを尾のほうから切り進み、肛門のあたりから角度をかえて脊椎に沿って頭まで切る。つまり腹の部分を内臓ごと切り放し、頭のつけ根まで切り進んでから、首の骨を反らせて折る。そして、ここからがすごい。頭をのけぞらせたままで尾に向けて垂直に引っぱると、何とバナナの皮のようにサンマの皮がむけてペロリと丸裸になってしまうのだ。あとは三枚におろして刺し身用の柵に切り、醤油に唐辛子をふって賞味する。「サンマの刺し身は何といっても醤油に南蛮さ」とご婦人たちは口を揃えるのである。

もうひとつの御馳走はカジカ汁。通称ナベコワシ、和名はトゲカジカ。唇が分厚く頭でっかち。おおよそ三頭身。海藻のへばりついた岩礁《がんしょう》のようなご面相《めんそう》。こいつをブツ切りにしてジャガイモ、ニンジンなどと、味噌仕立てで煮込む。刻み長ねぎを散らせば、味噌風味和風ブイヤベースだ。カジカの皮のヌルヌルや、ホクホクッとした身は何といってもウマイ。さらに目当ての、包丁でよくしごいた胃袋と肝を、汁と具の混沌《こんとん》から箸で探り出す。シャキシャキした胃袋、こってりとした肝は舌触り滑らかでオレンジ色の宝石である。

漁協の好意で、獲れたてのメヌケを譲り受けた、翌日、霧多布《きりたっぷ》の海岸で焚き火料理にした。メヌケを背開きにして背骨と内臓を抜き取る。ジャガイモとニンジンのさいの目切りを腹につめて昆布で腹を巻く。白ワインを振りかけ、塩胡椒をしてからアルミホイルに包んで、焚き火で焼くこと三〇分。蒸しあがったメヌケにカンカンに煮え立ったオリーブ・オイルをかけた。これがバカウマ。見かけによらないメヌケの繊細な味が引き立った一品になった。

この料理を、腹の大きなメヌケという北海道弁で「メヌケの腹ボッケ」と命名した。

・トゲカジカ

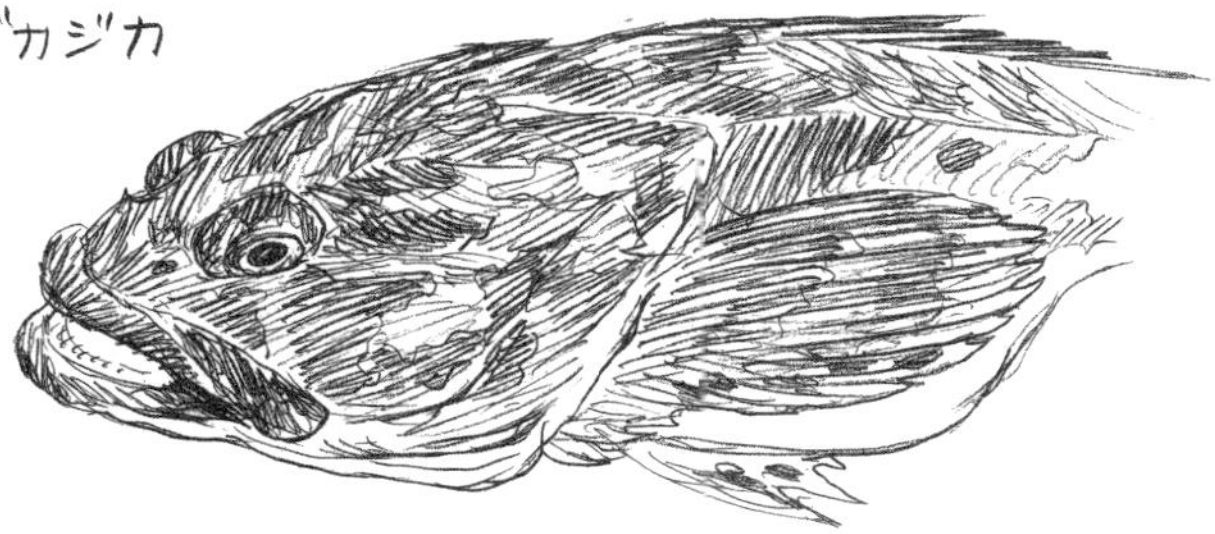

『悪名』と水軍の島

因島《いんのしま》へ行くことになって、ぱっと頭に浮かんだのが映画『悪名』だった。今東光原作、田中徳三監督。主人公の朝吉（勝新太郎）は、古い任侠道の精神性に固執する一匹狼である。ヤクザのカポネ一家の琴糸（水谷良重）を足抜けさせるため、小舟で因島から逃亡する。中学の時に見た映画だが、裸電球の下で行う賭博シーンや、足抜けをさせた琴糸を乗せた小舟で海を漕ぎわたる場面が記憶にある。朝吉と琴糸がわたった海も、今は本土と因島大橋で結ばれている。

新尾道からバスに乗り、鏡のような瀬戸内海をぼんやりながめていると因島に着いた。ミカンがたわわに実るのんびりした景観のなかに降り立った。バス停には役場の生涯学習課の村上さんが迎えに来てくれた。因島には、織田信長を打ち破った村上水軍を取材するために来たのである。当然、島には村上姓が多いが村上さんはよそから嫁いで来たので、水軍とは関わりがないという。

城跡を資料館にした「因島水軍城」には水軍の主力戦力だった大安宅船の模型などが展示してある。船は機能別にクラスがあり、主力戦艦の「関船」、巡洋艦クラスの「早船」、小回りのきく水雷艇のようなのが「小早」。村上水軍は船の機動力を駆使して、瀬戸内海の制海権を握っていた。歴史音痴の僕はそのような説明に、ただうなずくだけだった。

展示物のひとつ「やがらもがら」はインパクトがあった。熊手から進化した武器で、長い木の柄に刺《とげ》の金具が付いている。先端部はカブトムシの角状で、敵の袖をからめて引きずり落としたり、突いたりする。恐ろしいというか、えげつないというか。名称は魚のヤガラが由来だ。ヤガ

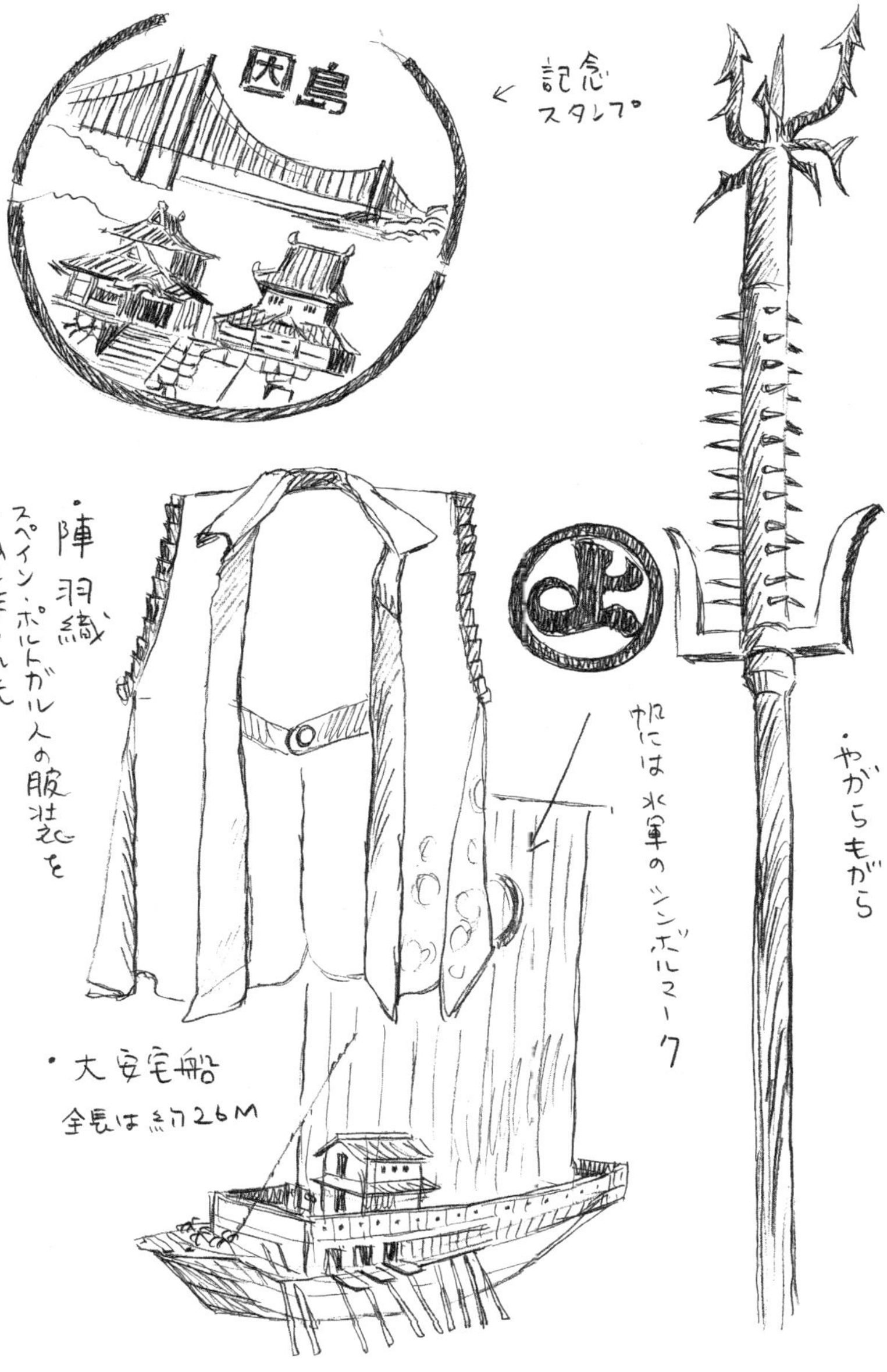
因島
記念スタンプ
・陣羽織
スペイン・ポルトガル人の服装をまねて作られた
帆には水軍のシンボルマーク
・やがらもがら
・大安宅船
全長は約26M

ラは鹿児島や関西の市場で見たことがある。全身が細長く目と吻《ふん》の間隔が異様に長い馬面《うまづら》だ。体長一・五メートルにもなり、体側に細長い刺がある。「モガラ」の方は、調べたがそのような名称のものはない。言葉のリズムでモガラと付けたのではないだろうか。

夕刻、町の探索に出かけた。海沿いのホテルの前は国道317号線で、因島大橋と直結しているせいか車の通りが激しい。一本ずらした商店街で酒を飲み、通りがかりに目をつけていたバーに寄った。細長いカウンターの古そうな店だった。若夫婦らしき茶髪のふたりが近所の若者と雑談中だった。棚にバーボンがないので、マティーニを頼んだけど、出来ないという。そのとき、カウンターの端で新聞を読んでいた、いかにも元バーテンダーというオジさんが「出来ます」と言って立ち上がった。その手並みまことに鮮やか。酒の話を肴に二杯飲んだ。すると一度飲んだことのあるポーランドのウオトカ「スピリタス」をサービスしてくれた。ストレートで放りこむと、喉の粘膜が一掃された。飲用ながらガソリンと同じ危険物扱いで、アルコール度数が九六パーセント。ゴキブリにかけると即死する代物だ。

翌日、もうひとつ水車の資料館のある大島へ行き、そこから尾道まで船で帰ったが、宿題をもらった。村上さんが探している今東光の『悪名』を、古本屋で見つけたら送ると約束したのだ。簡単に思えたのだが、いまだに果たせないでいる。

苗字の地名、苗字の焼き印

佐世保駅前から平戸行きに乗ったバスの揺れが心地よくて、つい、うとうと船を漕ぎはじめたら、突然名前を呼ばれてびっくりした。きょろきょろ見まわすと、停留場の看板に「バイパス本山」とあった。

平戸は前に訪れたことがあった。いや、正確に言うなら、生月島へ行くのに通過しただけだった。そのときは、佐世保から松浦鉄道に乗ったが、駅名にその名はなく、本山という地名には気がつかなかった。

羽田から長崎まで飛行機。そのあと大村線で佐世保へ、佐世保からは松浦鉄道で田平駅へ行き、タクシーで平戸に出る。それからまたバスで生月島へ向かった。早朝家を出て、宿に着いたときはすでに晩酌タイム。

地図を見ると佐世保駅から松浦鉄道の八つめの駅のそばに「本山」の地名がある。鉄路はそのまま低山の愛宕山の裾の相浦駅、小浦駅を回りこんで走る。愛宕山には北を突っ切る、国道２０４号線のバイパスがあり、そこに本山の停留所があるのだった。

小学生のころボケッと地図帖をながめていて、四国の真ん中に本山という地名を見つけた。妙に嬉しくて、どんなところだろうと、期待感に胸がふくらんだ。それから随分経った数年前、高知を旅していて、偶然そこへ行き着いた。助手席で地図を見ながらナビゲーションをしていて、道路看板の「本山」の文字を見てドキリとした。瞬間、小学校の地図帖が脳裏に浮かんだ。

道の片側は傾斜地。家の屋根は路肩より下に並び、奥多摩に似ている景観だった。車を降りて、分岐する矢印と本山の地名が表記してあるブルーの看板を、しげしげとながめた。こんな形で現地に立つとは、子供のころは夢にも思わなかった。

さて、平戸である。平戸は南蛮貿易で栄えた歴史の町である。旅の目的は、松浦史料博物館で連載小説の挿絵用に、武衛流三十目玉筒、地球儀、ぎやまんの酒器、羅針盤、馬印、酒次の白磁唐児人形などをスケッチして、無事に取材を終えた。

この旅では徹底して、昼食にチャンポンを食べた。大村駅前、佐世保駅前、平戸の大衆食堂などだ。その結果、平戸の食堂〈いこい〉が断トツだった。化学調味料を使っていないスープを全部飲んだ。〈いこい〉は近所のオバさん、お母さん、お父さんが次々にやって来ては、満足して帰って行く人気スポットだった。佐世保までのもどりは同じバスで、こんどは起きていた。それでも停留所が近づき「本山」の名前がアナウンスされたときは、ドキドキした。

佐世保で一泊。翌朝、市場へ行った。入口近くの刃物屋に名前の焼き印があった。フルネームの本山はなかった。「本」の字があったので買った。帰ってからガス台にかけて、フィールドノートの革表紙に押すと、焦げ茶色の丸印のなかに「本」の文字がくっきりとついた。

丸に「山」の焼き印があったのは京都取材のとき。骨董好きの編集者が東寺弘法市へ案内してくれた。その一軒に焼き印が出ていた。それを同じフィールドノートの、裏表紙に押した。おもては「本」で裏が「山」というわけだ。本当の洒落者は裏に凝るものだという屁理屈をこねて、悦に入っている。佐世保と京都でようやく名字がそろったので、ま、めでたくもある。

・地球儀

・ぎやまん

強いヤツをストレートで流し込みたい

・武衛流三十目玉筒

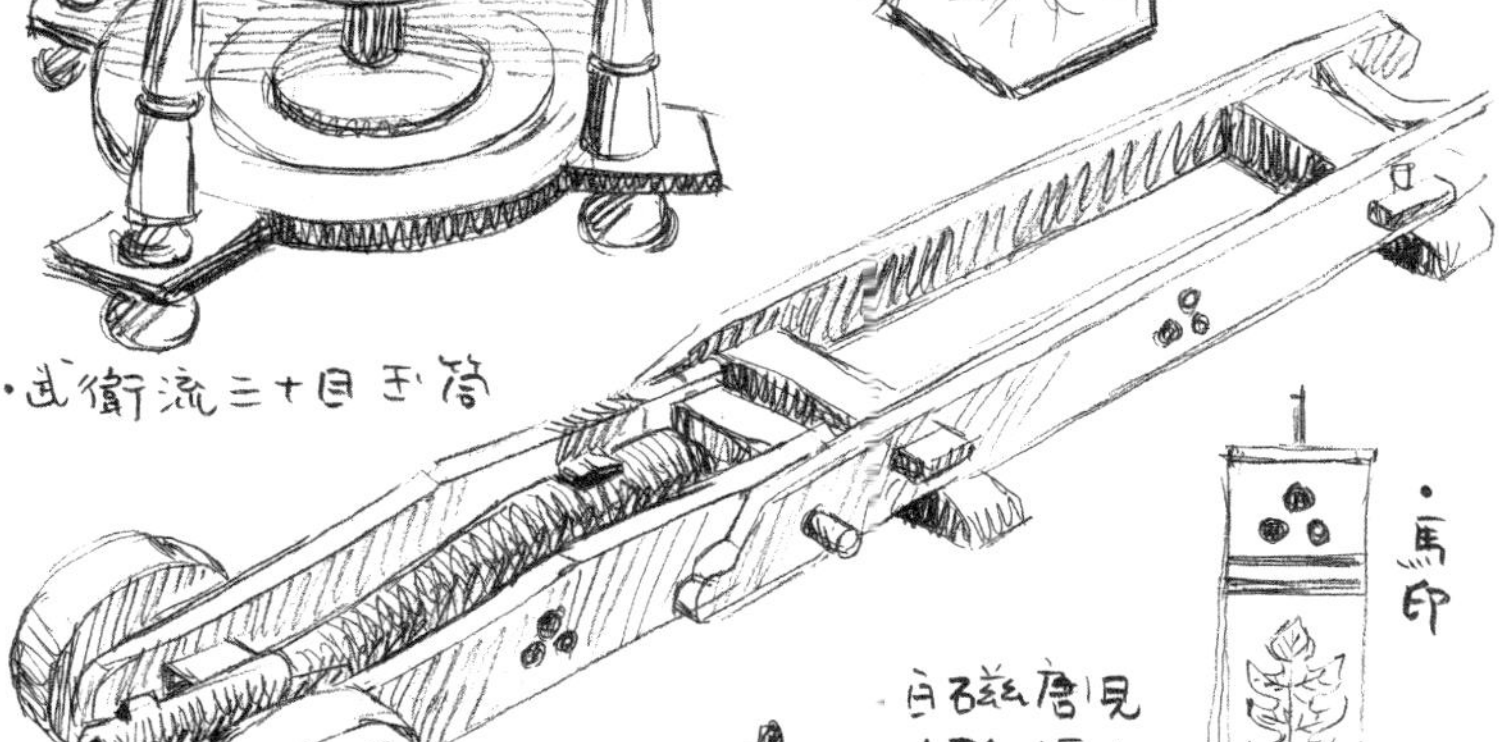

・馬印

白磁唐児人形 酒次

注ぎ口

軍陣の主将の馬のそばに立てた標識。くし団子とはシャレている

・チャンポン、うまし！

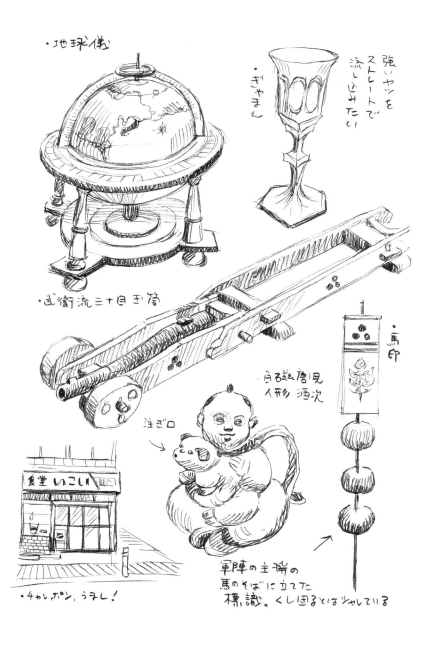

デッド・ストックを探せ

日用品をはじめとして、日進月歩すべからく商品は変貌している。とくに事務用品。たとえばワープロやパソコンなどは、数年でデザインや機能が一新されてしまう。修理を頼むと、新型を買ったほうが修理するより安い、などといわれる。まったく油断も隙もあったものではない。

が、何事にも例外がある。流行からの落ちこぼれが、店の棚のすみでひっそり埃をかぶっている。店主からも忘れ去られているそんな商品を、デッド・ストックという。そして、それを専門に探す物好きがいて、デッド・ストック・ハンターという。富山と魚津を結ぶ県道1号線を走りながら運転するKがそんなことを教えてくれた。旅のスタート地点が、1号線というのはちょっと出来過ぎだが、本当のことである。

デッド・ストック・ハンターとは聞こえはいいが、要するに売れ残り漁りだ。それならすでにやっている。これには僕なりの定石がある。まず金物屋なら「肥後ノ守」探しだ。年輩の男子なら誰もが愛用した中折れの小型ナイフ。今でもつくられていておおよそ七〜八〇〇円見当で売られている。

石川県の鶴来町の金物店で、懐かしい珍品を手に入れた。たいていは握りの部分に「肥後の守」と刻印があるのだが、それには「肥後王様」とあった。ナイフ、ノコ、鎌が折り込みの、いわゆる三徳ナイフ。仕入れたときのままの一五〇円。由緒正しい値はまさにデッド・ストックである。とくに鎌は使い勝手がよく、野外でのベッド用の草刈りに能力を発揮。現役で活躍中だ。

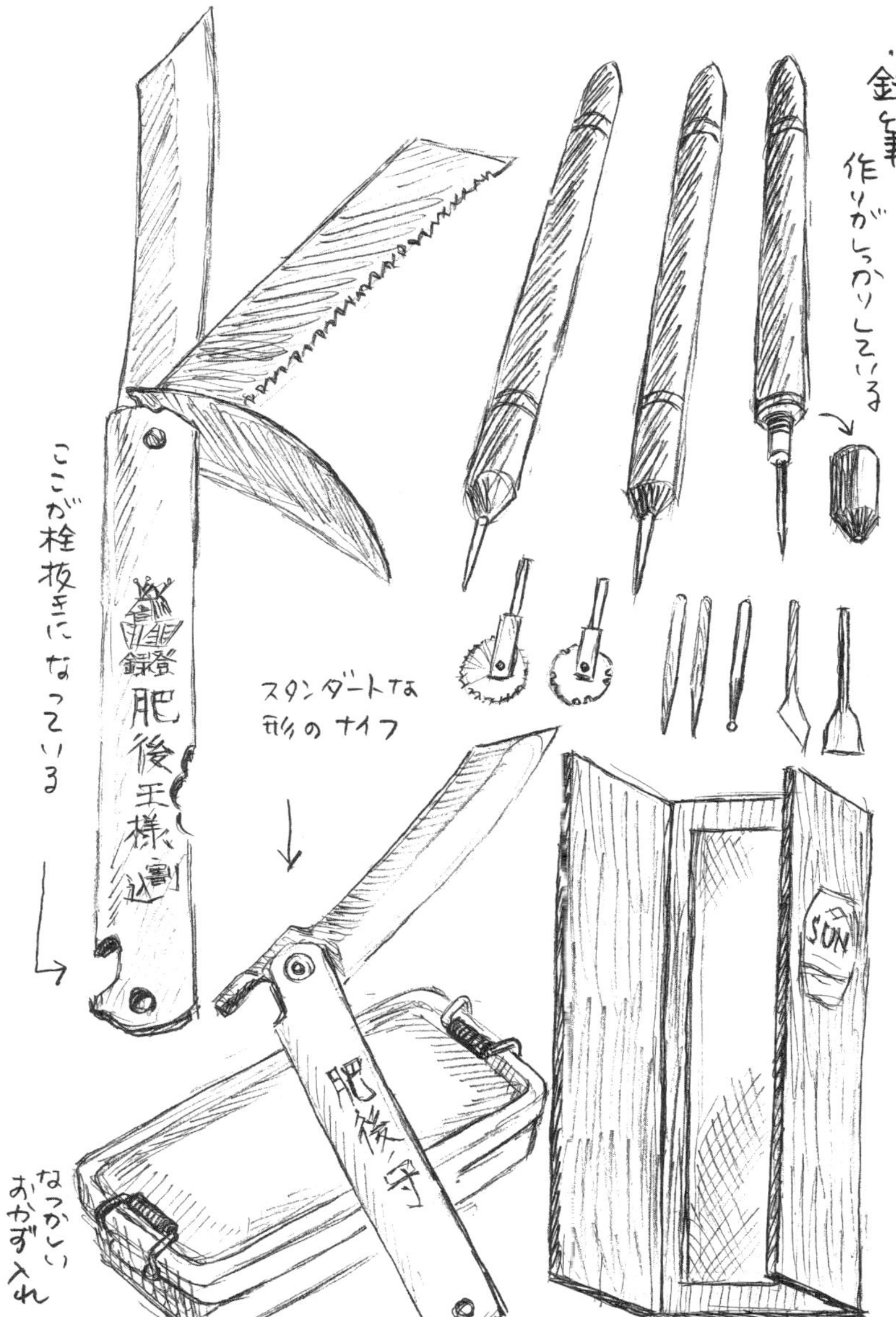

鉄筆
作りがしっかりしている
ここが栓抜きになっている
スタンダードな形のナイフ
肥後守
SUN
なつかしいおかず入れ
観音開きの鑢ヤスリ

話を県道1号線にもどす。海沿いに走って滑川で昼食。食堂〈新庄亭〉でラーメン四〇〇円、野菜炒め四八〇円を食べた。ゆで卵のサービスつきだ。食堂を出て酒屋に寄るとデッド・ストックのワインがあった。「ハンター・レッド」というカリフォルニア産。十年モノで仕入れ値段が一八〇〇円。元値から長期保存用ではない安ワイン。おもしろいから買ったら、これが大当たり。色は熟成してやや黄味をおび、飲み口は馥郁《ふくいく》として芳醇《ほうじゅん》。堂々たる大年増といったところ。黒部川の河口で焚き火を囲んで乾杯。メインディッシュは、イカ墨のスパゲッティ。富山特産のイカの黒づくりをオリーブ・オイルで炒めてスパゲッティにからませただけ。

謄写版《とうしゃばん》も時の流れで消え去った。原紙を枠に貼り、上からインキを含ませたローラーを転がしてセットした紙に印刷する、あの、謄写版である。その木枠やローラーは古道具屋で見かけることはある。和歌山の田辺の文房具屋で、ガリ版をきるときに使う鉄筆と蠟《ろう》ヤスリを発見した。

鉄筆はイラストレーションの下書きのトレス・ダウンに使う。木箱に三本入り。交換用の先も八種類未使用で揃っていた。蠟ヤスリは原紙を乗せて鉄筆で文字を書くのに使う。今では一見無用品だが現物を見て、ピンときた。砥石《といし》にするのだ。野外用のナイフをきめの細かい石オイルストンで研ぐ、その代用になると見当をつけたのだが、使ってみるとよく研げる。鉄筆と蠟ヤスリのふたつで五〇〇円。迷わず、御用達。

デッド・ストック・ハンターは建物の古さ、貼ってあるポスター、看板、店内の雰囲気、商品の陳列棚などを見て鼻を効かす。風体に気を使って、店の人に怪しまれないようにする注意も必要である。

一筆啓上仕《つかまつり》候

花を愛でるなどということは、若いころはしなかった。今はどうだというと、そうでもない。札幌郊外の野幌《のっぽろ》森林公園を歩いていて、胸丈までしげる笹藪の道端に屈んでいるご仁がいた。聞くとアケボノソウを撮影しているという。マニア垂涎《すいぜん》の野草だそうだ。

白く小さな五弁の花びら。どこかで見たような花だと考えたら、胃病によく効くセンブリに似ている。乾燥させたのをちょっと噛《かじ》ったら、恐ろしく苦かった。アケボノソウは、やはりセンブリの仲間だった。「曙草」と書く。やや紫がかった斑点が、白い花びらに散っている。それを夜明けの星空に見立てている。帰りにまた見ようと思ったが、藪に紛れて見つけられなかった。

名前がわからない野草は、スケッチしておいてあとで調べる。白馬の湿地で見た野草は、花がラッパ状で鮮やかな濃い紫色。五枚の花弁の両端が、紐のようにめくれている。こんなに特徴があるのだから、名前などすぐに調べられるだろうと思ったが、まったく駄目だった。細密に描いたのだが肝心のポイントを忘れていた。そのポイントとは、①茎がツル状かそうでないか。②葉が一枚（単葉）か、複数（複葉）か。③葉が向き合って生えている「対生」か、互いちがいの「互生」か。この大まかな三つだ。白馬の野草は落葉していて葉がほとんどなかった。何の仲間か見当もつかない。最後の手段で、しらみつぶしに図鑑をめくったが駄目だった。ようやく花の色で検索する図鑑でサワギキョウだとわかった。

名前を知るには、ほかにも色々な方法がある。野鳥の場合は、鳴き声で種類を特定する、「聞きなし」、というのがある。ホトトギスの仲間ジュウイチは、口を閉じ気味にして「十一」と言うとそう聞こえる。ウグイスの仲間のセンダイムシクイは、「焼酎一杯ぐいーっ」。ウグイスの仲間はみな同じような姿をしているので、ベテランでも判別が難しいので鳴き声で見分ける。が、ジュウイチもセンダイムシクイも、まだ姿を見たことがないし、少なくとも野山で「十一」と「焼酎一杯グイーッ」という鳴き声を聞いた覚えがない。

聞きなしを口笛で吹くと、鳴き声の個性が、なるほどと理解できる。よく耳にするのがホオジロの、「一筆啓上仕候」だ。風に揺れる灌木《かん》のてっぺんで鳴くホオジロの感じが、口笛で吹くとよく出る。「源平つつじ白つつじ・ちんちろ弁慶皿持ってこい」という地方もある。いずれにせよ、聞きなしは古い言い回しが多い。

二年ほど前、笠間の青年に「ケツから血が出ちゃった」と鳴く鳥を知らないかと聞かれた。尻ではなくケツから血である。思わず絶句してしまった。大笑いしたあと、口笛で吹いてみると、何とそれがホオジロのさえずりように聞こえるではないか。一筆啓上は、やはり古い。

鳥たちは、聞きなしのすべてのフレーズどおりに鳴くわけではない。季節や個体によって長さやニュアンスもちがう。環境の変化もあるだろう。新しい感性のヒトが聞けば、当然ちがう聞こえ方をする。若い人に新しい聞きなしをつくらせると、何が飛び出すかわからないおもしろさが期待できる。ケツから血が出ちゃった、とやったら、はたして本物のホオジロはどんな顔をするだろう。考えるとおもわずニヤリとなる。

・サワギキョウ
タネができる
・アケボノソウ
・アケボノソウの
花は白
斑点のそばの
丸いモヨウは
淡い黄色です
ケツから
血が
出ちゃった
焼酎一杯
グィー
・ホオジロ
・センダイムシクイ

佐渡のおけさは……

四度目の佐渡だった。最初は二十三年前だった。上越新幹線もなく両津と新潟を六〇分で走る高速船ジェットフォイルもなかった。それが、東京を八時の新幹線でたつと、昼飯は両津港の食堂で焼き魚定食を食べられる。

外海府海岸に面した「達者」から「北狄《きたえびす》」にかけて景勝の崖がある。流紋岩からなるこの断崖は屋根の尖った楼閣に見立てて、「尖閣湾」と名付けられた。

尖閣湾の西端には小さな姫津港がある。岸壁では男衆や女衆が水揚げの魚を箱詰めしていた。魚はハチメだという。正式にはハツメ。二五、六センチほどで、淡い赤に黄色がかった美しい魚だ。一〇〇から三〇〇メートルの深さで獲れ、土地ではバアサンハチメとかヒナサンハチメと呼ぶ。ほかにスケソウダラ、ミズダコ、煎餅《せんべい》ほどの小さなアンコウ、ホッケの姿がチラホラ。両津の食堂のオバさんは赤魚と言っていたが、塩焼きで食べたのは、このハチメだった。

一〇センチほどのアジを狙って、岸壁で釣り糸を垂れているオバさんがいた。コマセを撒くと海中の小魚がうねり、銀粉のようにきらめく。外道に小さなイシダイやアイゴがかかる。アイゴの腹ビレには毒がある。刺されると痛い。オバさんは先刻承知で「畜生」などと毒づき、けっこう熱くなっている。

土産売り場の岸壁に、もう一人釣り師がいた。こちらもコアジを狙っている。トラックに生け簀を積んでいるので料理人かなと思ったが、ちがった。水族館用の生き餌を調達中だった。道糸

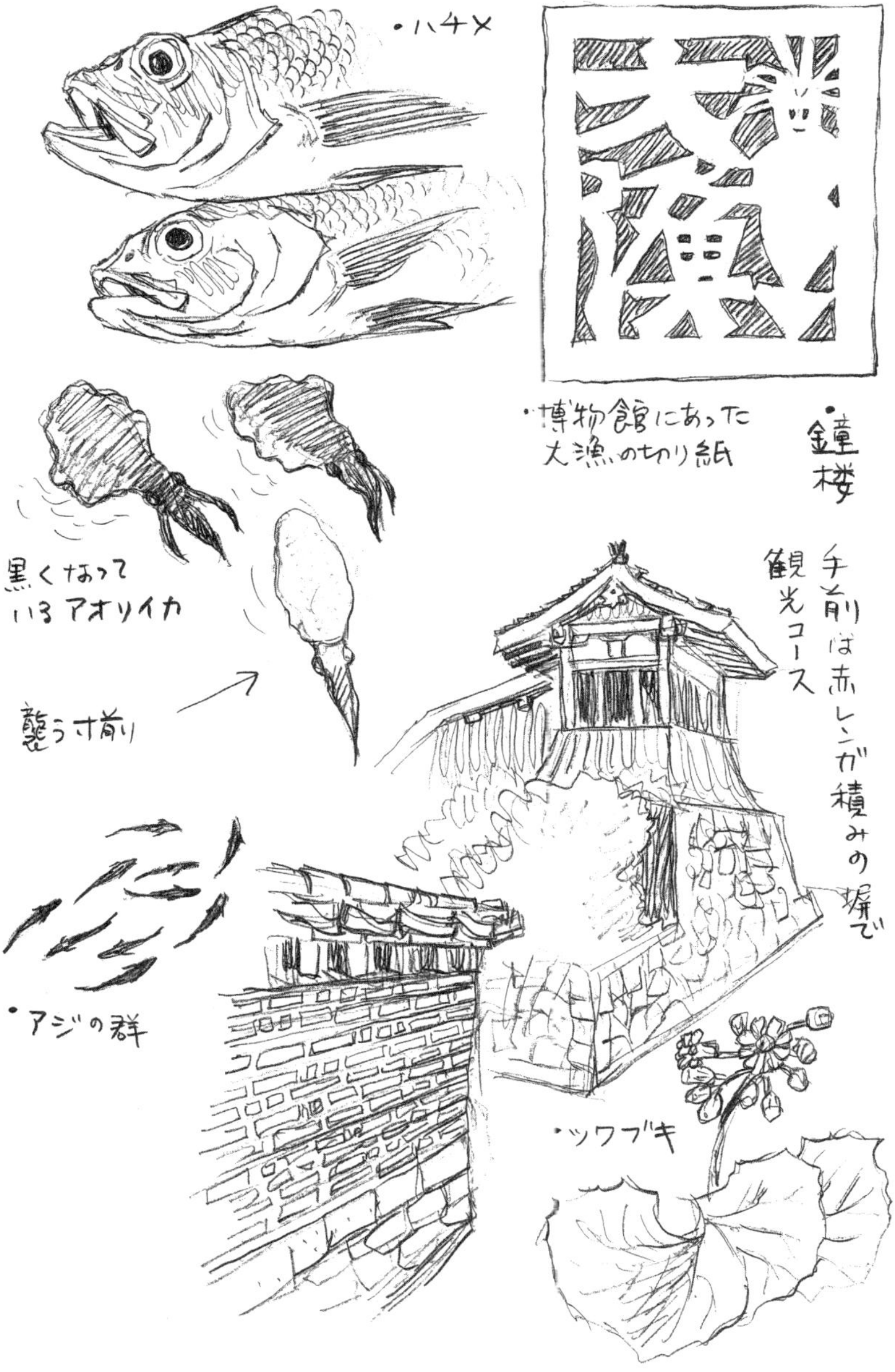

・ハチメ
・博物館にあった
大漁の切り紙
・鐘楼
手前は赤レンガ積みの塀で
観光コース
黒くなっている
アオリイカ
襲う寸前
・アジの群
・ツワブキ

に寄せ餌のカゴをつけて竿を軽くしゃくる、いわゆるサビキ釣りで、一度にアジが五、六匹かかる。「アオリイカの餌にするので見に来ないか」と誘われた。こういう話を断る手はない。さっそく北狄にある水族館へ。地魚を中心にした小さな水族館はマニアックでなかなかいい感じだ。アオリイカとヒラメの水槽が隣り合っていた。水槽といっても底の浅いプールで、真上から見物できる。アジをアオリイカの水槽に入れると、アジは身の危険を察知して、片側に寄って群れをつくり小さな円を描く。一方、アオリイカは興奮のため体が黒く変色する。脚を広げヒレを揺らめかせている。アジを襲う段になると体を瞬時に細める。ふつうイカは脚を後ろにして泳ぐが、攻撃態勢になると、脚を槍のようにすぼめて前進して攻撃する。黒く変身したアオリイカはおそろしく不気味で、相当に迫力のある採餌行動だった。

翌日、国指定重要無形民俗文化財の「文弥人形」が展示されている相川郷土博物館へ行った。溝口健二の『山椒大夫』を子どものころ観たが、悪党の次郎右衛門と安寿姫の人形劇が佐渡を舞台にした山椒大夫だったことが、ここへ来てはじめてわかった。館内には純度九九・九九パーセントの銀塊と金塊も展示してある。銀塊のずっしりした重量感。金塊の山吹色の輝き。妖しい魅力に妙にドキドキする。館を出ると路地の陽だまりにツワブキが咲いていた。居眠りをしているレンガ塀の上の猫。イソヒヨドリが鳴き交わしている。鐘楼や寺をのんびり見物する。

民家の軒下に吊るされた干し柿は、佐渡の名物の「おけさ柿」だ。そのほとんどが柿のない北海道に出荷され、ほかには出回らない珍しい柿だった。道産子の僕はそんなことも知らずに、おけさの柿を食べて育っていたのだ。そんなこんなで、不思議な因縁を感じた佐渡の旅であった。

関門界隈で裏を返す

門司港近くの〈門司郵船ビル〉にある〈濱司〉は、店名が割烹のようだが、テーブルかけの白布が目にもまぶしく由緒ある洋食屋だった。人気のシーフードカレーがピカイチ。手間のかかった重厚なルウ。ムリッと身の弾けた新鮮な海老は天下一品。ゴージャスな味に胃袋は大喜び。と、昼は大満足だったものの、「門司では是非とも立ち寄られたし」といわれていた居酒屋が街の再開発で姿を消していた。まいったものの港通りで、骨董趣味のバー〈ネイマ〉に尻を落ちつけた。ゆったりした店内は心地よかった。木製の椅子やテーブル、東南アジア風の布などをうまく店内にあしらっている。食前酒はフォアローゼスのオン・ザ・ロックス。オイルサーディン、ナッツをつまんだ。

居酒屋消失ショックから気を取り直し、寿司〈富美〉のノレンをくぐる。ガリと少量の刺し身で飲んで寿司屋で握りを食べないのは気が引けるが、この日は写真家のA女史と編集者Kの三人連れ。寿司を食うふたりを隠れ蓑に、「澤之鶴」を冷やで飲む。シャコ、赤貝、赤身をひと切れずつ刺し身でつまむ。仕上げはバー〈アンカー〉。無論、初めての店。カラオケがなければ、と念じて入ると昔からあるスタンドバーだった。カウンターの奥に常連らしき客が三人。しばらくしてママが「お客さんたち、どういう関係」との質問。そういえば不思議な三人連れに見える。とっさに「A女史は後妻でKは連れ子」。大法螺《おおぼら》が口をついた。この説明、リアリティがあったらしく、「あらそう」と、ママは納得。後妻といわれたが、気さくで太っ腹なA女史は顔色ひとつ変えない。こちらの素性が知れたからか、突然マイクがあらわれた。あれれ。天井のカーテンレールで、マイクがスルスルと移動してくる。たはっ、隠しマイクだった。事の成り行きにオタオタしていると、A女史とKがカラオケ何するものぞと歌いはじめた。ふたりともなかなかの美声。アレヨアレヨという間に常連客と、聞いたことのない当節の歌の大合唱になった。

四月。下関。同じメンバーのA女史とKの三人で、港の辺を探索。唐戸市場には鯨の専門店がある。「クジラの脂身が心臓病に効くとノルウェーの大学教授が発表」、こんな新聞の切抜きが貼ってある。クジラ缶詰め二二〇円、鯨軟骨入り松浦漬け（大）一二〇〇円、（小）八〇〇円。切れっ端三〇〇円（二〇〇二年時）。いまや鯨は高級品だ。店の壁に「日本鯨類研究所発行」のポスターが貼ってあった。ポスターにある日本のクジラ全種は、僕が描いたもので、こんな所でお目にかかろうとは思わなかった。懐かしいというか、いやはや驚いた。

その夜、「はやい、楽しい、関門汽船しいがる」で海峡をわたり、門司のバー〈アンカー〉へ行った。旅先でフラリと入り、今度また寄りますとは、よく言うが、実現はなかなか難しい。お店も了解の挨拶である。少々の袖《そで》ふれ合いが縁。一見《いちげん》の客とはそういうものだ。そういうわけだから「アンカー」に入ると、「本当に来た」と、占い好きのママ、カクテル名人のマスター、常連さんが大喜びで歓迎してくれた。

ほろ酔いで、最終船に乗って下関へもどる。最終電車にはよく乗ったが、最終船は初めてだ。水平線に隔てられている本州と九州の街の灯が、酔眼で滲んでいる。

「あ〳〵、あの娘が泣いてる波止場」海風になぶられながら、つい古い流行歌を口ずさむ。

・予算の関係からふぐは食べなかった

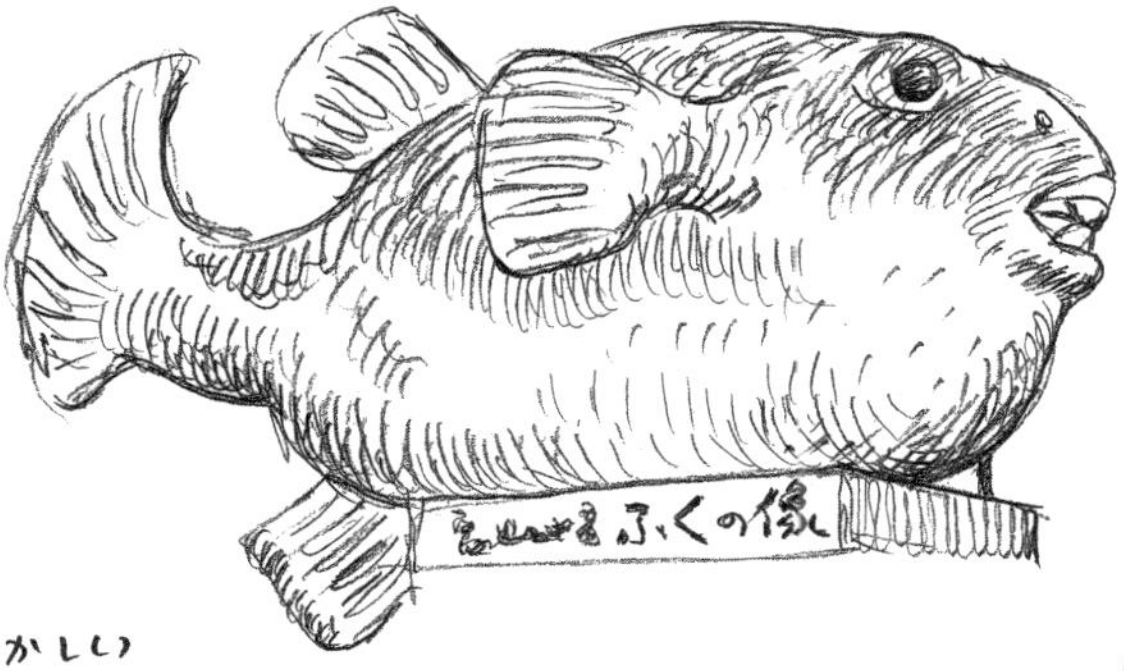

・消火栓に水道管を見ると、ワケもなく描きたくなる

なつかしい
マッコウクジラほかとの
出会いでした

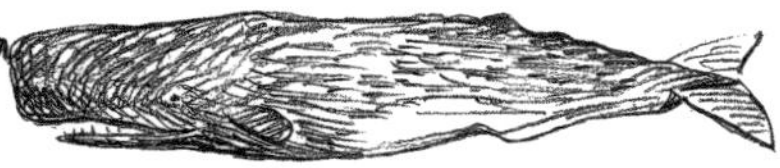

・入り組んだ古い町なみ。門司にてスケッチ

川岸の粋狂愚行

長良川の中流にある八幡《はちまん》町（現郡上市）は「郡上八幡《ぐじょうはちまん》」で通っている。岐阜市から美濃加茂市へ出て、長良川鉄道に乗り換え、流れ沿いに北上すると、こぢんまりした八幡町に着く。町を流れる川の橋から子供たちが歓声をあげて川に飛びこんでいる。僕が子供のころはよく見た風景だが、「危険」というレッテルを貼られて、昨今は姿を消してしまった。このような光景に出くわすと、年がいもなく川ガキにもどって、身ぐるみ脱ぎすてて水に飛びこみたくなる。

　北東から支流の吉田川が注ぎこんでいて、鶴佐橋がかかっている。水はあくまで透明で、橋上からも底の砂礫《されき》がはっきり見える。よくよく目を凝らすと、鮎が岩肌の苔をへずり食った跡などがくっきり見える。亀の甲羅のような岩が、水面のあちこちから顔を出している。ほどよく乾いていて心地がいいのか、岩にセグロセキレイが止まって、ちょんちょんと長い尾を上下する。

　水中の岩陰からは、一二、三センチほどの細身の魚がすいすいと泳ぎ出る。魚体にはパー・マークと呼ばれる、太い横縞が数本走り、尾の先がオレンジ。アマゴである。

　アマゴは海に下る個体があり、春になり長良川をさかのぼって帰ってくるとサツキマスと呼ばれる。シラハエ、オイカワ、ニゴイといった、淡水魚の常連の姿もある。川が美しく生き物がたくさんいるということは、周りの環境が豊かだということだ。

　ぼんやり川見物を楽しんでいると、車の屋根にひらりと小鳥が止まった。ツバメの子だった。黄色いくちばし。小さな頭の両端に角のような幼綿羽《ようめんう》（産毛《うぶげ》のような羽）が二本。それが微風に震

・鶴佐橋

・カマツカの刺し身
なかなか愛嬌のある顔をしていて味もさっぱり

・吉田川とアマゴ

えていて、じつに愛くるしい。巣立ちしたてで迷子になったのだろうか。

水面をかすめて飛ぶツバメが、さかんに橋の下に入っていく。川岸へ下りると、橋裏の角に親鳥が泥を唾液で塗り固めた五つの巣が、寄りそうように並んでいる。ツバメが巣にとまって頭を突っこむと、白い尻がもちあがる。するとぽつんとした芥子粒《けし》のような肛門が見える。次から次へ親鳥がやってきて、かいがいしく餌をやる。尻を持ちあげる。小さな尻の穴が……、親鳥が来る、尻の穴が……。ツバメの尻の穴見物は暇つぶしにぴったりだった。

川岸の食堂で、つい先日、吉田川で釣れたという水槽のサツキマスを見せてもらった。四八センチ、一・五キロのオス。このくらいになるとマスというより、堂々たる風貌でサケに近い。

ここには、珍しいカマツカの刺し身がある。「カマツカ」はスナホリ、スナムグリとも呼ばれ、掃除機のような口で川底の砂礫を吸って川虫をエラで漉《こ》して食べる。もうひとつの呼び名はカワギスで、海のキスより身がコリコリしているが上品な味わいだった。

水の質がよい岐阜は酒もよい。角皿に盛られたカマツカの刺し身で、地酒の「母情」の盃を傾けたいところだ。けれども午後の夏の陽は路面に濃い影を落とし、ながれゆく川面はゆらめきながら輝いている。ここは、渋々でもしばらく待つ手だろう。川越しに見える稜線に目を転じれば、富山、石川、福井にまたがる懸崖たる水源の嶺々が見える。これらの地の酒もさらりとした辛口で好むところだと、口のあたりを手のひらでぞろりと撫ぜる。

野宿の旅の詳細報告

東京駅十時二十八分発新幹線、「とき４０５」に乗車。上毛高原駅着十一時四十三分。レンタカーで沼田方面からの国道１４５号線に合流して、西へ向かう。運転は雑誌編集者のＫ。僕は助手席で二十万分の一の地形図「高田」と「長野」を膝に広げて、目的地の野反湖《のぞり》までナビゲーション。まずは昼飯、食堂探し。鵜《う》の目鷹の目で無人直売店を発見。露地ものは、俺が野菜だ、という顔をしている。トマト三〇〇円、茄子二〇〇円。さっそく購入。

中之条で〈そば処・五妻路〉に入る。店頭に実物見本のない店だった。一五〇円プラスで、大盛り鴨汁そばを注文。お新香三〇〇円。そばはシコシコ、鴨はこってりで、満足。こんなときの店選びの判断は「感じ出してるなあ」とつぶやかせる店の風情、雰囲気で決める。感じにも色々ある。漠然とした佇まいが訴えるもの、妙にしみったれたノレン、屋根トタンの錆び具合、看板と抱き合わせの酒の銘柄など。これがポイント。

買い出しで入った精肉の〈菊村本店〉で豚足二五〇円をふたつ買う。今どき豚足はなかなか売っていない。焚き火と豚足を頭に浮かべて顔が崩れる。中之条には〈ひのや〉という、いい酒屋もあった。岐阜の「三千盛」、静岡の「初亀」、スペインの赤ワイン。もうニタニタ笑いっぱなし。

中之条で３５３号線に入り「沢渡《さわたり》」で分岐、暮坂峠を越え、峠を下り白砂川を右折、花敷温泉を越えて一気に北上、目的地の野反湖に到着。清冽な大気を胸いっぱいに吸う。

野反湖は信濃川の支流の、中津川上流をせき止めた人造湖だ。標高一六〇〇メートルあたりが湖面である。のっぺりした山腹は笹に覆われ、風がそよぐと銀色に波立つ。その景観のアクセントに、濃い緑色の針葉樹のダケモミ（ウラジロモミ）が生えている。高山独特の抜けるような青空が一瞬にして薄い霧に包まれ、はたまた、突然わいた綿のような雲が日光に眩しく輝く。

　ロッジでリヤカーを借りてキャンプサイトへ向かう。最近、リヤカーのあるキャンプ場が多いという。ちらほらテントが張ってあるが、橋をわたって、奥の人気《ひとけ》のないところまで行き、笹を刈ってベッドをつくる。この笹の先から一本伸びている若芽が柔らかくてうまいという。湖を半周しながら笹取りと探索に出かけた。せき止められた水路が新しいタイプの湿地をつくり、水際にトウゲブキの黄色い花が咲き乱れている。陽を浴びた濃い緑の葉叢《はむら》の下から勢いのある水音が聞こえる。乾いた道の脇にはコケモモの実がなっている。

　夜は、白菜の漬物、さつま揚げ、キムチ、枝豆、フランスパンを肴に、買い出しの酒をたらふく詰めこんで寝袋に潜った。朝は編集者作のエジプト式朝食。ゆでたモロヘイヤをナイフで叩き、にんにくとオリーブ・オイルで炒め、水を足して、塩、胡椒をしたスープ。いわばエジプトの味噌汁。それから収穫した笹の若芽をベーコンで巻いてバターで炒めた。これがまあ、爪楊枝の束を噛んだような歯ごたえ。自棄《やけ》クソになって噛んでいると、かすかに筍のような味がした。

　二日目は丸一日焚き火をした。ちょうどいい間隔で生えていた二本のシラカンバの間に、鳩尾《みぞおち》ほどの高さの調理台をつくったので、料理の準備にしゃがまなくていい。腰痛持ちにはとても楽ちんだった。夜は焚き火で豚足を焼いて野蛮にむしゃぶって、のこっていた酒瓶をすべて空にした。

・ノアザミ

・コケモモ

・センジュガンピ
ナデシコ科
純白の花は実に
うつくしい

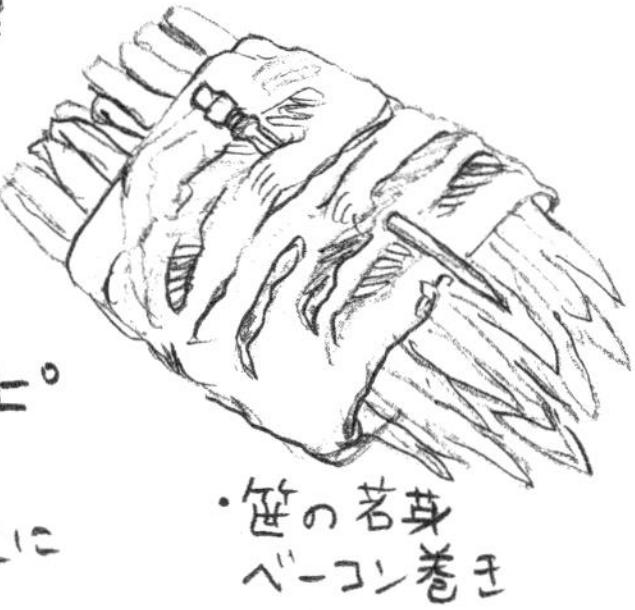

・笹の若芽
ベーコン巻き

多摩川あれこれ

夏の盛り。京急大師線の川崎大師駅まで出向いて、カニ見物を目論《もくろ》んだ。「多摩川緑地」と地図に記されている一角が川岸にあり、アシが高々としげっていた。堤防の階段を降りてアシの生え際に近づくと、小さな穴がたくさんあった。しゃがんで待っていると、穴からクロベンケイガニが出てくる。ちょっと体を動かすと、空気の振動を察知して、すすっと穴に隠れてしまう。これがじつに素早くて、捕まえようなんて気はおこらない。カニは見物するに限る。見物に余裕がでてくると、アシハラガニが混ざっているのに気がつく。クロベンケイガニよりひとまわり大きくて、甲羅が灰色、関節が薄いオレンジ色だ。

対岸の大師橋緑地の一角には、猫の額ほどの干潟がある。ここにはチゴガニがいる。「稚児蟹」と書く小さなカニだ。穴が無数にあって、しゃがんでいると見える範囲がカニで埋めつくされ、いっせいに蠢《うごめ》きだす。足がしびれたので動くと、一斉に穴に引っこむ。そして、また泡のように穴からわきでてくる。春に虫虫の字「蠢く」がぴったりの状態なのだ。

秋に登戸の梨園へ行く。多摩川の名産が梨だとは知らなかった。川砂が堆積した地面は水はけがよく、むかしから梨の産地だ。梨園は住宅街の中にあり、地形図にはちゃんと果樹園のマークが載っている。うれしいことに好きな「長十郎」があった。果物がすべて甘くなってしまった。イチゴ、ミカン、スイカしかり、リンゴなどは最悪だ。梨も甘い幸水や二十世紀が人気だが、果物がお菓子化するのは嘆かわしい。縁台に座って長十郎を丸かじりする。

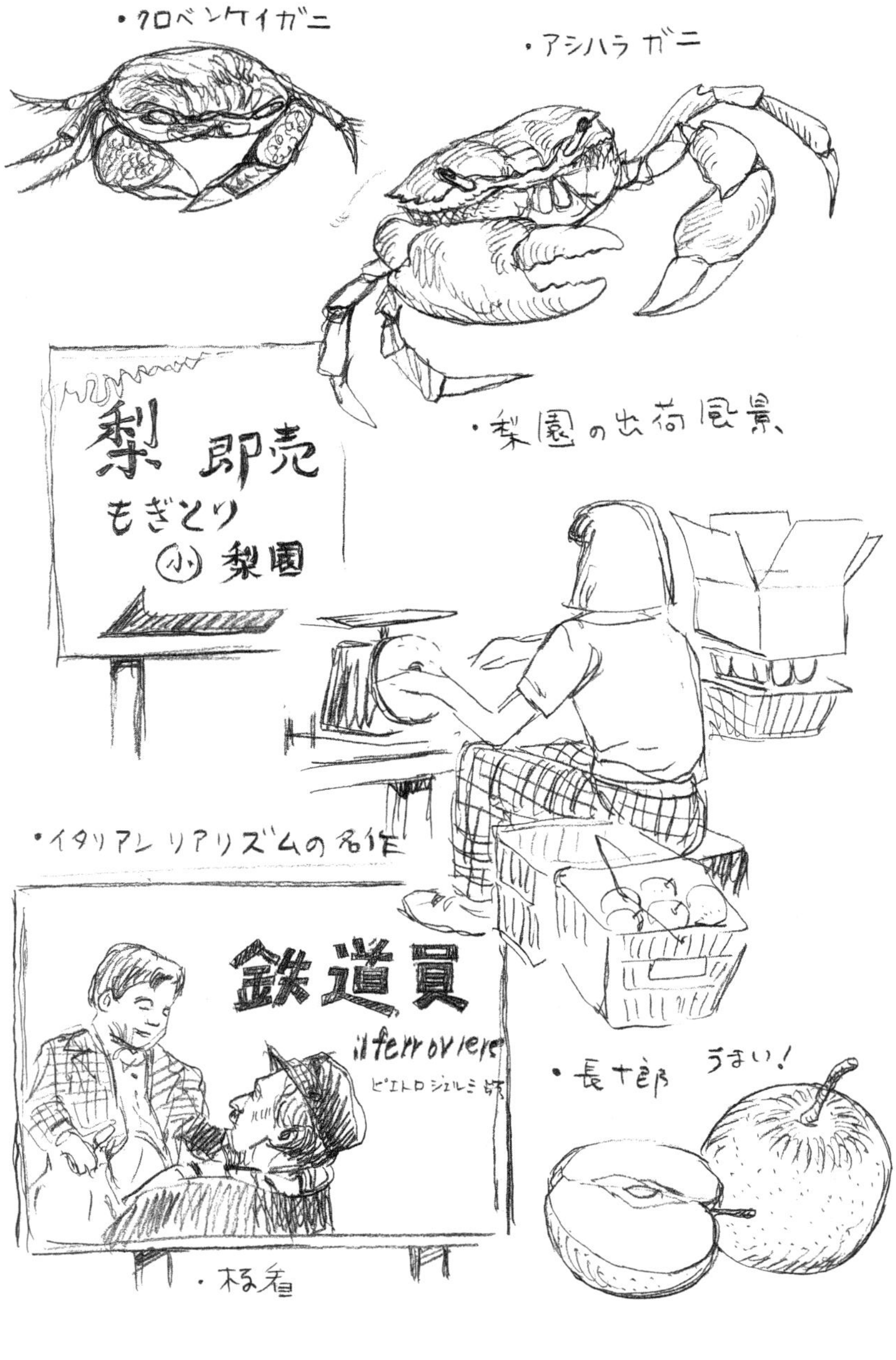
・クロベンケイガニ
・アシハラガニ
梨 即売
もぎとり
(小) 梨園
・梨園の出荷風景
・イタリアンリアリズムの名作
鉄道員
il ferroviere
ピエトロ ジェルミ
・長十郎
うまい!

かたわらのバケツに二十世紀の皮がすててあり、それを目当てにスズメバチが飛んできた。店のオバさんが箒《ほうき》で叩きつぶそうと奮戦する。スズメバチは殺されるとき信号を発する。それをキャッチした仲間が報復攻撃にくる。そのことを進言しようと思ったが、すでにスズメバチは叩き殺されてしまっていた。

この辺の住宅地は緑が多い。テニスボールよりひとまわり小さな地柿の「禅寺丸」がなっている。誰もとらないのか、熟れたのが道に落ちてぺっちゃんこになっている。柿のない北海道に育ったので柿泥棒はあこがれだった。たわわに実っているのを見ると、心中おだやかではない。

多摩川の上流、青梅は「街中映画板絵展」と銘打って、市内のあちこちに映画の看板がある。泥絵の具とニカワを混ぜて描く通称「板看《いたかん》」。駅前にはイタリア映画『鉄道員』。G・クーパー『六年目の疑惑』、三船敏郎・京マチ子『羅生門』、中村錦之助・東千代之介『笛吹童子』、S・ローレン『河の女』、J・ウェイン『リオ・ブラボー』など、映画好きだから、たまらない。

上流の御岳《みたけ》の〈玉堂美術館〉では、青梅、芥子《けし》の花、ホオジロやミミズク、蟬、カジカガエルなどの川合玉堂のスケッチが見られる。これらは縦横自在に描かれ、日付や対象物の名前のほかに、特徴のメモが書きこんである。美術館側の吊り橋の下は崖で、川はその崖にぶつかって急角度に曲がっている。崖には鉄柵の渡り道があり、その鉄柵に電信柱ほどの流木が何本も、めりこむように引っかかっている。台風で川が大暴れして大木が絡みついたのだ。その上の川岸は穏やかな遊歩道になっていて、木立の間を歩きながら探索するとなかなか楽しい。下流から遡《さかのぼ》ってみると多摩川がさまざまに見せる自然の厳しさや恵みは、なかなかのものだと感心する。

雑木林に出かけてみれば

千代田区大手町のお堀にはキンクロハジロがいる。黒い頭のうしろに冠羽《かんう》があり、昨今よく見かけるちょんまげスタイル。カモながら俗にいう山羊目《やぎめ》で、こわもてのする顔である。

お堀の大手門から皇居に入ると、なかなか心地のよい雑木林がある。「二の丸雑木林」で、幅約二〇〇メートル、長さ約四〇〇メートルの大手堀沿いにある細長い区域だ。なるべく人の手の入らないままで武蔵野の面影を残したいという昭和天皇の御意向だそうである。

小道を歩いていると、梢《こずえ》をヤマガラが飛びかかっている。頭巾をかぶったような黒い頭。おでこから頬にかけて淡い黄褐色。くちばしの下から喉まで黒い線が走り、胸元で襟《えり》のように左右に分かれている。肩羽が灰色、おなかが明るいレンガ色。配色がコンビの靴のようで、なかなか粋でお洒落な小鳥だ。あちこちの公園でもよく見るエゴノキが、ここでは同じ木かと思うほど、勢いよく枝を伸ばしている。山菜で人気のタラノキは、鋭い刺を幹から放射状に伸ばし、同じ刺でもハリギリのそれは、まるでバラの茎のように並んでいる。気がついてみると内堀通りの喧騒が、ウソのように遠のいている。柔らかな日差しを映している小道の両脇は、葉を落とした高木がホウキを逆さまに立てたように並び、その向こうに丸の内のビルがかすんで見える。

もっと雑木林の魅力を味わいたければ、郊外まで足を運ばざるをえない。そこで植物写真家のK氏のフィールドに案内してもらった。肝心なのはそこが、ごく普通の人家から離れた雑木林だということだ。東松山のその一帯はゴルフ場が六つもあり、それが出来る以前は、さぞかしいい森だったろうと思われる。だからこそ、残っているこの雑木林は貴重なのだ。

フィールドノートに、オヘビイチゴ（雄蛇苺）、カマツカ（鎌柄）、ゴンズイ（権萃）、ヤマコウバシ（山香し）、アオノツヅラフジ（青葛藤）をスケッチをした。ハナワラビは特別扱いで、まだ葉の開く前の穂の状態、開いた葉、内側が溝状の茎を描いた。漢字では多分、花蕨と書くのだろう。念のため植物図鑑を開いたが出ていなかった。通常の植物図鑑ではシダやコケ類は野草と別の扱いになっている。

百科事典の写真を見て、ハナワラビを食べていたことを思い出した。

雪がまばらに積もっている初冬、乗鞍高原の雑木林で、枯れ葉に混じってぽつりと緑のシダが生えていた。それがハナワラビだった。指で輪をつくった一束というほどの量を採り、焚き火で湯をわかしておひたしにした。そのときの焚き火が凄かった。乗鞍の山男はダケカンバの若木を一本伐り倒して、幹を手頃な長さに伐り分けた。細枝の先を平ノミのように削り、それをクサビにして太い幹に叩きこんで縦割りにした。小枝を焚き付けにして、割ったダケカンバを生木で燃やした。生木の火力は強く、火持ちがよかった。ところがハナワラビのおひたしが強烈に甘かった。植物は寒さから身を守るために糖度をあげる。ガソリンの不凍液が甘いのとおなじだ。

ヨーロッパでは、魔女が月夜にハナワラビを摘んで呪術に用い、錬金術師がハナワラビの力をかりて水銀を純銀に変えたりするといわれていたそうだ。なんとなく納得する話ではある。

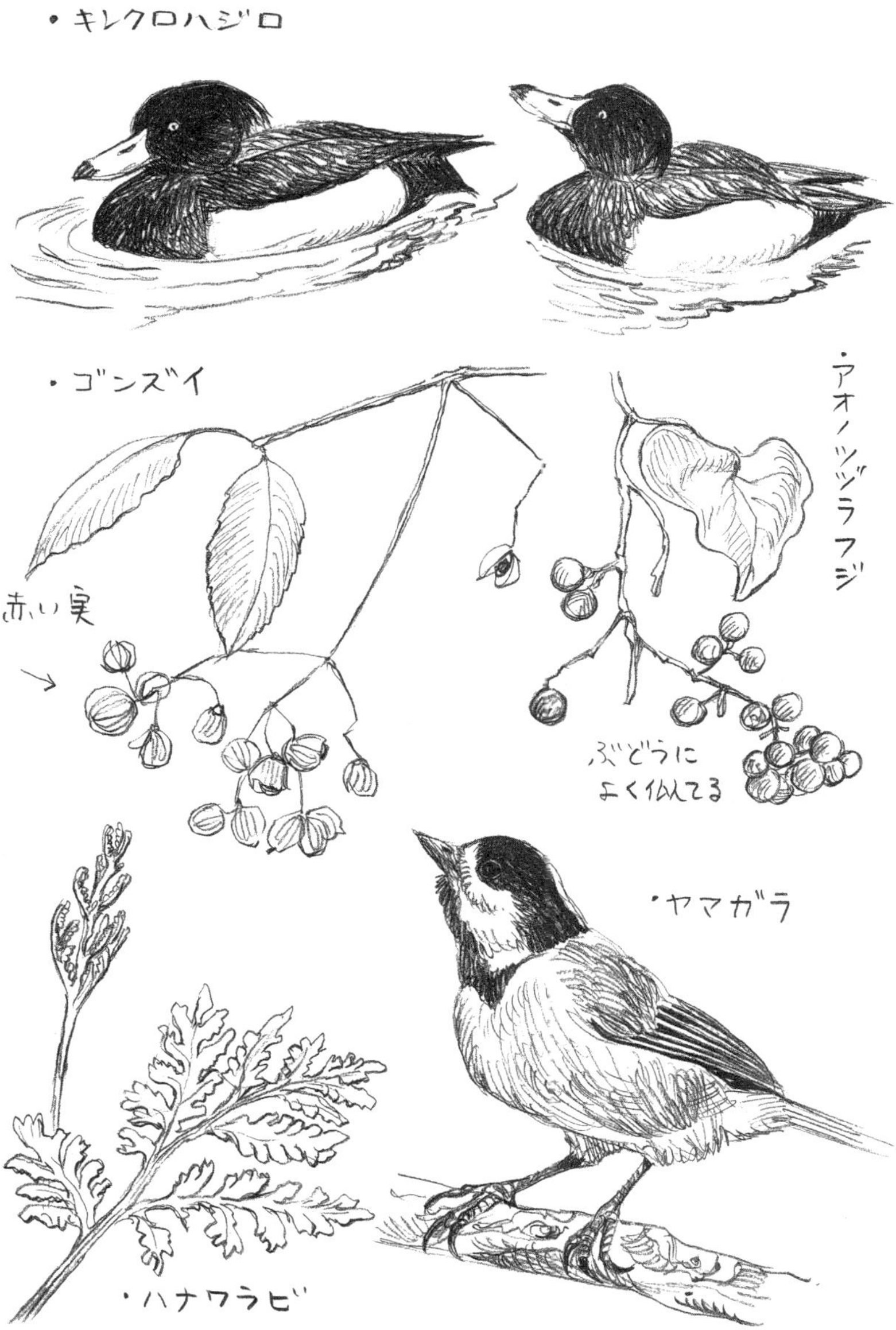
・キレクロハジロ
・ゴンズイ
赤い実
・アオノツヅラフジ
ぶどうに
よく似てる
・ヤマガラ
・ハナワラビ

なんとなくチャンバラ気分

三重県上野市で〈上野忍者博物館〉見物。

忍者の実際は地味なものだった。通常は野良着で農作業をして過ごす。武器は鎌の刃の背にも刃をつけた双方鎌。笛を改造した暗殺用の吹き矢には、トリカブトの毒を塗る。唐辛子や灰を詰めた目潰し。生け垣や戸の止め栓を切る両刃のノコギリ。土壁や土蔵に穴をあける坪錐《つぼぎり》。ほとんど農具か大工道具のようだ。狼火《のろし》の説明があり、乾燥した狼《オオカミ》の糞を燃やすとあった。一説では、狼の糞を用いると、風が吹いても煙はまっすぐのぼるという。唐の『西陽雑俎、廣動植、毛篇』に、「狼糞烟直上ス、故ニ狼火ニ之ヲ用フ」とある。

能登半島の北東端に「狼煙」の地名がある。行ってみると岬の突端の漁港だった。冬の海の警備に「のろし台」を設置したのだという。道路標識の「狼煙」の文字で、町が精悍な感じがした。

山梨県韮崎の「狼火研究会」は、富士川の支流沿いに武田信玄が設置した狼火台を復元していた。本体は櫓組《やぐらぐみ》。長い丸太の先に吊るした鉄製の籠で、杉の葉を燃やして煙を出す。研究会では、シベリアオオカミの糞を動物園から入手して乾燥させて燃やしたが、どうということもなく普通に燃えたそうだ。

忍者博物館見学を終えた夕刻に、近鉄上野駅前の居酒屋で飲んだ。清酒が甘かったので、焼酎にした。向かいの二階のバーで、赤ワインを一本飲んだ。帰りの坂道で、歩道と車道の落差がいつの間にか大きくなっていて踏み外して転んだ。老眼鏡が壊れたので、瞬間接着剤で応急修理を

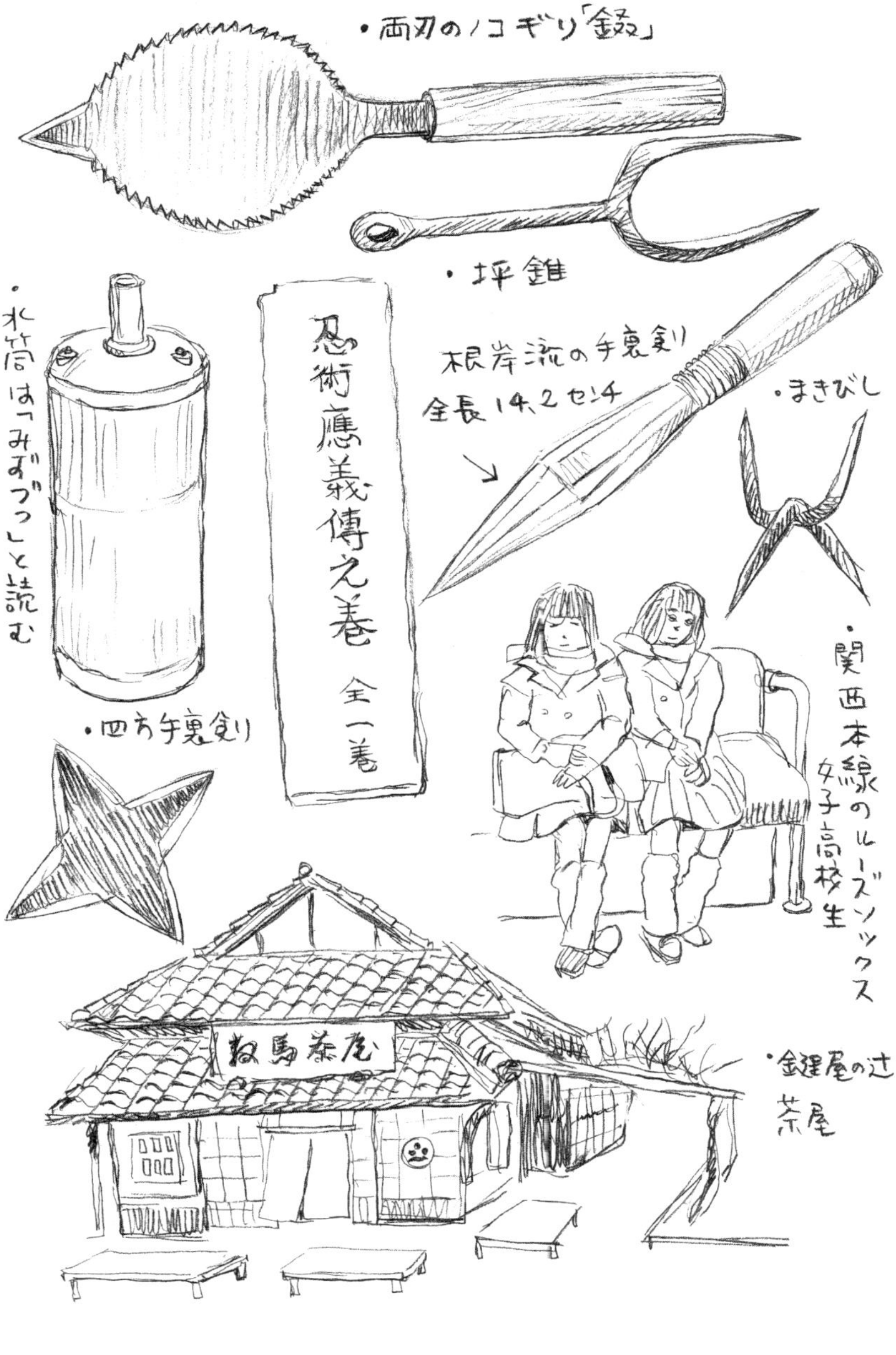
・両刃のノコギリ「錣」
・坪錐
・水筒は「みずづつ」と読む
忍術應義傳之巻
全一巻
根岸流の手裏剣
全長14、2センチ
・まきびし
・四方手裏剣
・関西本線のルーズソックス女子高校生
猿馬茶屋
・鍵屋の辻茶屋

した。それが理由ではないが、もう伊賀上野に行くことはないだろうと思ったが、荒木又右衛門の仇討ちでお馴染みの鍵屋の辻の見物で、ふたたび伊賀上野行きとなった。ちなみに曾我兄弟、赤穂浪士が加わると日本の三大仇討ちになる。

名古屋から関西本線に乗る。津から先の車窓に見覚えがない。いくらぼんくら頭でも変だと思った。伊賀上野の駅前もまったく様相がちがう。あの居酒屋がない。それもそのはずで、前回は近鉄名古屋線、近鉄大阪線、近鉄伊賀線を乗り継いだ、全く別ルートだったのだ。情けない。

鍵屋の辻には〈伊賀越資料館〉がある。仇討ちの顚末《てんまつ》を見聞したあと隣の〈数馬茶屋〉に寄った。茶屋はむかしの建物のままで、おかみさんは撮影に来た三船敏郎を見たという。それはそれは男前だったと、うっとりした顔になった。映画は一九五二年の『荒木又右衛門・決闘鍵屋の辻』。この映画で三船は鉢巻きに三本の手裏剣を差している。四二年の『伊賀の水月』でも、阪東妻三郎がおなじく三本手裏剣。

東京の高島平の「根岸流手裏剣術」の宗家斉藤氏は、鉢巻をしても手裏剣は重さで横になってしまうとおっしゃった。子供のころチャンバラごっこで鉢巻きに紙で作った手裏剣を刺したのを思いだした。試しにバンダナを鉢巻きにして骨製のペーパーナイフを差すと立ったが、金属のペーパーナイフだとヘナヘナと倒れた。大家を疑ってはいけなかった。

伊賀上野で壊した眼鏡は、その後ツルが取れ、レンズが欠けた。サンドペーパーでふちを削り、プラスチック・レンズなのでドリルで穴を開け、ステンレスの針金で柄をつくった。最初は大久保彦左衛門の眼鏡のように、紐で結んだが、ふにゃふにゃになって顔にフィットしなかった。

なぜか引っかかる地名

羽越本線は、新潟市と山形の酒田市を結び秋田へつづいている。秋田には福島方面から、奥羽本線も合流している。羽越本線のさらに先をたどると、青森の近くで五能線に変わる。〇〇本線というのを簡単にたどれると思ったが、案外むずかしいことがわかった。駅が境なのか、線路の分岐点から線の名前が変わるのか、変わり目がわからない。

そもそも「鼠《ねずみ》ヶ関」という奇妙で気になる駅が、羽越本線にあるのが発端だった。「鼠ヶ関は新潟市と酒田市を結ぶ羽越本線のほぼ真ん中にある」と書こうとして調べたら、冒頭のようなことになってしまったのだった。

鼠ヶ関という名前は面妖だ。名前にインパクトがある。かつて出羽と越後の境に関所があった。古代では蝦夷《えぞ》地との境だったという。行ってみるとヨットハーバーがあり、マストが林立するモダンな景観の港だった。現地案内の地図には小さな半島が日本海にちょんと出ている。そっちへ行ってみると「鼠ヶ関漁協婦人部直売所」の大看板があった。浜風が吹きすさぶ半島は、弁天島と陸つづきになったものだ。小屋の売り棚には干物が満載。「スケド鱈」は助宗鱈《スケソウダラ》のことでパックが千円。カマスの干物、丸ごと鈎に吊るされたタコの九八〇円の値札が、ぴらぴら風に吹かれている。カナガシラの干物が一尾三〇円という安さ。イカの頭の軟骨の串焼きを、買い食いする。三〇〇円也。どの小屋にも漁協のご婦人がいて、塩辛をつくったり魚を焼いたりと、じつに働き者。スケッチをしていると「絵手紙かい」とご婦人がいう。「私のともだちも絵手紙をやってて、便りをくれるんだよ。楽しみだよ」。このあたりは海岸線が美しい。

鼠ヶ関の少し南に「勝木」がある。勝木は「がつぎ」と読む。眼鏡岩、雌獅子岩、雄獅子岩、潮吹岩などの奇岩がある。遥か水平線に粟島が霞み、燃えるような夕焼けが堪能できる。

松島はこの美麗ありて、この奇抜なし／男鹿はこの奇抜ありて、この美麗なし。

こう詠んだのは頼山陽の子息で儒学者の頼三樹三郎。名所旧跡の「笹川流れ」は、奇岩の間を流れる潮流をながめられる笹川集落の名からつけられた。遊覧船「おばこ丸」の笹川流れめぐりは冬の日本海のイメージどおり、怒濤の白波がたって欠航だった。

笹川土産は「海女娘」というコケシ。奇妙な頭巾をかぶって胴体に「バッチャンが干してくれたスルメイカ、とってもおいしいんだよ」の文字。海女といっても畑仕事をする娘で、頭巾はこの地方特有の「山ボシ」。もう少し北の「温海《あつみ》」で、山ボシ姿のご婦人が自転車に乗っていた。山ボシは藍染めの頭巾で砂漠の民のように目だけしか見えないが、藍染の害虫除けだ。歩いていて山ボシ姿のご婦人と頻繁にすれちがうと、西アジアの異国にいるような気分になる。

湯に入る気はないが、昼飯狙いで温海温泉へ行った。ホテルの奥にイタリアン・レストランがあった。渡りに舟でスパゲッティを食べた。料理は本格的でとてもうまかった。山ボシにイタリアンが加わって、さらに、たっぷり異国情緒を味わった。

スケソウ鱈 パック1000
こういう看板はシブイ!
各種
干魚
地元とりたてを
自然乾燥
980
しょう油をつけて焼いてある
・このカナガシラが
30円だもの
15センチぐらい
山ボウシ
・海女娘こけし
うしろ姿
海岸の奇岩

古城よひとり何想う

松本城は戦国時代に建てられた。天守は、犬山城、彦根城、姫路城、松江城と並んで国宝に指定されている。正面黒門から入ると、ぬかるみで靴が汚れないように、天守閣までムシロが敷いてあった。松本城の黒い精悍な外観が、雪景色に映《は》えて見事だ。近くで見ると漆喰の壁は白いが、壁面は七割方が下見板張りと呼ばれる黒塗りの板壁なので城全体が黒く感じる。別称の「烏城」という別称も、ここからきている。現存の天守閣では、犬山城、丸岡城についで、三番目に古い。

底冷えのする日だった。用意されたビニール袋に靴を入れ、寒気でいっそうきりりと引き締まっている床を歩く。天守閣は五層六階で、上り下りの順路が竹で分けられている。城内は案外と狭い。竹の手すりは見物人の手で、表面を艶やかな飴色に染めあげられていた。天守閣には直結した月見櫓《やぐら》がある。この形式はほかに類がないという。磨き上げられた床板と、何本もの太い柱。装飾性を一切排除して武骨だが、じつに堂々たる風格がある。文字どおり月を鑑賞した櫓であり、こういうところで飲む酒はまた格別だったろう。

天守の二階の鉄砲蔵に、火縄銃などの古銃が展示してある。鉄砲はポルトガルから種子島に伝来して、その後さまざまな形に変化した。展示してある管打式短銃は、初めて目にした。西洋式のピストルのようでもあり、デザインに火縄銃のニュアンスもあり、まさに和洋折衷だ。珍しい武器はほかにもあり、火矢筒もそのひとつ。これはある種のロケット砲で、子供のころ空き瓶にさして、点火して飛ばした花火のようだ。鋳物の大砲のような筒には照準がある。この砲を木製

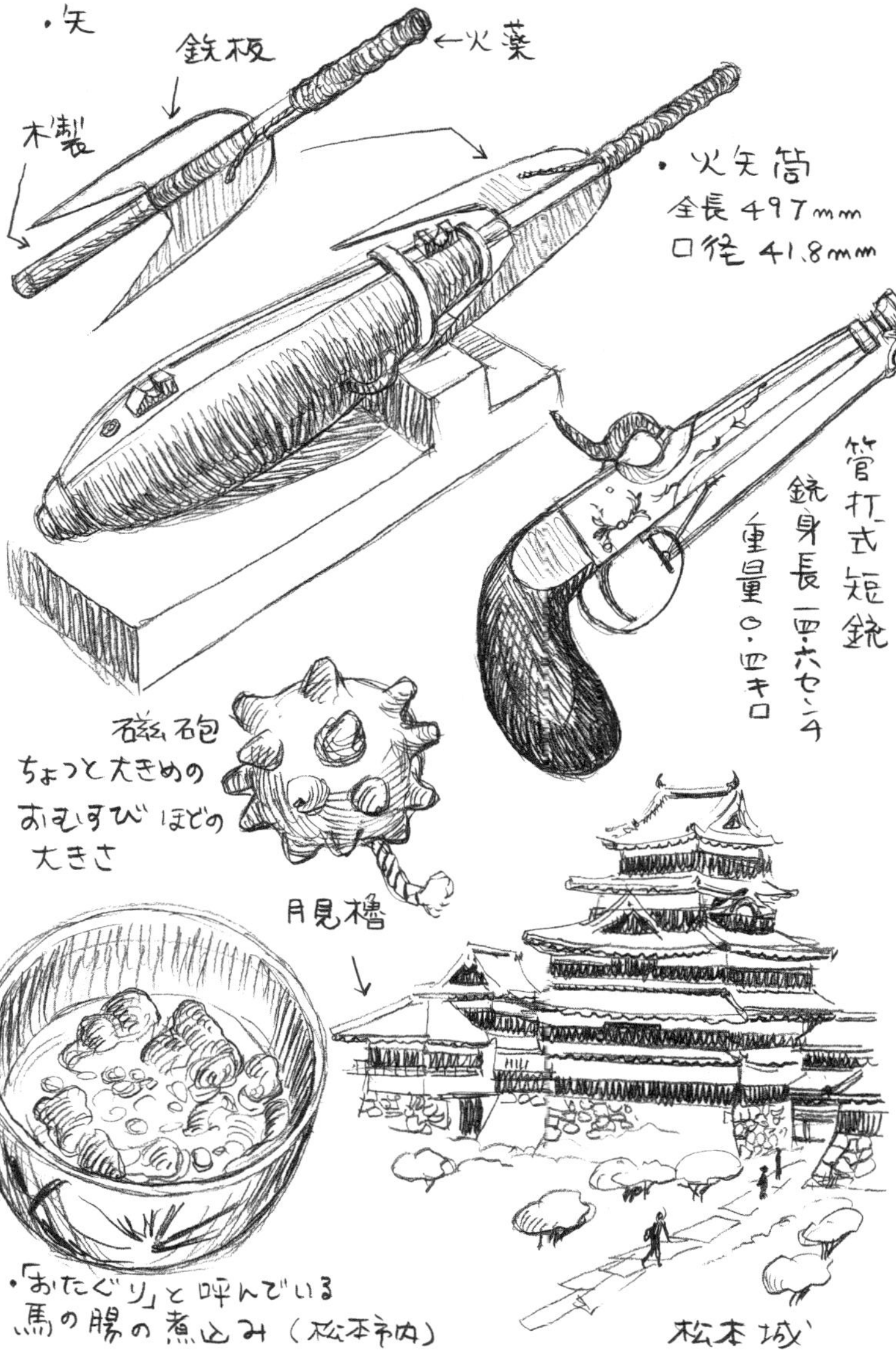

•矢
鉄板
←火薬
木製
•火矢筒
全長497mm
口径41.8mm
管打式短銃
銃身長一四・六センチ
重量〇・四キロ
磁砲
ちょっと大きめの
おむすびほどの
大きさ
月見櫓
•「おたぐり」と呼んでいる
馬の腸の煮込み（松本市内）
松本城

の台座に乗せ、口から矢を入れる。矢は先端部が火薬で塗りかためられ、三枚の鉄板の尾羽がある。火縄に点火すると、火薬が推進力になってロケット花火のように飛ぶのだろう。僕はメカ音痴だけど、こういうことをあれこれ想像するのは好きだ。

さらに古いのが磁砲だ。中空の陶器製で、コンペイトウのように突起がある。火薬を詰めて火縄に点火して爆発させる。いわば手榴弾だが、飛ばすのは投石機だ。磁砲は元寇のとき蒙古軍が使った。元寇の絵巻に、磁砲が炸裂して火花を散らしている様子が描いてある。武将が名乗り合ってから戦う日本軍は、怒濤のように押し寄せる白兵の蒙古軍と、磁砲の威力に相当の被害を受けた。これだけの威力のある磁砲が元寇以降、我が国で武器として採用された形跡がないのは不思議である。

二の丸跡の史跡公園に、〈日本民俗資料館〉がある。日本とは大きく出たなと思ったら、カッコつきで松本市立博物館となっていた。展示内容もまったくカッコ内のとおりで、松本の歴史、人々の暮らし、信州の自然などがテーマだ。巨大な足半草履が飾ってある。説明に、このぐらい大きな草履をはく大男がいると疫病神を脅かして、無病息災、家内安全を願ったとある。

松本市内を女鳥羽川《めとばがわ》が南北に流れ、北は松本城下の武家屋敷、南は町家が栄えた。明治二十一年の大火で、町家の多くが消失した。その後耐火建造物の蔵が建てられいまも残っている。日暮れどき。落ち着いた佇いに灯がぽつぽつと灯る。むかしはカジカガエルが鳴いた女鳥羽川の水面に呑み処の灯が揺れると、素通りなどできない。冬場は大気が乾燥しているので、存外にビールがうまい。花山葵のおひたしで「七笑」を一献。旅の一日は、こうでなくては終わらない。

下山家宣言

数年前「山の本」という雑誌で「下山家宣言」をした。登山のことを書いてくれという原稿依頼だったが、山には登らないので書くことがないというと、何でもいいという。そこで富士山を下ったことを書いて誌面で「下山家第一号」を宣言した。

頂上を目指して脇目もふらない。これが苦手だ。元来が怠け者だから、道草、物見遊山で下山するのが、楽しい。下山に開眼したのは富士山だった。もちろん頂上へは登ったことがない。が、調べておもしろそうなルートが見つかった。五合目までバスで行く。それから旧道を下るのだ。

早朝、新宿発の富士急行バスに乗った。日本一ということもあって、アメリカ人のおばちゃんと隣り合わせになった。片言で話している間に、二時間三〇分で五合目に着いた。おばちゃんは元気に頂上を目指すと言った。こちらは下ると言ったが、意味が通じなかったようだった。混雑する五合目の等高線上を歩くと旧登山道にでた。そこから下山を開始する。イカの丸焼き、鈴をつけた馬、散らかった発泡スチロールの弁当箱、五合目の喧騒が一瞬にして消えた。

旧道からはたまに登山者もあるらしい。ひと抱えもあるツガの大木が重なりあう奥深い原生林の、凛とした大気を胸に吸いこんで下る。高い梢をわたる風。林床を覆うカーペットのような苔。ヒガラがツガの枝の間を素早く飛びかう。鬱蒼とした葉叢から木洩れ日が射し、見事な美しさだ。誰もいない。無垢な大自然をひとり占めだった。

どんな手段を取っても登らずに下るだけ。これが下山の条件。ありそうだがなかなかない。近

場で探したのが高尾山だ。頂上まではケーブルカー。それから参道脇の道を下山する。高尾山でも人が群れている場所から道一本外れると、まるっきり静かになる。日本は狭い狭いといって、みんな一か所に集まっている。てな、ことを思ってのんびり下山する。

落葉した木々の間を、シジュウカラの影が走る。しばらく歩くと老婦人が道端に座っていた。服装から判断すると、山歩きの年季が入っていることがひと目でわかった。高尾山には色々な服装のハイカーがいる。全身迷彩色の軍装備姿で闊歩しているご仁もいれば、ハイヒールの姐さん、背広、ダッフルコートと、TPOはまるで無視。そんななかで、老婦人はフランネルのシャツにマウンティンパーカを羽織り、ウールのパンツ、足に馴染んでいそうなハイキングシューズ姿だった。不思議なことに老婦人の近くの枝のあちこちに、ヤマガラが止まっている。その老婦人が「悪そうな人じゃない」(僕のことですよ)と言って秘密を教えてくれた。

老婦人は一握りのヒマワリの種を持っていて、それをヤマガラに与えていたのだ。長いことこの場所に通って、ヤマガラを餌づけしたお爺さんがいたが体調を崩して、そのあとを継いだのだという。餌づけを知られると、密猟されたりするので秘密にしているというのだ。ヒマワリの種をひとつもらって、手を差し出すとヤマガラが指に止まって素早くついばんだ。小さな爪の感触に胸が早鐘を打った。

老婦人も登りはケーブルカーで帰りは徒歩下山。下山の先輩女史は、杖を両手にゆっくり下っていった。餌づけをするのは御法度だが、立派な例外だってある。体のつづく限り通うといったた老婦人には下山家同志のよしみで、いつまでもヤマガラとの密会を楽しんで欲しいと思った。

・下山開始は
12:00
ジャスト

登山記念の
スタンプ

五合目からは手紙も
出せる

佐藤小屋近くに
テントがあった

このオジさんのうしろから
ハイヒール軍団がゾロゾロ
ついてくる

・中の茶屋　一四〇〇米
一合目より下なので下山は終了
三時十三分でした

旅の時間を考える

かなり昔、沖縄と東京を客船「波の上丸」が運行していた。沖縄へはパスポートが必要だったころだ。時間も金もかかるので沖縄への旅は夢の夢、高嶺の花だった。

その頃税関関係の仕事をしていたので、晴海埠頭に到着した「波の上丸」に乗船した。船内に入ると南国の風に吹かれた。土産物のパパイヤやパイナップルの芳香が鼻孔をくすぐる。コマネズミのように動き回る白い制服姿のボーイ。船旅の客の姿も、どこかエキゾチックだった。

その「波の上丸」に奄美大島から東京まで途中乗船した。沖縄はすでに返還されていた。二等の船底には昔の面影はなく、畳席のステテコ姿のオヤジの群れに紛れこんでしまった。オヤジたちは警官だった。島の警官が寄り集まって鹿児島へ行くのだという。湯飲みで泡盛をあおっていた隣のオヤジは酒注ぎ好きで、有無をいわさずつき合わされ、しこたま飲まされた。

最近、沖縄までフェリーの旅をした。船名は「ありあけ」。二等寝台で料金は二万四八二〇円。夕刻の五時に有明埠頭を出航、三日後の午後一時に那覇港着。「ありあけ」はどこにも寄港しないので、四十四時間みっちり船で過ごすことになる　久しぶりの船旅は、コンテナが野積みしてある殺風景な埠頭からの出航で、ドラの音も千切れるテープもなかった。夕焼けを見て、酒を飲み、朝の海をながめ、紺碧の水平線に目をやり、昼寝をし、暮れゆく海を愛で、また酒を飲む。怠けものには、もってこいだった。

三日目の朝、空と海は完璧に南国のそれになっていた。底知れぬ深さを秘めた群青色の海、噴

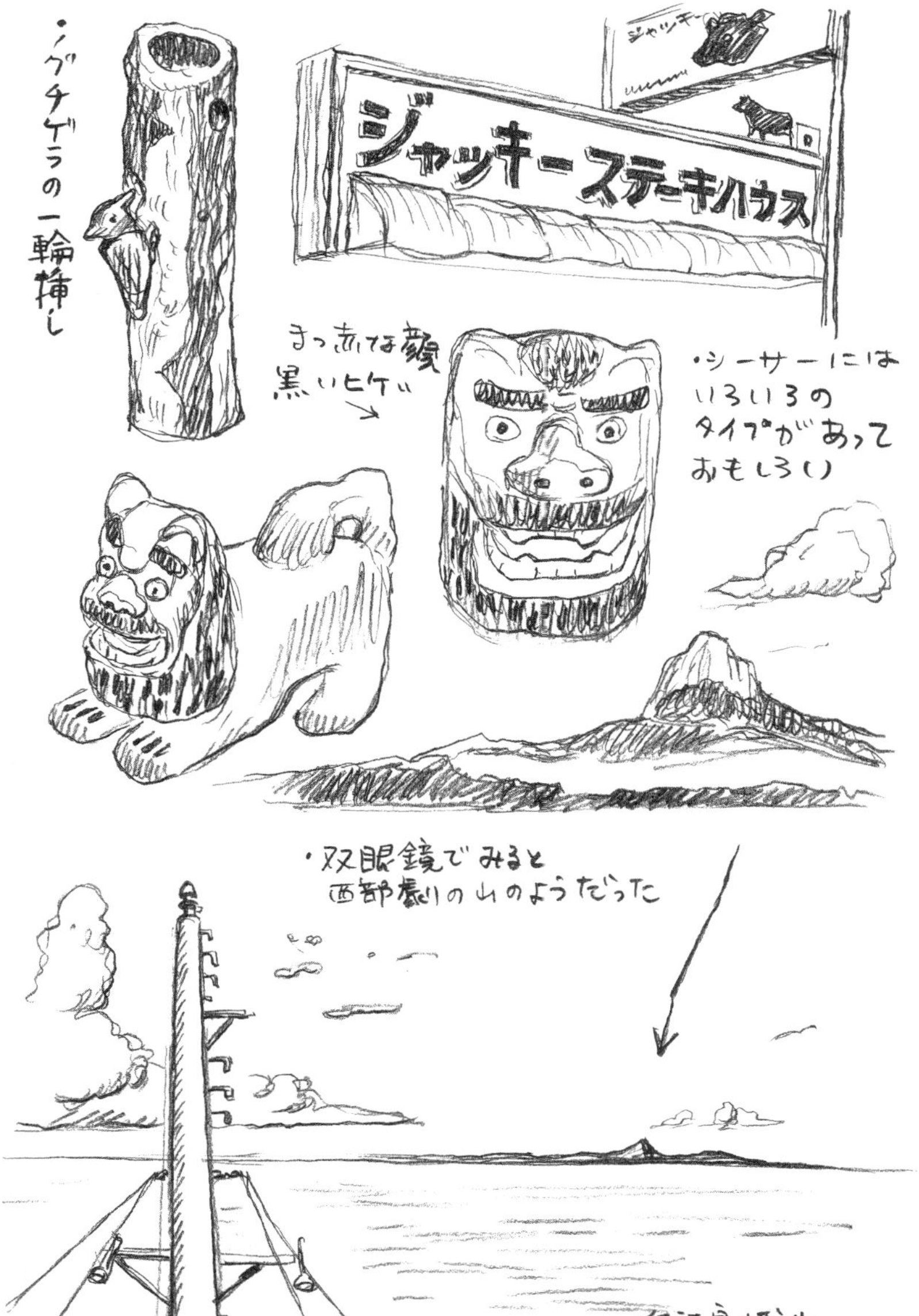

・ノグチゲラの一輪挿し
ジャッキー
ジャッキーステーキハウス
まっ赤な顔
黒いヒゲ
・シーサーには いろいろの タイプがあって おもしろい
・双眼鏡でみると 西部劇の山のようだった
・伊江島 城山

煙のような積乱雲が水平線上にわきあがり、まぶしくてくらくらした。左舷には与論島、それよりやや斜め前に重なるように沖縄本島が見えた。正面の海面にピラミッドのような奇岩が見える。この小さな突起は、伊江島の伊江島城山《いえじまたっちゅ》と呼ばれている一七二メートルの岩山だ。沖縄を去る人はこの岩山を見ると、別れの悲しみに涙を流し、帰ってきたときは嬉しさに頬を濡らすという。「ありあけ」は定刻よりも三十分早く、那覇港に到着した。

何はともあれ、腹ごしらえに「牧志公設市場」に行く。奮発して錦海老を買い、二階の食堂で調理してもらう。六〇〇円の魚汁には、鯛の頭が入っていた。眼球のぬるぬる、顎の皮のずるずるを堪能し、オリオンビールで喉を潤した。胃袋が満たされ、幸せな南国心地になった。前に市場に来たとき、島ラッキョウの茎を買った。週刊誌大の袋にみっちり詰まって三〇〇円。塩をぶちこんで袋ごともんで、焚き火を囲んで食べた。ぱりぱりの歯ごたえがたまらず、泡盛と相性が滅法よかった。やがてガスが発生して、南国の星空をながめながらの放屁大会となってしまった。

港の近くに「なんみんさん」が愛称の「波上宮」がある。懐かしき「波の上丸」と同じ名である。狛犬ならぬ素焼きのシーサーがでんと控えている立派な神社で、お参りをしたあとで、おみくじを引いたら大吉。あとは、いつものとおり米軍放出品の店をひやかし、〈壺屋〉という骨董品屋でノグチゲラの一輪挿しを買った。ノグチゲラは沖縄固有種のキツツキである。

翌日は〈ジャッキー・ステーキハウス〉でステーキを食べた。もう肉という歳でもないが、一五〇〇円だもの。テンダーロインのLにした。何だか、食って飲んでばっかりの旅だった。帰りは、三時の飛行機で、夕刻には家に帰りついてしまった。

ワサビ沢の朝

井伏鱒二の短編に「ワサビ盗人」がある。その小説の舞台の伊豆へ行った。電話で誘ってくれたKは、広島の出なので井伏鱒二びいきなのだ。

釣りをするKは「この辺りの清流にはヤマメが棲息し、もっと川上に行くとイワナがいるだろうと推定されます。」という一文に魅せられたことは確かだ。「ワサビ盗人」と聞いて、「ああ狸が犯人のやつだろう」と答えるとKは、いや犯人は人間ですよ、と言った。電話を終えたあと新潮文庫『かきつばた・無心状』を出した。その中の一編が「ワサビ盗人」で、読み返してみると両方とも正解だった。いや、正確にはKが正しかった。狸のほうは小説の導入部の味つけに使われていた。

伊豆に出かけたのは六月はじめ。「ひかり」で三島着、駅からはレンタカー。市内の酒屋で「三千盛」、「初亀」、「ボージョレ・ビラージュ」と見事な顔ぶれを揃えた。途中、修善寺の魚屋〈魚梅〉で地物のカサゴと、土地でイイッコと呼ぶシッタカを入手。〈魚梅〉は志のある魚屋で、前に偶然に寄った店だ。来るたびに寄ってこれで三度目。

「天城山麓、上大見村内に産出するワサビは、ワサビやワサビ漬けを扱う玄人の間に有名です。」

「ワサビ盗人」の書き出しだ。文庫なので初出がいつかわからないが、今は上大見村というのはない。が、地図に手がかりがあった。天城山脈を源流にする同名の「大見川」だ。小説に「地蔵堂の地域内にあるワサビ沢」とあり、その地蔵堂も地図にある。大見川の上流には筏場《やなば》という村落がある。ワサビ畑を連想させるが村にはそれらしきものがない。しばらく走り、新田を過ぎると忽然とワサビ畑が現れた。狭谷の両岸から茂った木が梢を広げ、清流が水の幕になって段々畑を流れ落ちている。畑一面に石が敷きつめてあり茶色の土が薄く積もっている。水深は浅い。木洩《こ も》れ日が射しウグイスが鳴く。流れがささやき、風が心地よい。葉脈のはっきりした、傘を広げたような葉のワサビが並んでいる。ワサビは根茎の上に平たい石を載せて育てる。その石の下にいるサワガニや川虫を狙って狸が石をのける。小説の導入部はこの狸を犯人にしていた。

大見川の源流部は地形図の等高線の間隔が広く、崖岩の地図記号がたくさん記されてある。そこはブナの森で、山道に実がびっしり堆積していて靴底をフンワリと持ち上げる。伊豆にもブナの森があった。ワサビ沢の水はこのブナの森がつくっている。残念にもブナの一部は伐採されていた。その跡地には巨大な岩石が露頭していた。西部劇の舞台みたいなので、シッタカで一杯やりながら焚き火をして泊まった。翌朝は満天の星が約束してくれたように晴れ、ブナの梢でイカルが美声でさえずる桃源郷のような美しい朝だった。

小説の犯人は蝙蝠《こうもり》傘を緩めて内側にワサビを入れて、川原でリュックサックに移す。捕まったあとも「ちかごろ、ワサビの値が高いから悪いんだ」と憎まれ口をきく。

あまり人相風体《ふうてい》のよくない僕とKが、ワサビ沢まで下ると、小橋のたもとに軽トラックをとめた畑の人が、刈り取ったワサビを積みこんでいた。彼は僕らを見て訝《いぶか》しげな顔もせず、ワサビを束ねる手を休めることもなく、笑顔で朝の挨拶をしてくれた。僕はホッとしてKと顔を見合わせ、ワサビの香りをふくんだ朝の大気を胸いっぱい吸いこんだ。

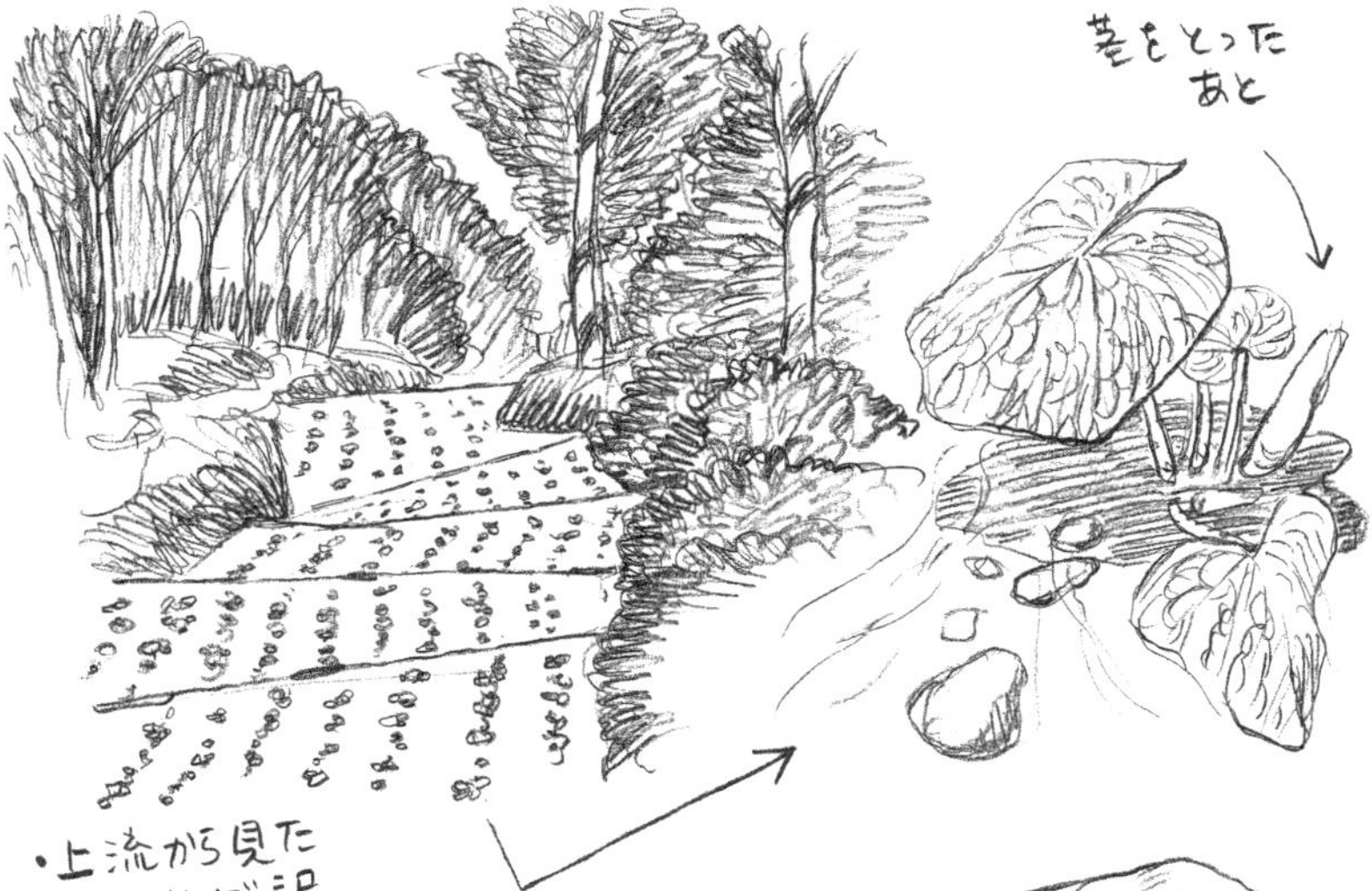

・上流から見た
ワサビ沢

・珍らしや
サルナシの花が
咲いていた

・イカル

・シッタカは
修善寺あたりでは
イイッコという。
正式和名は バテイラ です

温泉についての二、三の考察

白神山地を源流にする追良瀬川《おいらせがわ》をさかのぼって白神山地を目指した。さすがに懐が深い森だった。野営地を野生の猿の群れが通り、屋根越しにツキノワグマの姿を見た。連日焚き火に燻《いぶ》され山賊のような風体になった。帰路、社会復帰のため、津軽半島最古の〈不ろう不死温泉〉に寄った。温泉の目玉、露天風呂の正面が日本海。屏風状の大岩を背に湯につかり、燃えるような落日を楽しめる。入らなかった。宿はとても親切。洗濯機を借りて汚れものを洗い、泥まみれの装備ともどもボイラー室で乾燥させてくれ、格安の学生料金にしてくれた。

秋田の秘湯〈後生掛《ごしょがけ》温泉〉では、一日中ゴロゴロ寝転がっていた。木造の校舎のようなつくりの湯治場で、地面にゴザが敷いてある。下の地面の地熱で天然の床暖房。寝転がっていると、背中がポカポカしてたまらなく気持ちがいい。土が剝き出しの通路は乾燥防止の水撒《ま》きが必要。僕は温泉に入らず、下駄をかいがいしく並べなおし、まんべんなく通路に水を撒いた。通路にうっすらと湯気が立ち上ってくると、湯治客から「ご苦労さま」と感謝までされるのである。連れのMが後生掛温泉の生き字引き。源泉の噴き出る秘密の場所で、生卵を温泉卵か、ゆで卵のどちらでもお好みでつくってくれた。背中はポカポカ。窓の外は一面の銀世界。ブナの幹が灰色に輝き、梢にたくさんのヤドリギが丸まっていた。

島根県の三瓶《さんべ》温泉は江川の上流にある。やはり社会復帰のために寄って、流し場で足の指の股を洗った。湯には入らなかった。江川は川幅が広く雄大で、汽水域が長い。かなり上流でもスズ

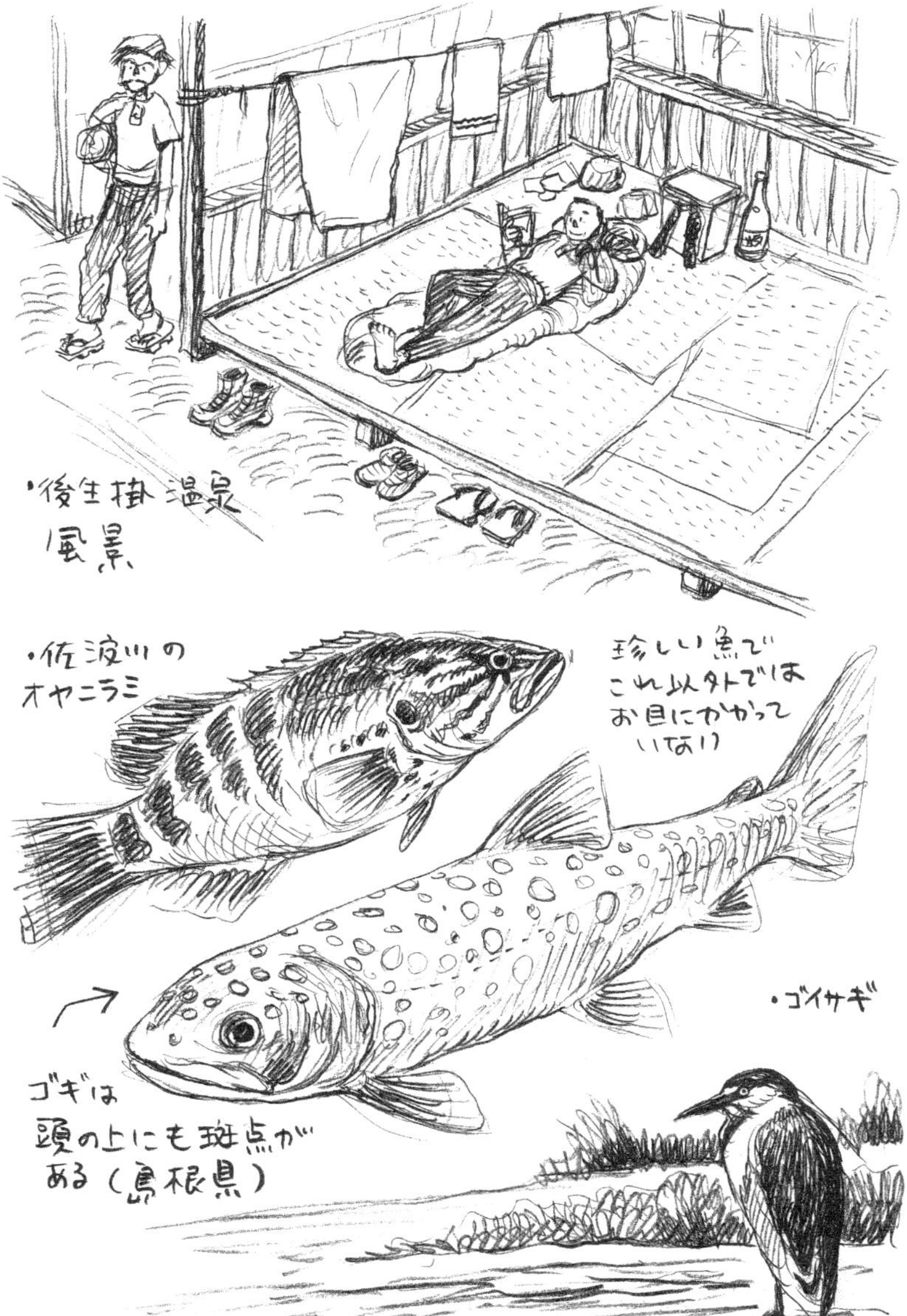
・後生掛温泉
風景
・佐波川の
オヤニラミ
珍しい魚で
これ以外では
お目にかかって
いない
ゴギは
頭の上にも斑点が
ある（島根県）
・ゴイサギ

キが獲れるという。上空にはミサゴが帆翔し、川岸にはゴイサギやコサギが彫像のように動かずに得物を狙っていた。漁協の組合長の話では、もの凄い暴れ川で川岸からかなり離れた高台の家まで浸水して、泥水が引いたあと床の間に、鮎が真っ黒に溜まっていたという。

このときはイワナの一種ゴギを探しながら、丹後半島から鳥取、島根、広島、山口と中国山地を移動していた。山口の佐波川では水浴びをした。水に潜ると珍しいオヤニラミが、水草の陰に潜んでいた。川面を奔る金属のように輝く魚影は、サンマほどもあるアユだった。

半年ほど前、肘《ひじ》をしたたかに打った。痛みを騙《だま》してこらえていたが、四か月ほどして骨折していることが判明した。「肘頭骨折で外傷性粘液包炎」、と医者に言われた。そんな肘をかかえて行ったのが山形の秘湯「肘折《ひじおり》温泉」。これは渡りに舟かなと思ったら案の定、いわれがドンピシャ。いわく、「……かの地蔵権現が山中で肘を折って苦しんでいたが、山中の湯につかると、たちまちのうちに治った……」。

数ある温泉旅館の中から選んだのが〈松屋〉の洞窟温泉。以前はコウモリがいたという洞窟の奥の、小さな湯に二分ほどつかった。風呂嫌いでカラスの行水だから、これが精一杯だった。効いたかどうかはわからなかったが、「一度では無理、通わなくては」と、ごく当たり前のことを松屋の女将さんに言われた。

数年ぶりで湯につかったので、ボーッとして、湯あたりしたような気分だった。ともあれ、肘折温泉は実際に骨折によく効くそうで、温泉ファンからは名湯に数えられている。

男はつらいよ アマゴ編

橋の欄干《らんかん》に両肘を乗せ、秋の陽を肩にたっぷり浴びて「谷沢川」の流れを見つめる。長野県飯田市を流れる小さな川だ。ほとんど車が通らない。流れはおそろしく透明で、水がないみたいに川底の砂礫がくっきり見える。両岸にはセンダングサがしげり、川は砂地をえぐって流れている。三〇センチ近い魚が上流に頭を向けている。背は黄榛《きはしばみ》色。エラ蓋から尾にかけて体側が帯状に黒ずんでいる。「錆びが入った」と表現される繁殖期の雄のアマゴだ。

田んぼへつづく畦に郷土賛歌「故郷の川を讃えて」の一番から七番まで看板がある。

五番から七番は次のような歌詞だ。（5）魚の由来を尋ねれば／運送馬車の通うころ炭負う子らが万古《まんご》渓から／めんばに入れて持ち帰り／放流せしよりと翁いう（6）想えば久しき半世紀／炭焼く煙いまいずこ／魚の世代の幾かわり／住民《ひと》の人情に数増して／なおこの川に群れ遊ぶ（7）ああ故郷の川清し／公害の声みちる現代に／積善の影映しつつ／きょうも流れる水鏡／人々は善意の川と呼ぶ。

七十七年ほど前、炭焼きをしていたふたりの青年が、万古川からアマゴの稚魚をメンバ（弁当箱）に入れて運んで谷沢川に放流した。十年後、万古川で毒流しがありアマゴが絶滅。それでこんどは谷沢川のヤマメを万古川へ放流した。そのあとも魚を互いの川に放しあい、ヤマメとアマゴは善意の架け橋になった。

昭和三十五年に保護育成のため飯田市は千代地区一帯を禁漁にした。近隣でも禁漁の川が増えた。いまでも「善意の川」と呼ばれている。谷沢川を訪れたのは十月十三日で長野県は禁漁期。川に釣り師の影はなく、村人の姿もなかった。しかし、水面下ではおもしろいドラマが展開していた。雌アマゴのわきにチョロチョロするヤマメがいた。アマゴの雌が産卵する隙を、放精しようとしつっこく狙っているのだ。尺アマゴの雄がヤマメを追い払うと、その隙に別のヤマメがアマゴの雌に近づく。何度追い払われても、あきらめずに自分の数倍もある雌アマゴにチョロチョロまとわりつく。ちなみにヤマメは川だけで育つ残留型で魚体は小さい。降海型のアマゴは海に下って大きく成長して、生まれた川に帰ってくるとサツキマスと呼ばれる。育ちがちがうがサケ科同士なので交配が可能。

そのうち雌アマゴが体を横にして、伏流のある場所に尾ビレで砂礫にくぼみを掘る。卵を産みつける産座づくりだ。本命のアマゴと間男ヤマメの動きが活発になる。おもしろいのは、間男ヤマメの並びにも縦列があり、やはり大きい個体がいい位置を取って先頭になる。

さて、いよいよという肝心のときに、尺アマゴがここぞとばかり全身全霊でヤマメを蹴散らした。力をみせつけて尺アマゴが安心したその一瞬の隙に、列の最後尾にいた小さいヤマメがスルッと入って、雌が産卵した卵にパッと放精した。あとはパニック。泡を食ったアマゴが放精し、あとは、われもわれもとヤマメが押しかけて放精し、水が白く濁ってしまった。

図体がでかいだけに、尺のアマゴがなんとも間抜けに見えた。一尾の雌にわれもわれもと順位を争う雄。見てくれや体の大きさだけではどうにもならない。自然の摂理には、ほくそ笑むような出来事がママあるが、どうにも雄、つまり、男はつらいようにできている。

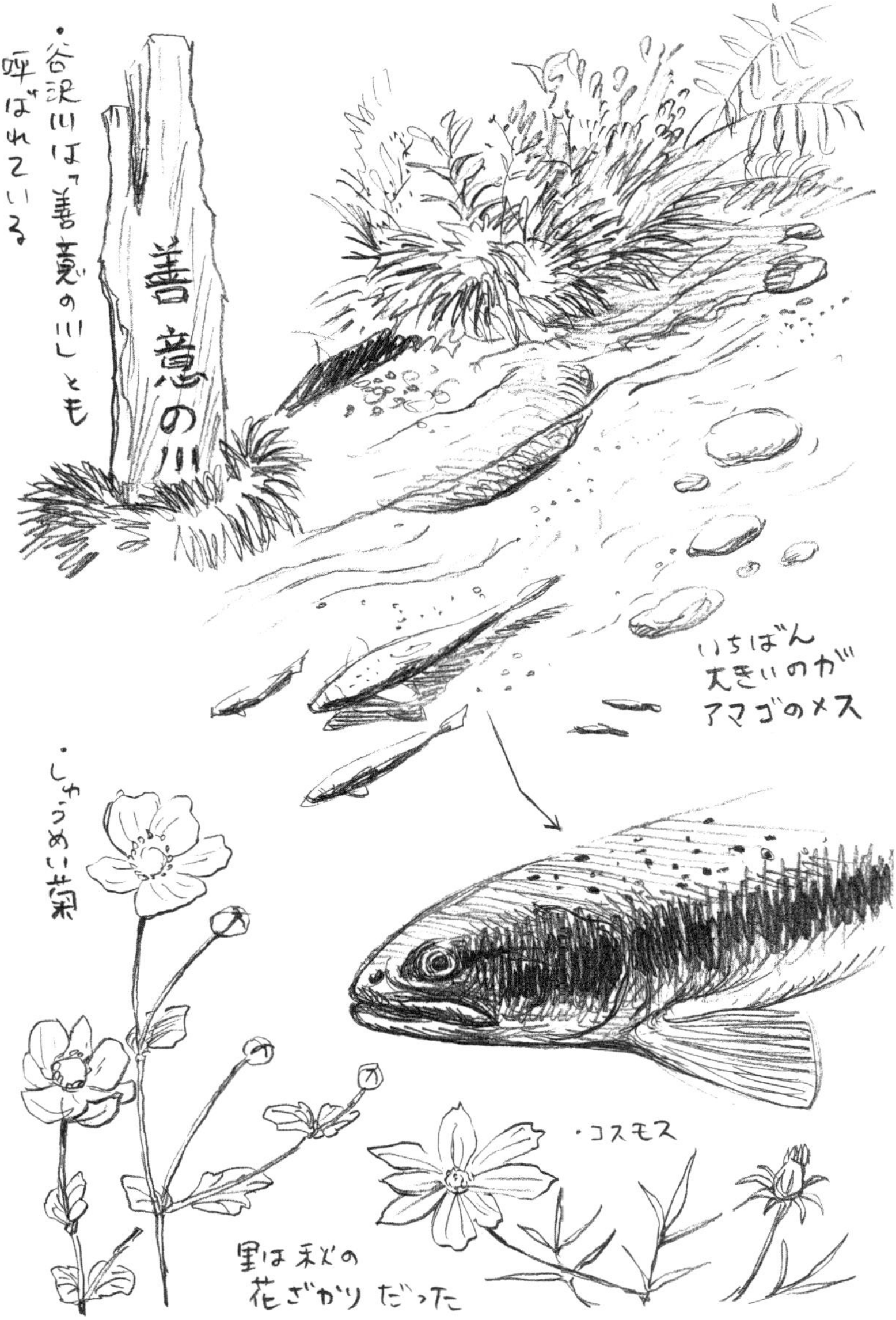
・谷沢川は「善意の川」とも
呼ばれている
善意の川
いちばん
大きいのが
アマゴのメス
・しゅうめい菊
・コスモス
里は秋の
花ざかり だった

奥の細道蕎麦紀行

芭蕉が歩いた『奥の細道』の一部、堺田から尾花沢まで歩いたのは、期せずして芭蕉とおなじ四十六歳のときだった。そんな経験から、もはや松尾といえば和子というより、芭蕉を思い浮かべるようになった。松尾和子が「再会」のヒット曲を歌ったころ、僕はまだ鼻垂れ小僧で、胸もとの大胆にあいたドレス姿にドギマギして、その悩殺ポーズを正視できなかった。家にきたばかりのTVの歌謡番組にその妖艶な姿が現れると、用もないのに席を立ったり、ストーヴの具合を見るなどして、画面から視線をそらせたものだった。いやはや、純情でした。

芭蕉は尾花沢を通ってから、最上川沿いの大石田に立ち寄っている。そこで連句をして「さみだれをあつめて涼ゞしもがみ川」を詠んだ。次を「岸にほたるを繋ぐ舟杭」と、一栄がうけた。弟子の曾良《そら》は「瓜ばたけいざよふ空に影待ちて」と続け、川水《せんすい》が「里をむかひに桑のほそみち」と詠んだ。歌仙「さみだれを」は、こうして挙げ句までつづく。川水は高桑宗左衛門の俳号であった。うけに自分の苗字の「桑」の字を入れて詠むなどは、ずいぶん粋だ。

大石田には川水の親戚筋の方がいて、お宅にお邪魔したときに「桑のほそみち」のこの一件を教えてもらった。

芭蕉は本合海から清川まで、最上川を舟で下った。おなじルートで舟に乗ったが、冬のせいか客がいない。民謡名人のMさんが同乗して、自慢の喉で「最上川舟唄」を披露してくれた。

「酒田さ行くさげ　まめでろちゃ（達者で）　ハヤリ風邪など　ひかねょにょ、よーいさのまかしょ

にぎった
コブシに
力が入る

・これが「かいもづ」

・手打ちそば

干して しなびて 大甘に
なった 紅甘柿

おひな様のアップ

えんやこらまかせ」ハスキーな声が、黒い水面を流れてゆく。岸はすっぽり雪化粧でおおわれ、ぽつりぽつりムシロがけの小さな小屋が見える。「あそこに隠れてカモを撃つんです」とMさん。流れに浮いていたカモが、しぶきをあげて飛びたってゆく。最上川の船着き場には、日本三急流という石碑があった。ちなみに、ほかのふたつは球磨《くま》川と富士川だという。

山形は蕎麦自慢。大石田の蕎麦屋〈きよ〉の品書きに「かいもづ」という一品がある。はて、かいもづとは。聞くと「かいもち」の訛ったものだという。はて、かいもちは。かい餅か？　実物を見ると「蕎麦がき」だった。「きよ」の蕎麦は田舎蕎麦。コシが強く細くて繊細、ツユも辛めでうまかった。蕎麦自慢の店でもツユが甘ったるいと、まいってしまう。漬物もボリュームたっぷりで、胃袋も大満足。

芭蕉は清川から陸路で羽黒山から月山、湯殿山へ向かっている。健脚である。僕はすでに下山家宣言をしている。奥の細道を辿って湯殿山を登るのは、パスした。

最上川は出羽の国の物産、紅花などを舟で京へ運ぶ大動脈だった。帰りの空舟にはバラスト代わりに磁器を詰め、ほかの品々も山形へ運んだ。

廻船問屋だった高桑家は川沿いの大きな屋敷だ。大庄屋覚書帳や京から運ばれたひな人形を見せてもらった。おひな様の着物の襟ぐりは、地元の紅花染め。長い年月を経ても、色褪せず朱色をたもっていた。お茶受けに野草のスベリヒユを料理した「ひょう」を、はじめて口にした。辛党だからもうひとつのお茶受け、紅甘柿を恐れていた。断り切れずに、必死の覚悟で甘柿を丸飲みした。

七不思議プラス二

富山湾の七不思議。①「アイガメ」という海底谷。②魚津海岸の蜃気楼《しんきろう》。③入善吉原沖「海底林」。④日本海北部で発生、富山湾に進入する「寄り回り波」。⑤ブリの豊漁の前ぶれ「ブリ起こし」。⑥深海からメスだけが産卵に来る「ホタルイカ」。⑦富山湾特有の「シロエビ」。

ホタルイカの刺し身は地元ならでは。開きにして眼玉も取ってある。桜の花のころが旬だ。氷見《ひみ》で買ったとびっきり新鮮なホタルイカを密閉袋に入れ、醬油と酒をドボドボと注いでアイスボックスに入れる。夕刻、能登半島で焚き火をして、新鮮即席沖漬けホタルイカで一杯飲《や》る。酒は「銀嶺・立山」。仁丹のようなホタルイカの眼球がクキッと歯にはさまるので、ペッペッと焚き火に吐いては飲む。野蛮な食べ方がうまい。

シロエビは透明な小海老だが、火を通すと乳白色になり殻ごと食べられる。年中あるが寒い盛りがうまい。現地なら安かろうと、丼山盛りで豪快にかっこもうと目論んだが、どっこいそうはいかなかった。最近はなかなか獲れないそうで、高級食材なのだ。料亭では上品に「しらえび」と呼ばれ、小鉢にちょこんとしか盛られないのである。富山市内の老舗の「シロエビの福だんご」は、シロエビの身だけでつくった超贅沢品だ。食べたのは、いちどこっきり。

七不思議のほかに、意外な名物があった。運河だ。富山の近代は、運河がつくったといわれている。神通川沿いには岩瀬運河、住友運河などがあり、観光用に「運河マップ」もある。

そのひとつ富岩運河が日本初のパナマ運河方式をとりいれた。訪ねてみると、事務所は操作小屋と兼用で「富山県富山湾管理事務所・中島こう門操作所」という名前を書いた看板があった。中島こう門の、「こう」が平仮名なので、想像をたくましくする。肛門、校門、黄門、後門、はたまた中国明朝末期の秘密結社「洪門」か……、調べて「閘門」と判明。運河や放水路の水量を調節するために、各層の水の仕切り壁に設置された開閉する扉。

中島こう門は河口から三キロ上流に建設された。上流と下流の水位の差が二・五メートル。その流れを仕切って開閉する水槽の段をつくり、水量調節をおこない、二〇〇トンの貨物船を各層ごとに移動しながらの遡航を可能にした。まさにパナマ運河方式だ。運河の仕切壁はリベット打ちの頑強なつくりで、肝心の「こう門」は水没して見えなかった。運河での「釣り禁止」の立て札をものともせず、釣り人がのんびりと釣り糸を垂らしている。

もうひとつ、七不思議の番外に「ゲンゲ」がある。正確にはノロゲンゲ。水深三〇〇メートル以下に棲む深海魚だ。二〇センチほどで細長い、全身ゼラチン質でおおわれヌルヌル。白身で適度に脂がのって、淡泊で上品。ゼラチンの皮のぬめりが滅法うまく、海のジュンサイのたとえがピッタリ。かって、漁の網にかかると魚体のヌルヌルが網に絡みつく厄介者だった。漁師からは「下の下」といわれてすてられていたが、割烹や料亭で食されるようになり、いまや幻魚《げんげ》と呼ばれている。富山県内でも食べたことのない人がかなりいるという。

ネグリジェをまとった美しい女性の柔肌、三十数年前のファーストキスの味。ゲンゲの食感を、こう表現する熱烈な愛好家がいる。そこまでじゃあないが、干物もいいし、雪がチラつく季節に、ハフハフいって熱々のゲンゲ汁をすすりたくなる。

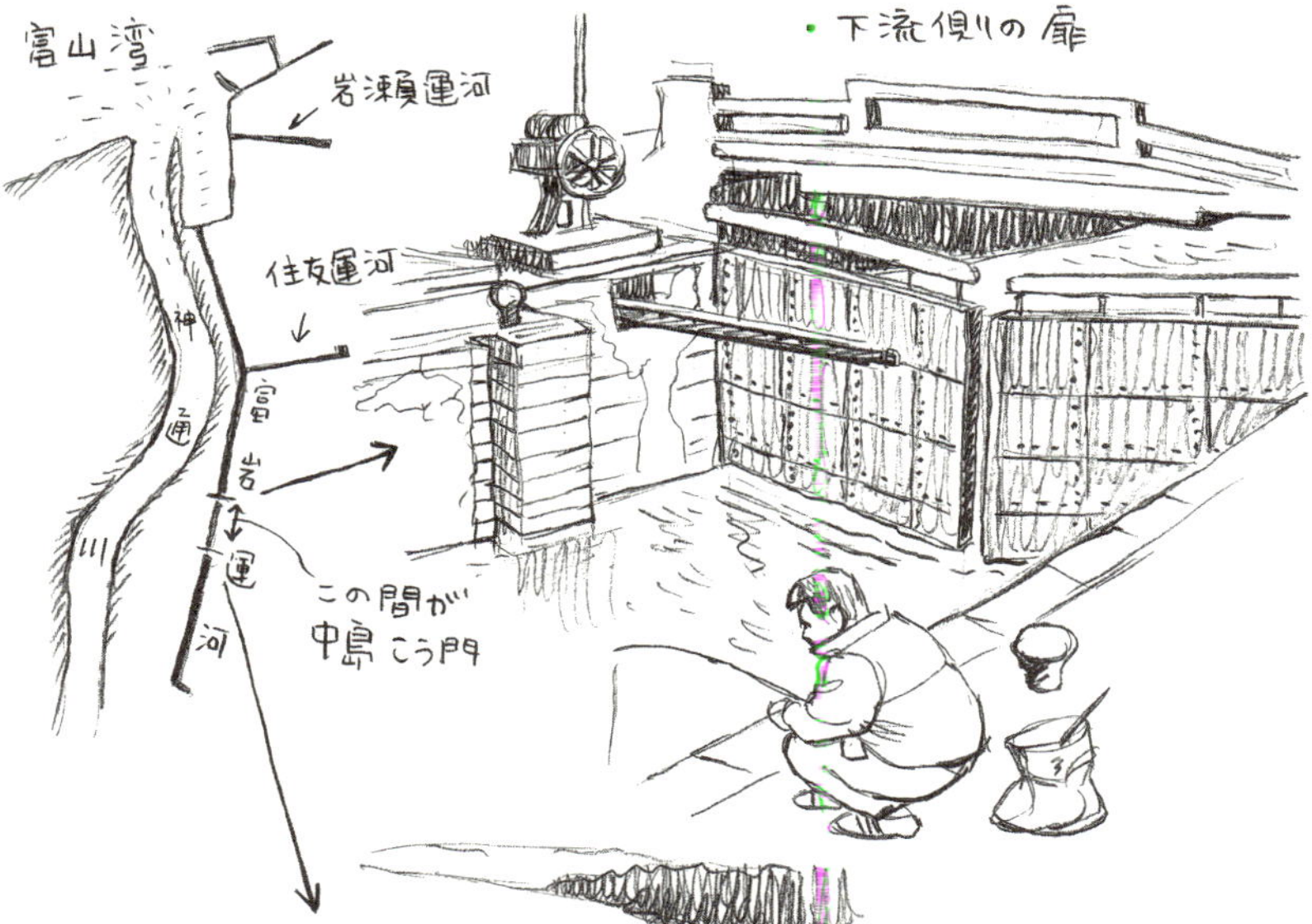

・ノロゲンゲ

富山湾の深さ300メートルの
深層水にいる。シロゲンゲともいう

蜂の子ごちそう

琵琶湖の畔ではむかしから蜂獲りが行われている。

蜂はテンコロと呼ばれているオオスズメバチで、この日のハンターは五人。ガソリンスタンドのカツ、鍛冶屋のてっちゃん、鉄工所のまんちゃん、電気屋のせっつおん、喫茶店のマスターである。若いカツは呼びすてだが、蜂の巣探しの司令塔。神がかった能力があり「絶対に外しよらん」とマスターが教えてくれた。

まず樹液のしみでている落葉樹さがし。竹竿の先に鶏肉団子をつけ、樹液が目当ての蜂に差し出す。蜂は樹液より肉だと、団子を抱えて巣にもどる。それを追跡するという算段。

てっちゃんとせっつおんが差し出した肉をスズメバチが抱えて飛び立つ。マスターが「飛びよった」と、報告を出す。それを受けて飛んでゆく方向を見極める位置にいるのがカツだ。世界最大のオオスズメバチの飛行は僕にも見えるが、どこへ行くかはわからない。

カツは「阿呆待ち」。つまり、のんびりくつろいで待っている。が、蜂が本筋のルートに入ったと判断して追跡をはじめると、目の色が変わる。藪に分け入り、川原を走る。蜂には目印はない。カツの本領発揮だ。巣を発見すると、即、てっちゃんの携帯電話に連絡。いよいよ巣取りだ。向かうのは鉄工所のまんちゃん。彼の軽トラックに同乗して巣へ向かう。まんちゃんは蜂獲りが好きで好きでしようがないと相好を崩す。走りながらほかの蜂が飛んでいないか、チェックを怠らない。巣取り装備はアルミ繊維の消防士仕様の完全防護服。まんちゃんは「それで大丈夫なの」

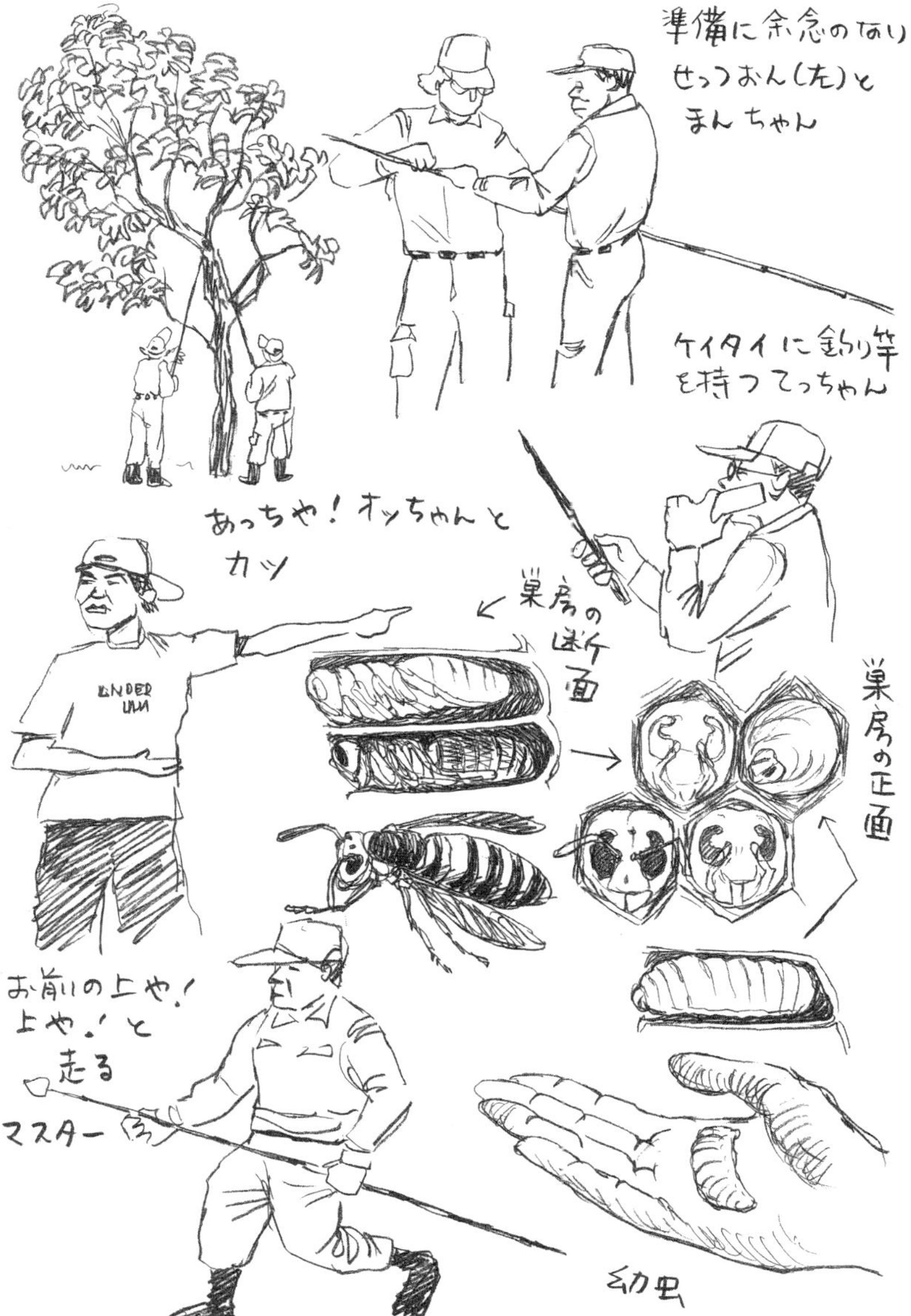
準備に余念のない
せっつおん(左)と
まんちゃん
ケイタイに釣り竿
を持つてっちゃん
あっちや！オッちゃんと
カツ
巣房の
断面
巣房の正面
お前の上や！
上や！と
走る
マスター
幼虫

と心配するほど薄い出で立ちで、スズメバチの猛攻撃を受けながら、鎌で草を刈り、張り出した木の根をノコで伐り、大皿のような巣を見事に掘り出した。みんなガキ大将の顔になっていた。

湖北の別荘の床下の巣取りで、僕も防護服を着た。円筒形のヘルメットに、通気性のない生地。動くと汗にまみれ、息苦しい。切った床からわき出てくるスズメバチを、柏手を打って叩きつぶす。胴体はすぐ潰れるが頭が固い。怒り狂ったヤツがホバリングして毒液を噴射してくる。

こうして獲った巣の白い繊維質の蓋を取ると幼虫の顔が現れる。みんなこっちを向いているので、ぎっしり並んだ眼玉とご対面。巣の中心の幼虫はモスラのような顔つきだが、螺旋《らせん》状に並んだ順に蜂の顔らしくなり、いちばん外側は成虫と同じヤバイ顔をしている。

幼虫はまるで小粒の餃子。五グラムもある。これをさっと茹でて軽く塩を振って食べるのが、しゃぶしゃぶ。淡泊でクリーミー。成虫と同じ大きさで全身が白蠟《はくろう》のような幼虫を酒と醤油で煮つけると、鱈《タラ》の白子のように濃厚になる。レンジでチンしてからこんがりと炒ると、サクサクした高級海老煎の味にガラリとかわる。オオスズメバチが首までぎっしり詰まった焼酎漬けの一升瓶も登場した。蜂の滋養はたいしたもので「これを飲んだら、スタミナばっちりだよ」と、マスターが効能を力説する。

オオスズメバチに刺されると、患部は熱をもちひどく腫《は》れあがる。ショック死もありうる。が、五人の猛者たちは「何度も刺されたことがある」とケロリとしている。

仲間と戦利品を食べて過ごすひとときが過ぎ、オフの冬の間はただ胸を熱くして次のシーズンを待つ。僕もガキのころにタイムスリップした。蜂獲りは興奮すべき、ひさびさの冒険だった。

青い果実と八犬伝

房総は春が早い。海岸では冬の荒波がしぶきをあげていても、海風のあたりが柔らかい。ハウスの中ではポピー、キンギョソウが咲き、蜜蜂が飛び交い苺《いちご》が実っている。黒潮の恩恵である。

館山ファミリーパークで苺狩りをした。ハウス内には受粉用に、蜜蜂の巣箱が置いてある。あちこちから聞こえるブーンという羽音は、紛れもない春の野辺に流れる調べだ。縦に並んだ畝《うね》には、女峰、豊中などの品種がたわわに実っている。大きな粒の葉陰に、順番待ちの実がある。蔕《へた》のあたりが赤らんでいるが、四分の三がやや黄味を帯びているまだ固い実だ。何気なく頬ばると、サクッとした新鮮な歯ごたえが返ってきた。サラリとした酸味の果汁が口腔に広がり、なんとも爽快。新鮮で若い果実。苺狩りでは持ち帰りは別料金、現場では食べ放題だけど、まだ青味のある苺をパックしてもらう勇気はなかった。で、年がいもなく、胃袋に青い苺をギシギシに詰めこんだ。

館山は房総の南の端っこ。いわゆる南総。南総といえば、『里見八犬伝』となる。

というわけで出かけた〈館山市立博物館分館〉で曲亭馬琴の「馬琴」は、愛用している木琴からつけたことがわかった。展示してある木琴は、木製のソリのようで、共鳴部に音板が十三列並んでいる。バチは湾曲して先が丸い。江戸時代に木琴とは、馬琴先生なかなかハイカラな趣味の持主であった。

『椿説弓張月』を書きあげたあと馬琴は、二八年の歳月をついやして『八犬伝』を書きあげた。

著述中に失明するが口述でつづけ、天保十三（一八四二）年、全九輯一〇六冊の未曾有の大長編小説を完成した。筆記したのは長男の嫁、路女《みち》。馬琴七十四歳の秋。

『八犬伝』は刊行後、錦絵として売り出された。凧や双六のグッズも流行した。歌川国芳、国貞、豊国が描いた浮世絵は絢爛な色彩にあふれ、大胆なポーズをとる人物の構図は見事だ。国貞の「見立七福神酒之舟入」は、伊丹の新酒の宣伝ポスターで、八犬伝の銘の入った薦《こも》かぶりが三段積みにされている。以前、館山には「里見城」という地酒もあったが、今は蔵元が君津市に変わった。

八犬伝は時代が変わっても受け入れられやすく、昭和に映画化されている。昭和三十一年、新東宝『妖雲里見快挙伝』。渡辺邦男監督、主演若山富三郎。懐かしいポスターが展示してある。NHK『新八犬伝』は辻村ジュサブローの人形劇。坂本九のナレーション。このあとファミコン・ゲームソフト、名作まんがシリーズと続いて八犬伝人気は一向に衰える気配がない。

関係資料に、昭和三十四年に「東映映画化」とだけあって実物がなかった。どんなポスターだろう。『日本映画ポスター集・東映時代劇篇』で調べると、『里見八犬傳・八剣士の凱歌』のタイトルで、伏見扇太郎、里見浩太郎、花園ひろみの出演者の名前が並び、杉狂児、原健策なんていう懐かしくて渋い脇役の名前もあった。

博物館前のセンダンの木で、ヒヨドリがさかんに実をついばんでいた。しなびた果実が地面にたくさん落ちている。センダンは暖地の海岸近くに生え、果実は薬用にし、核は数珠《じゅず》の玉に使われる。そういえば八犬伝の、仁・義・礼・智・忠・信・孝・悌の文字は、数珠に刻まれていた。この一文字を子供に命名した、昭和の親も多いのではないか。

ポピー
きんぎょそう
いちご狩りの女性
水野年方画の
八犬伝の犬「八房」
・ヒヨドリ
灯台のある
風景、

なぜか狛犬

虎ノ門にある大倉集古館の一角に、古色蒼然とした獅子が鎮座している。中国六朝時代、西暦二三〇年から五八九年ごろの作だ。表面の塗りが剥離して斑《まだら》になり、苔《こけ》むした岩のようでもあり、はかりしれない存在感がある。

ものの本には「狛犬は獅子に似た像」とある。だから、獅子でも犬でもいい。だいたい胡麻犬とも書くし、高麗犬とも、獅子形とも、獅子狛犬とも漢字をあてているのだから、どうでもいい。目的のない気まぐれ旅が多いなかでも神社があればよく立ち寄る。うまい水があり、前日の酔いざましに喉をうるおすのに格好なのだ。そうしてひと息ついてから、スケッチブックを開いて、のんびりと狛犬を描く。紙に日の光が反射して、酔眼がいっそうウルウルになる。

あちこちで描いてきて、スラリとしている狛犬ほど時代が古いことを知った。古い狛犬は耳を立て、前足をきちんと伸ばして胸を張っている。時代が新しい狛犬はずんぐりしていて、頬に巻き毛状の突起があったり、耳がたれていたり、玉に脚を乗せていたりする。そういう点に気がついて、スケッチブックをみなおすと、大倉集古館のは、そうとう古いようだ。獅子、つまりライオンらしく堂々としている。同館の階段には、おかっぱ頭で玉に右脚を乗せた狛犬もあった。

重要文化財に指定されている狛犬は、木造り、陶製などのものがある。僕がご対面しているのは、行き当たりばったりで一期一会の狛犬ばかり。

左前脚で子供をつぶしているのか、守っているのか、そういう狛犬があった。ＪＲ磐越線の野

おかっぱ頭で
生意気そう
大倉集古館にて
でっかいぞ
大山祇神社
左脚の下に
子供がいる
鹿島神宮
背すじスッキリ
阿
吽
相川のおとぼけ顔
ここは「弾誓寺」といった

沢駅からバスを乗り継いだ大山祇神社《おおやまずみ》だ。一生に一度はどんな願いでも聞いてくれる野沢の山神様を祀っている。ここの手水舎の水も軟水で口あたりがよく、まあまあのものだった。

とぼけた顔だが前脚がスラリとして、けっこう古いぞ、と思わせたのが佐渡の相川の辻裏にあった狛犬だ。首のまわりにヨダレかけのような鬣《たてがみ》が垂れているので、獅子のニュアンスが強い。向き合った阿吽《あうん》のカップルが、風雪にさらされていい味がでていた。「狛犬の左側に置かれたものを獅子とする」というが、両方とも鬣がある。どっちが獅子なのかわからない。

茨城県の鹿島神宮の祭神は武神の武甕槌神《たけみかづちのかみ》である。誉れ高い神宮の狛犬ともなると、じつに凛々《りり》しい。三日月のような牙があり、眉をしかめ、眼光も鋭い。背筋はピンと伸び、一分の隙もない。猪《イノシシ》のようでもある。もはや露天などではなく、ガラスケースの中に置かれている。

沖縄の「シーサー」は獅子という意味だ。魔除けだから屋根にもいるし、塀の上、門柱など、どこにでもいる。口の開けているのがオスで、閉めているのがメス。阿吽の一対になっている。どのシーサーも獅子に似ている。ときどきとんでもない面相にお目にかかる。獅子っ鼻、出目、舌だし、Vサイン、大口笑い。素焼きが多いが、さまざまにペイントされている。さすが泡盛の本拠地だけのことはある。

何気なくスケッチしていたが、つらつら考えると狛犬の魔除けのパワーで、描かされているのかもしれない。ぼくの干支《えと》が戌《いぬ》だから、犬のよしみで魔除けの特別サービスかも知れない。

クモの思い出

野営のときススキを刈ってベッドにする。黒姫のフィールドでそんな話をすると、Aさんが「よくカバキコマチグモに咬《か》まれませんね」という。知らなかったというと、Aさんはすぐに、近くのススキの藪に行って捕まえた薄緑色のクモを見せてくれた。すぐに実物登場とは驚きだ。

カバキコマチグモのよく目立つ対の黒いアゴには鋭い牙がかくされている。これで咬まれると痛みが一瞬に脳天に達する。これを灼熱痛という。カバキコマチグモは、野外での危険な動物のトップクラスにランクされている。そいつがすぐそばの藪にいるとは。絶句。

このクモは九月頃に産卵するのだが、意外な生態の一面がある。孵化した子グモは巣の中で母グモの体を食べて成長するというのだ。獰猛なクモだが涙ぐましくおのれを犠牲にする。

このカバキコマチグモと、大田区の東京港野鳥公園で再会した。探索路のわきに青々としたススキのしげみがあった。ひょっとしたらと巣を探すと、長い葉を途中で折り曲げた、チマキのような巣があった。結び目を開くと体長一センチほどの主がいた。こちらのぶしつけな訪問に怒って、ガチガチと牙を鳴らした。図体が小さいのにはっきりと聞こえる威嚇《いかく》音は、こちらをギョッとさせるに充分な効果があった。産卵期が近いのでかなり殺気立っているようだった。

春のポカポカ陽気のころ、横浜の公園で「ホンチ」と初対面した。むかしは子供たちが、今は愛好家が、闘争心の強いネコハエトリグモの雄をホンチと呼んで飼育している。それぞれがスライド式の長方形の箱を自作し、中に手塩にかけたホンチを入れて持ち寄って、公園で闘わせていた。ホンチはお尻の模様でそれぞれ呼び名がちがう。色が赤っぽいのはアカッケツ、全体が黄土色のはキンケツ、魚網《あじろ》模様はアジロケツと、みんな呼び名のお尻に「ケツ」がつく。

二匹のホンチが向き合うと、後ろ脚の第三脚と四脚をふんばらせ、前脚の第一脚を横綱の土俵入りのように大きく広げて、相手を威嚇する。この動作、どこかで見たことがある。干潟のチゴガニだ。相手を威嚇するとき、おなじポーズをしていた。

さて、勝負である。飼い主は負けたクモが逃げやすいように、四角い板の上で闘わせたり、手の平の上で闘わせたりする。一センチに満たない二匹のホンチを囲み、だいの大人が真剣な眼差しで勝負に見入っていた。江戸時代にもハエトリグモにハエをとらせる遊びがあり、人々は座敷鷹と呼んでいた。わが仕事場にも似たようなのがいた。近づくとピョンと跳んで逃げる。鉛筆の先で突く真似をすると、止まってファイティング・ポーズをした。

もうちょっと珍しいクモを、大分のKさんに教えてもらった。崖の斜面に掘った穴に、百円硬貨ほどの蓋をつくって中に潜み、獲物を待つトタテグモだ。蓋はじつにうまくカモフラージュされていて、小石や枯れ葉、木のヒゲ根などにまぎれて区別がつかない。獲物のアリなどが近づくと、音もなくふわりと蓋をはねあげて、一瞬にしてとらえ、蓋を閉めながら素早く穴にくわえこんでしまう。なにも知らずに通るアリはたまったもんじゃない。深さ一五センチから二〇センチの巣穴には玄関部とトイレがあり、排水設備もそなえていて万全だ。生活廃棄物はドアのところまで運んで、ポイと外に放りすてる。巣穴は落葉樹の森の端の小さな崖にあり、日がな一日しゃがんで見物するのは、じつに優雅な時間だった。

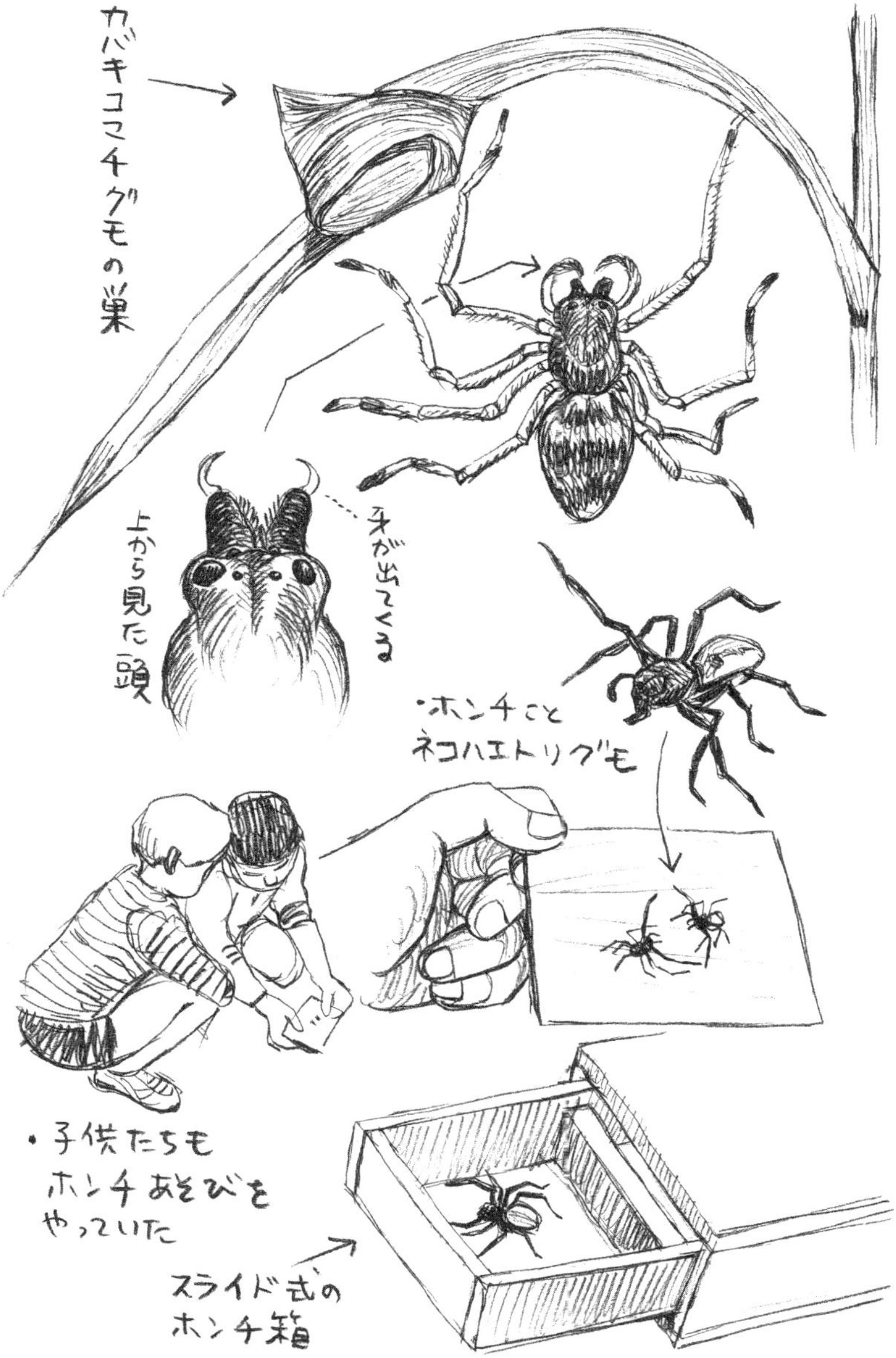
カバキコマチグモの巣
上から見た頭
牙が出てくる
・ホンチこと
ネコハエトリグモ
・子供たちも
ホンチあそびを
やっていた
スライド式の
ホンチ箱

北限の思い出

新潟県の村上駅前の看板には「ようこそ村上へ」「また来っしゃい」と効率のいい歓送迎の標語があり、「お茶と堆朱《ついしゅ》の村上へ」と、そのあとにつづいて書かれている。

堆朱とは、村上の木彫りの工芸品のことで、器などの素地に図柄を彫り、朱の漆を厚く塗ったもの。お盆や椀、花器など種類も豊富。お茶は村上が北限。

もうひとつの名産品が「麩《ふ》」。小麦粉に食塩を加えてから水でこねて、粘りの強い塊になったものを、水で余分な澱粉を流して、グルテンを作る。それに、小麦粉と膨剤を加えて焼いたものが「焼麩」。村上の麩は棒きれのようなので、棒麩という。

北海道渡島半島の「歌才」はブナの北限だ。オホーツク高気圧が居座り、もっとも天候の安定する六月に、その北限地へ行った。宿泊地は天の川というなんとも壮大な名の川の岸。函館の市場で仕入れたウニのスパゲッティなどをつくってご機嫌だった。食後の寝場所作りで、ベッド用に身の丈より高いオオイタドリを伐っていると、首筋からポタリと毛虫が入った。イタドリには蛾の幼虫が寄生する。通称イタドリ虫で、渓流の釣りの餌になる。毒性がないからそいつではない。が、ともかく正体不明の毛虫に背中を刺されてしまった。最初は小さなプツプツが両腕にできた程度だったが、翌日、歌才のブナ見物をしているころから、デコボコに腫れてしまった。手持ちの薬を塗ってしのいで、帰京してから皮膚科に行くと、頭までもがデコボコで、看護師が「ギャッ」と驚いていた。北限のブナは、ふた抱えもある立派な大木だった。

・まさか雪国が
お茶の北限とは
思わなかった

すくすくと
育っていた茶

堆朱のぐい呑み

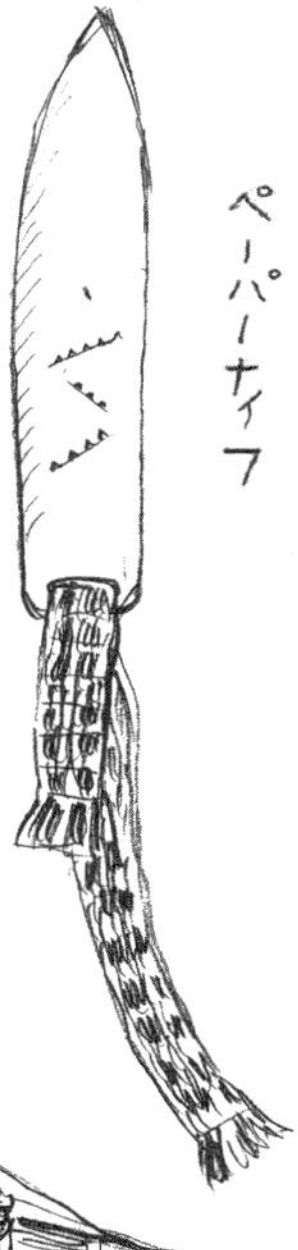

ペーパーナイフ

煙出し

屋根はコケを
つんで作って
あった

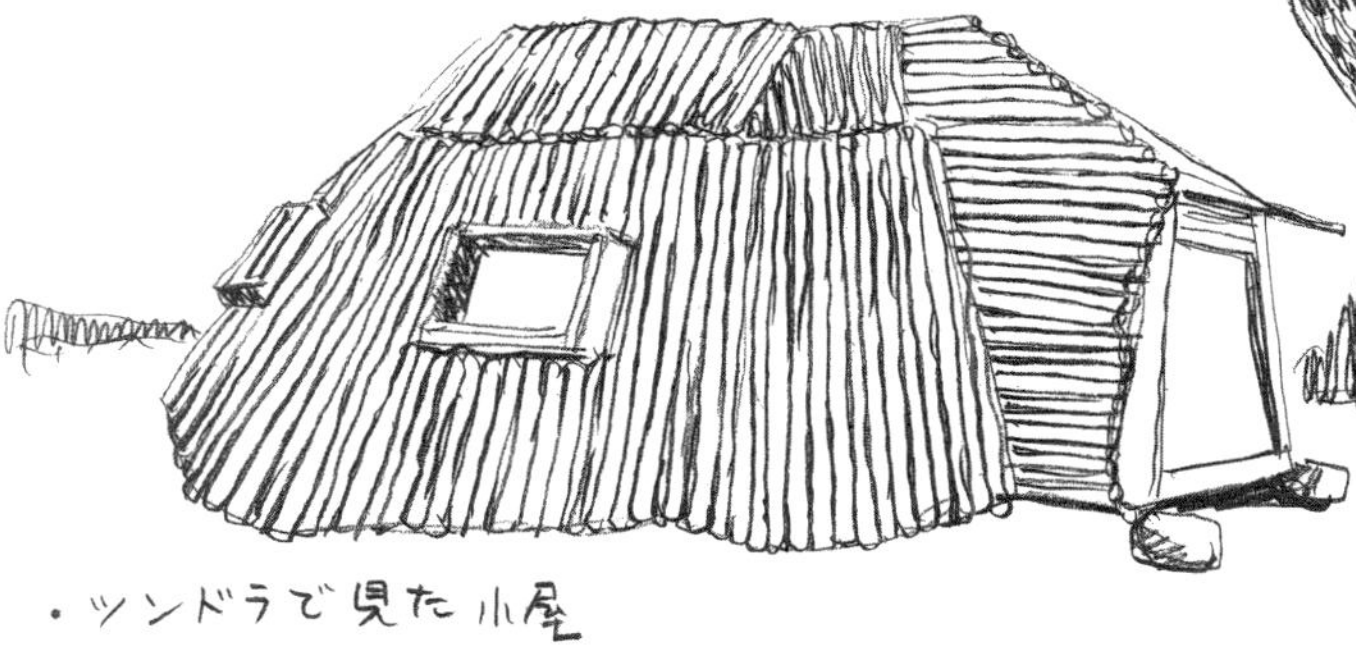

・ツンドラで見た小屋

ユーラシア大陸の最北の地はノールカップ岬だ。ストックホルムからオスロをへてノルウェー海沿いに、スカンディナヴィア半島を一路、北へ北へとノールカップへ向かった。目指す最北の地は北極圏にある。オスロからはしばらく美しい森林風景が続いたが、四日目にドンボーズという町の峠を越えると、荒涼としたツンドラ地帯に出て景観が一変した。

それから六日間は一本道を真正面に見ながら、地平線の果てを目指してひたすら走った。もこもこした苔の荒野がえんえんとつづく。ときおりトレーラーのキャンピング・カーと行きちがうか、追いこすだけ。気温が低く湿気がなく、汗ひとつかかない。風呂嫌いには天国だった。北緯六六度三三分に北極圏。"Nordlicher Polarkreis"の看板があった。看板の表示線を延長して線を描いたつもりの道路の境界線をヨイショとまたいだ。記念に赤茶けた小石もひろった。

七日目にノールカップに着いた。最北地の最北のキャンプ場で、記念に最北のシャワーを浴びることにした。コイン式のシャワーに五クローネ硬貨を入れると、勢いよく冷水が出てきた。うひゃー、全身鳥肌。ともかく石鹸を泡立てて、ノズルをいじくり回してお湯の調整をするが、無慈悲にも三分間で水が止まってしまった。仕方がないので、ボタボタと漏れてくる水で石鹸を流した。外はノールカップおろしとでもいうのか、強風が吹いている。シートで風よけの陣幕を張って、寝袋に潜りこんだ。

ビーチ・コーミング

親類の結婚披露宴があった。「礼服の背中に穴が開いている」と、娘から指摘された。見ると、なるほど肩甲骨の中間に小さな穴が二個開いていた。この前着たのは、たしか友人のお母さんが亡くなったときだから、一年ぐらい前になるか。そのときか、その後か、いずれにしてもこの穴に思い当たる節《ふし》があったので、罵《のの》しりのことばが口をついた。

「ちくしょうめ、しぶとい奴だ。ヒメマルカツオブシムシめ」

かなり前、伊豆半島の海岸で、荒波で堆積したゴミ漂着物の山を棒でつついて、めぼしいものを探していた。昨今ではビーチ・コーミングという。絡みあったビニール紐、板っ切れ、シャンプーや洗剤の何種類もの容器、発泡スチロールのかけら。ハングル文字が多い。そんなものに混ざって、ウミスズメの乾燥体、コウイカの甲、貝殻、魚網の浮き、なにかの骨、すり減ったクルミなどが見つかる。こうしたガラクタがたくさん集まると、それなりに饐《す》えた匂いがたつ。出先の店でプラスチックの密閉容器を買って詰め、帰宅後、日干しにした。しかし、どうやらこの処置が甘かったようだ。

しばらくして、仕事中のことだ。水彩紙のうえを小さな虫が横断していた。八倍のルーペをかぶせてのぞくと、全体が灰色。斑《まだら》の甲虫が見える。かなりはっきりした特徴だったので簡単に名がわかると思ったが、昆虫図鑑には載ってない。そこで思い出したのが『図鑑・衛生害虫と衣食住の害虫』だ。多少値が張ったが買っておいたのだ。それにはこの小さな虫がヒメマルカツオブシムシで、世界的な衣類害虫として載っていた。漢字では「姫丸鰹節虫」と書く。

外国ではこの虫は博物館の骨格標本づくりに欠かせない。ヒゲだらけの幼虫の時期に、骨のわずかな隙間に潜りこんで、きれいに肉を食べつくしてくれるからだ。わが国の博物館では衣類が甚大な被害を受けるために、もっとも注意を要する虫になっている。ふだんでもごく普通にいる虫で、コデマリの花によく集まる。これを「訪花」という。ただ、とても小さいので目立たない。礼服の今回の犯人は、浜のひろいものに巣くっていた、こやつの仕業にちがいなかった。

仕事場の被害が判明した。絹のポロシャツ二枚に虫食い穴、ウールの帽子と手袋がボロボロ。殺虫剤をしこたま買ってきて、即、仕事場に防衛態勢をしいた。虫の害はこれで一時鎮圧したかにみえたが、今ごろ、それも礼服をやられた。カケハギ代に六〇〇〇円もかかった。憎っくきヒメマルカツオブシムシめ。

これ以上の被害を防ぐべく、やむなく知床のシカの下顎《あご》、礼文島の海岸のアザラシの頭骨、房総の白骨化したカモのくちばしなど、ビーチ・コーミングの収穫品をまとめて再防虫処理することにした。ほかのガラクタの整理もかねると、これがひと仕事。とんだ旅の後始末になった。

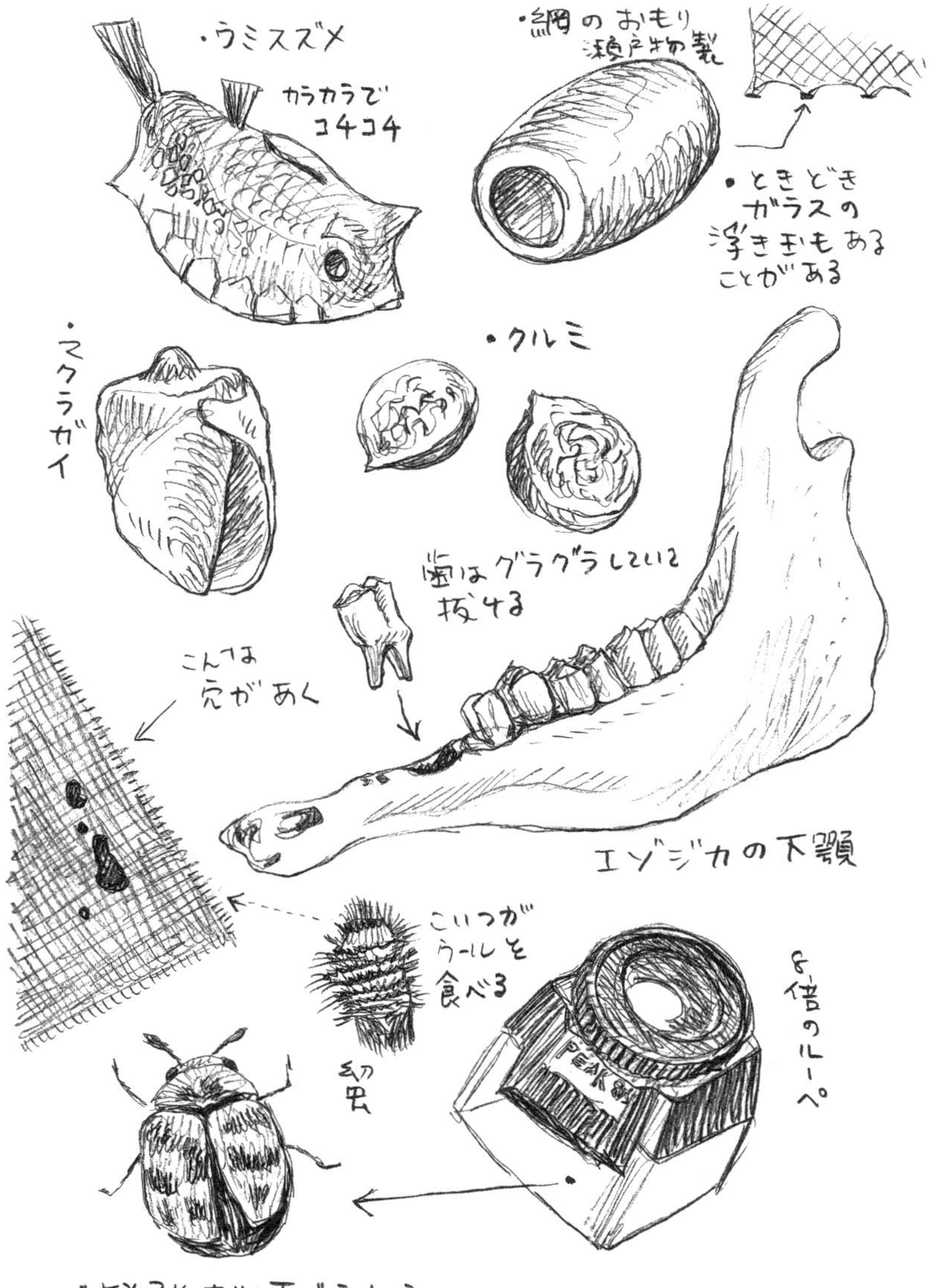
・ウミスズメ
カラカラで
コチコチ
・網のおもり
瀬戸物製
・ときどき
ガラスの
浮き玉もある
ことがある
・マクラガイ
・クルミ
歯はグラグラしていて
抜ける
こんな
穴があく
エゾジカの下顎
こいつが
ウールを
食べる
幼虫
8倍のルーペ
PEAK 8
・ヒメマルカツオブシムシ

銅像、一期一会か再会か

南フランスのオーシュという小さな町は、アレクサンドル・デュマの『三銃士』の舞台で、ホテルの近くの公園に彼らの銅像がある。タイツ姿の銃士の像は、なかなかの出来だった。スケッチしようと思ったが、台座がかなり高くて首が疲れるので止めた。公園の横は坂道で、小さな古本屋がある。店番は年配のおじさんがひとり。鳥の図鑑がないか、両手をパタパタさせて尋ねると「ウイ」と言って一冊取り出してくれた。それがなんと戦闘機の本。かの地では両手をパタパタすると飛行機のことだと、あとで航空機マニアが教えてくれた。

こういう小さな町へは、二度来ることはないと思っていたが、半年後、またオーシュを通ることになった。ここにはステンドグラスで有名な教会があるけれど、思い出すことといえば三銃士の銅像と、あの小さな古本屋のウインドウに並べられた、美しい装丁の古書だ。

女性の銅像には、なかなかお目にかからない。ピレネー山脈の裾野にあるラ・バスティッド村は中世の造りで、石畳の広場を囲んで家が軒を並べている。広場の中央に、剣を抱いた美形の像が起立していた。ジャンヌ・ダルクである。かのイングリット・バーグマンも演じたヒロインだ。十一月の気温は四度。寒気で石畳は氷のようで、靴底から冷えてくる。指先がこごえ、高いところにあるので首が疲れたが、ぐっとこらえてスケッチした。

もうひとつフランスの銅像で忘れられないのが、地中海に面した漁村「セッツ」にあった大ダコの銅像だ。イルカを従えたブロンズのリアルな大ダコで、ひと目で、ただただ凄い！　と驚いた。

・セッツの大ダコ　じっくり見たが、どうやっても足が8本ないみたいだった

よほどのことがない限り、もう訪れることはないだろうと思ったこの小さな漁村に、その十年後ふたたび泊まることになった。季節は夏。早起きをした。タコの頭は酒の肴に大好物である。挨拶をしなくてはならぬ。村の広場へ行くと、大ダコは相も変わらず元気に水を吐いていた。広場のまわりの魚市場も、まだ店開きをしていない静かな朝だった。この大ダコの姿を見るだけのために、セッツへもう一度行きたい。そう思うともう尻が落ち着かない。それほど見事に力量のある、ブロンズの大ダコであった。

アメリカ南部イリノイ州のチェスターは、ミシシッピィ河沿いにある小さな町だ。偶然通りかかった小さな車回しの公園の中央に、パイプをくわえたポパイの銅像があった。腕に錨《いかり》の入れ墨をした水兵ポパイの像がなんで川岸にいるのだろう？　答えはいとも簡単だった。ポパイの漫画の作者E・C・シーガーがこの町の出身だった。

子供の嫌いなほうれん草。それを解消するために作られたヒーローのポパイ。危機に瀕したり、窮地にたたされたとき、缶詰めのほうれん草を握りつぶして中身を食べると、たちまち怪力の主になる。銅像の帽子にたれた鳩の糞をきれいにしてやりたいと思った。

今もって正体不明なのが、スウェーデンの北部ヨックモックにあった胡座《あぐら》をかいた、とても大きな男の石像だ。台座にMITT VAR CANDET I・FORNTID-BEVARAの文字とトナカイの姿が彫りこんであった。狩りの名人なのかもしれない。この石像はとても大きくて、素通りができない魅力を発散していた。

消えた断崖の砦

六月、北茨城海岸の崖が崩落したというテレビニュースがあった。画面には屏風のように連なる崖の遠景が、海側から撮影されていた。崩落の一週間前に、宮城県沖地震があった。大雨で地盤もゆるんでいた。そして六月十八日から十九日にかけて、大崩落が起こった。

十王町では大正末期から海鵜を捕らえ、長良川の鵜飼いはその鵜を使っている。崩落した崖には鵜の狩場が四か所あった。その最後のひとつが今回の災害でなくなってしまった。崩れ落ちた現場は十王町の崖、というアナウンスを耳にして、十五年前に訪ねたことを思い出した。

十王町は高萩市と日立市の、ちょうどまんなかあたりにある。常磐線「川尻」駅からまっすぐ東へ向かうと伊師浜海水浴場につきあたる。白砂と松林のある美しい海岸で「白砂青松百選」にも選ばれている。海岸を左に見ながらしばらく歩くと、照葉樹の森、鵜の岬が現れる。

鵜の岬の突端は海に突きでていて、横を向いた鳥のような形をしている。その頭に相当するところに鵜捕りの狩場がある。海に面して峻険な崖である。その崖にテラスのように張り出していた狩場が丸ごと海に崩落して、鵜の生け捕りができなくなったというのだ。

照葉樹の森にはサカキ、グミ、キイチゴがしげり、狩場まで獣道のような道が通じていた。海風に乗って焚き火の匂いが吹き上がってきた。小道をくだって藪に囲まれた小屋の前に出ると、ちんちんと湯気をたてている鉄瓶を前に沼田さんが座っていた。沼田安さんは鵜捕りの三代目。黒のタートル・ネックを着た姿は映画『眼下の敵』でクルト・ユルゲンスが扮したドイツ潜水艦

の艦長のようだった。

崖への小道には、枝わかれした空間がいくつかあって、沖の見張り場、竹で鵜カゴを編む場所、狩場を上からのぞく場所などがある。崖ぎわの踏み固めた急な階段をおりると、テラス状に張り出した狩場に出る。テラスには崖沿いに、竹の梁にムシロがけの細長い小屋、鳥屋が建てられていた。ムシロを壁にして、海側に張り出した露天のスペースに囮《おとり》の鵜が七羽つながれている。沖を飛ぶ鵜が、崖につながれている囮につられて休息しやすいように、跳びこみ用のような二枚の板が海に突き出して設置されていた。

囮の鵜はニワトリよりひとまわり大きい。暴れられると厄介だ。それで両瞼《まぶた》は糸で縫ってある。板の周りには水溶きの石灰をまいて糞の偽装がされている。首尾よく鵜が板にとまると、鳥屋に潜んでいる沼田さんが、ムシロの壁の隙間から引っかけ棒で素早く鵜の脚を引っかけて捕まえる。狩場はまるで秘密の砦のようで、少年時代にもどったような冒険心が満ちてくるのだった。

その後、ニュースで、狩場の復活が難航していることを知った。画面には四代目の姿があった。視察に来た岐阜市長が「鵜飼は川漁から伝統技術になり、それから文化となった。それを絶やさないためにも、是非、狩場を復活してもらいたい」と話していた。

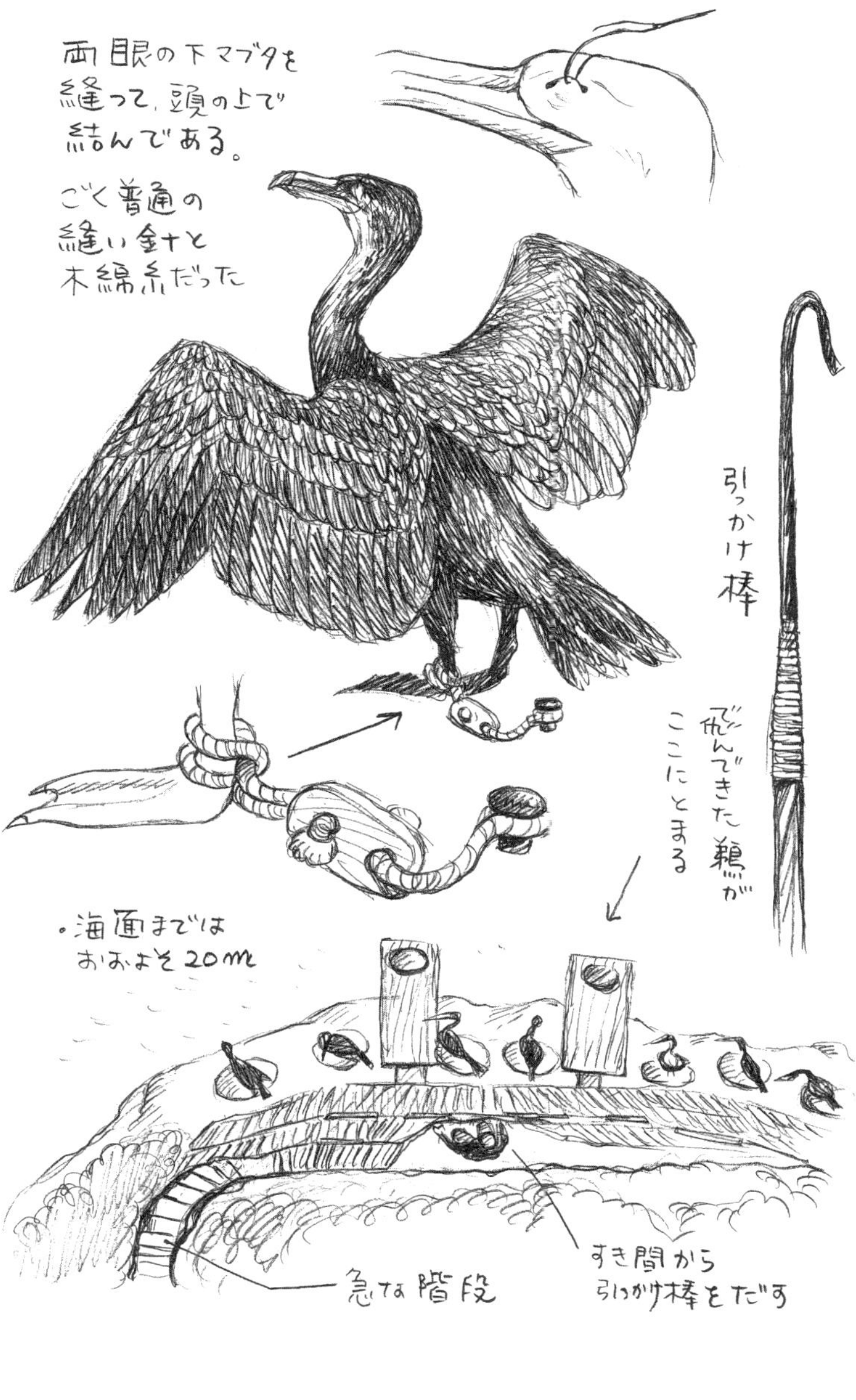

両眼の下マブタを
縫って、頭の上で
結んである。
ごく普通の
縫い針と
木綿糸だった
引っかけ棒
飛んできた鵜が
ここにとまる
・海面まではおおよそ20m
急な階段
すき間から
引っかけ棒をだす

ゆずらぬ鯛の四つ相撲

和歌山を訪れた最初が「七曲市場」で、もう来ることはないだろうと思ったが、その十年後、同地の加太を訪れた。大阪から南海本線で大阪湾沿いに走り、堺、岸和田を過ぎる。泉南市から和泉山脈を越え紀ノ川を渡って和歌山市駅で乗り換え。ここでもどる形になり南海加太線と重複していた南海本線と紀ノ川駅で別れて、西へ向かうと終点の加太だ。

紀州では古くから漁がさかんで「旅漁」で全国に漁法を広めた。「釣りだめ漁法」は鰹の一本釣りの原型。地引網や巻き網も、旅漁で紀州から房総につたわった。

加太は、鯛の一本釣りで知られている。鯛はタコと並んで明石が有名だ。淡路島との間の潮の流れの速い明石海峡が、魚の身を締まらせる。ところがどっこい、加太は大阪湾をはさんで、ほぼ正面で明石と向き合っている。沖には地ノ島と沖ノ島があり、その間の沖ノ瀬戸と呼ばれる急流で鯛が獲れる。自然条件は同じで、明石の鯛には絶対負けない、と加太の漁師は豪語する。

海老で鯛を釣るという。鯛がうまいのは海老を食べているからだ。ちなみに、タコも海老を食べている。こだわる漁師は新鮮な車海老をコマセにして鯛を寄せ、いちばんいい海老を餌にして釣る。けれども加太の漁師Kさんは擬似餌で一本釣りをする。Kさんは若い（三十六歳）ので、祖父、父親、子、初代から三代が揃って漁に出ていたという。こんな筋金入りの血統と腕が、擬似餌を使う独特の工夫を生んだ。海老を模した毛糸の毛ばりと小海老に似せたペラペラの平べったい紐の組み合わせ。これに天然の鯛がダマされる。鯛の身になってみると、ちょっとなあと思う。

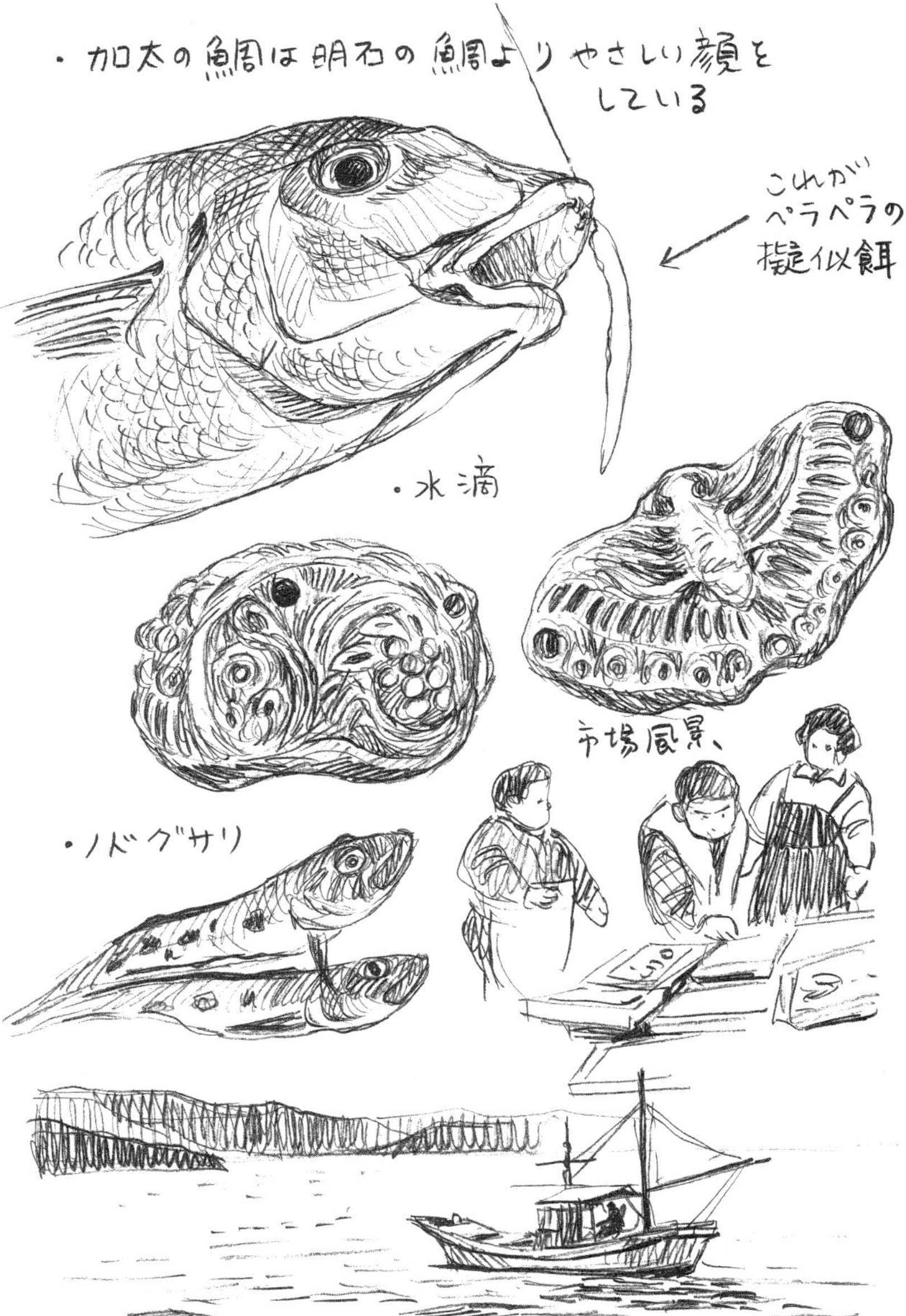
・加太の鯛は明石の鯛よりやさしい顔をしている
これがペラペラの擬似餌
・水滴
市場風景、
・ノドグサリ

一本釣りのKさんの腕前に驚いた。四時間で三〇〇グラムの小ぶりの鯛、二キログラムの大物を含め六本の鯛を釣った。それでも、まあまあだそうだ。港にもどり船上で漁師料理をご馳走になった。船の生け簀の板を裏返したまな板で、大物を刺し身にする。アラは酒と醤油で煮る。嬉しいことに砂糖を使わない。桜の蕾《つぼみ》がまだほころぶ前だったがポカポカ天気。この時期の鯛は桜鯛と呼ばれ味も格別。刺し身はふんわり歯にあたるが、噛むとコリッと小気味よい。上品な淡泊さが口腔で奥深い味に変化する。滅法うまい。天然、獲れたて、桜鯛だ。

帰路、なつかしの七曲市場へ寄った。入り組んだ小路を、すっぽり大屋根で覆った市場は、相変わらずの活気だ。真っ赤なシメジ、ここではトサカのイメージからオンドリと呼ぶ。小ぶりのハゼの仲間は、喉が腐るほどうまいのでノドグサリ。マルハゲと呼ぶのは「カワハギ」。

市場の女衆が親切に名前を教えてくれる。前に教えてもらった魚がいた。「カタナウオ」だと言うと「よく知ってるね」と褒められた。そんなこんなで楽しい再会のあと、市場のそばで骨董屋を発見した。前回は気がつかなかった。一見して高そうなものが、とても安い。聞くと、小さなキズがあるからなどと親切に教えてくれる。それで水滴を買った。骨董品はむろん、水滴は新品でもそこそこ値が張る。それが虎と蝶の形のもので、一個一五〇〇円。腕がわるいと道具に頼る。で、水彩用にふたつ購入。店主は若いころは海軍で、戦後漁師になった。そのあとで魚屋に鞍替えしてお金を貯め、香港で骨董の買い付けをはじめたという。こういう波乱万丈の身のうえ話をしてくる怪人物に会うと、その土地の魅力がいちだんとアップする。

富士の麓でうどん三昧

川越の成田山別院では、毎月二十八日に境内で蚤の市が開かれる。境内には一〇〇近い店が並び、朝早く出かけて、なんだかんだ物色して終わるのが昼ごろになる。

別院の近くには何軒かうどん屋があり、そこで腹ごしらえをするのだが、そのうどんが凄い。麺はごく薄い鼠色で、カキンと角がたっていて歯ごたえは充分。コシがあるという表現を超えている。椀でトグロを巻いているその麺を、醤油をたらした大根おろしで食べる。田舎うどんの原形とはこういうものなのか、ということを思わせる素朴さと力強さがある。

所沢に住んでいたころ、うまいうどん屋があった。自前の畑でうどん用に、小麦を育てていた。まだあるだろうか。

埼玉のうどん屋で天ぷらうどんを頼んでアテがはずれたことがある。カリッと揚がった車海老か大正海老ではなくサツマイモとカボチャのはいった野菜の天ぷらだった。ガキのころにサツマイモとカボチャをイヤというほど食べさせられたので、まいってしまった。

川越のような歯ごたえのあるうどんには、滅多にお目にかかれない。そう思っていたら山梨の富士吉田市にあった。市内には五十軒を超えるうどん屋がある。富士吉田市がうどんの町だということは、よく知られているらしく、市役所では、「うどんマップ」なるものも発行している。

ホテルで聞いた〈美也樹《みやき》〉へ、さっそく出陣した。紺染めのノレンに白抜きの屋号。こ上がりの座敷にテーブル席、カウンターと揃っている。品書きに天ぷらうどん三〇〇円（当時）、湯盛り二五〇円とある。迷わず天ぷらうどんを注文する。透きとおったツユに、歯ごたえのある麵。川越のよりも色白だ。それに玉葱のかき揚げ。グズッと崩れはじめたかき揚げと、麵との組み合わせが絶妙。うどんをすすると隠れていた刻み葱とキャベツがからんできて、歯に心地よくあたる。薬味のゴマ味噌唐辛子は酒の肴になる。汗をかきながらうどんをかっこんだ。店をでると遠くに富士急ハイランドの大観覧車が見えた。

翌日はタクシーの運転手の薦める、文ちゃんうどんこと、〈白須うどん〉を目指した。徳利狸の迎える店は看板がなく、一般住宅のようだ。開店三十分前に着いたが、すでに先客がいた。靴をぬいで座敷にあがる。すべてセルフサービス。代金はあと払いで、丼とひきかえ。かもいに額装した写真がかけられ、座敷のすみには大画面のテレビがあり、すっかりくつろいでしまう。調理場で丼を受け取って縁側の卓で食べた。ひやうどん三〇〇円（当時）。丁寧にとったスープ。具はキャベツだけ。いたってシンプル。キャベツがシャリシャリ、うどんシコシコ。上品なスープ。別売りで、ごぼう、半熟煮タマゴがトッピングできる。これが人気で、すぐ売り切れる。マニアいち押しの実力の店だ。

富士吉田の水は富士山が源で、田に引いても冷たすぎていい米がつくれなかった。それで小麦でうどんをつくりはじめたという。山梨といえば、ほうとうとばかり思っていたが、どっこい、うどん文化がしっかりと根づいていたのである。文ちゃんうどんの駐車場には、他県のナンバーもいて、その向こうには富士山の冠雪がステンレスのように輝いているのだった。

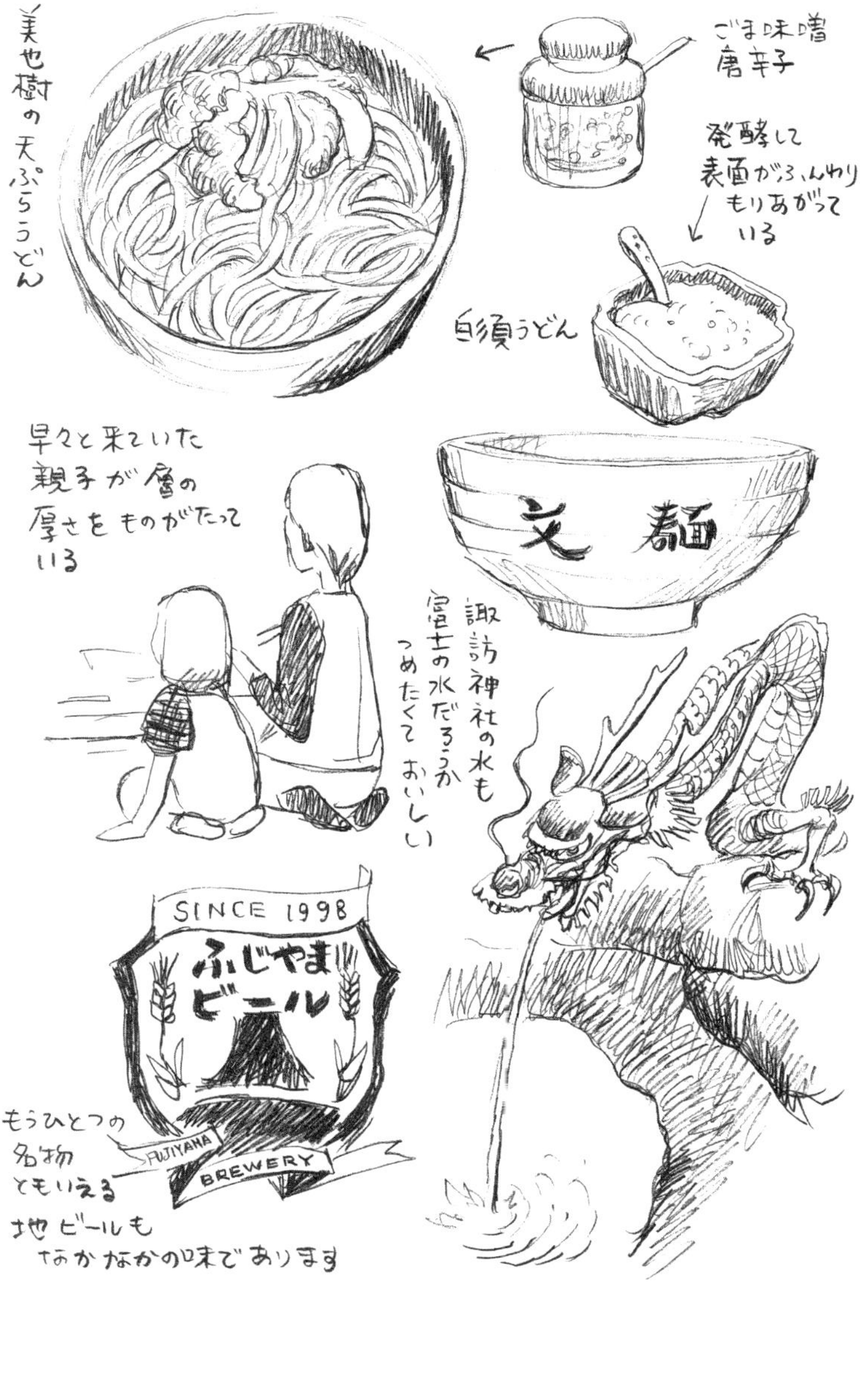

美也樹の天ぷらうどん
ごま味噌
唐辛子
発酵して
表面がふんわり
もりあがって
いる
白須うどん
早々と来ていた
親子が層の
厚さをものがたって
いる
文麺
諏訪神社の水も
富士の水だろうか
つめたくて おいしい
SINCE 1998
ふじやま
ビール
FUJIYAMA
BREWERY
もうひとつの
名物
ともいえる
地ビールも
なかなかの味であります

ところ変わって、山の幸

最近、スーパーでも山菜をよく目にする。一時は貴重品扱いをされていたタラの芽。サクサクした歯触りのウルイ。薬味にぴったりのギョウジャニンニク。山菜の王者ともいわれるタラの芽はウコギ科の落葉高木だが、おなじウコギ科のコシアブラも若芽がおいしい。

山形の郷土玩具「笹野一刀彫り・お鷹ぽっぽ」は、このコシアブラの幹でつくる。白肌の材を薄く削るとクルリとまくれ、それを何層か重ねて鷹の羽に見立てた細工は見事である。

山で暮らす人はコシアブラのおいしさを先刻承知で、それを教えてもらったのは新潟だった。昨今の山菜ブームでタラノキから二番芽、三番芽さえも無残に伐りとっていても、すぐ近くのコシアブラは無傷ということがある。もともと山菜に関心がなかったのに、タラの芽だけが目当ての山菜採りだったのにちがいない。

よほどのことがないと山菜は採らない。というのも山菜はアクが強いので、下ごしらえに手間がかかる。天ぷらにすればアクがなくなるが、油は余計な荷になるし、揚げたあとの油の処理を考えると、野外でそんな料理をする気にはならない。

山形県の温海《あつみ》温泉の近く、日当たりのいい牧場わきにワラビが群生していたので、一握りほど摘んだ。川岸で焚き火をおこし、沸騰した湯に焚き火の灰を入れて、ワラビをサッとゆがいた。まあ、採れたてがこれほどウマイとは思わなかった。そのまま「初孫」を飲みだした。これがワラビと相性抜群で、食料袋をゴソゴソさぐって小茄子の漬物なども加えると、もう腰を動かす気

秋になると
淡い黄色で
美しい
葉になる
・山古志村の
おばあちゃん
・ギボウシの若芽を
ウルイという
千軒岳の頂上近くには
ノウゴウイチゴも赤い
実をつけていて、おいしい
7月の北海道は
ノカンゾウがたくさん
咲いている

などなくなる。焚き火は申し分ない状態だし、グズグズダラダラしているうちに日が暮れてくる。明るい空に一番星がまたたく。その夜は寝袋に潜りこんで野宿となってしまった。

　ワラビやウドは山菜の域を超えて、日常の食品になっているが、現地での採れたてはやはりちがう。新潟の山古志村でカゴを背負ったおばあちゃんが、「ここいらは砂地だから、おいしいウドが採れる」と言った。水はけのよい土地のウドは、そのぶん水分を蓄えていて瑞々しい。

　それを実感したのが、北海道渡島半島の西側にそびえる大千軒岳だ。登山は嫌いなのだが「海抜一〇七二メートルの頂上からは、日本海と津軽海峡、それに太平洋が一望できます、これを逃す手はないです」という、編集者の断固たる口調につい乗せられてしまったのだ。ところが、まあこれが大変な山だった。ブナが葉かげをつくり、ミヤマハンノキがしげる登山道のわきに、ま新しいヒグマの糞が大量にあった。下山する年配の登山者が「熊に用心してね」と言い残して下山して、熊よけの鈴の音が遠ざかると、ヨブスマソウの葉が風に揺れるだけでドキリとする。汗をかきかき灌木帯を登り、火山灰地になると登山道の脇の砂地にヤマウドが生えていた。かじると口腔に新鮮な汁がみちあふれて、たちまち喉がうるおっていく。

　千軒岳には二つのピークがある。低いほうの前千軒岳の鞍部に立つと確かに絶景だった。やや南よりに駒ヶ岳、函館山も霞んでいる。その向こうは津軽海峡だ。首をまわせば奥尻島も眺望できる。麓から吹き上げてくる海風を袂に入れて、眼下に広がる海原を我が庭のように見渡し、ウドをバリバリかじった。なかなかに爽快な山の幸だった。

キツネの受難

知床の道路脇には、キタキツネがよく立っている。観光客から餌をもらうのが目的だ。野生動物にむやみに餌を与えるのは考えものだが、ほとんどの観光客がポテトチップスやエビセンを投げ与える。キタキツネの獲物はノネズミが中心で、ほかにノウサギ、大型のコガネムシなど昆虫も食べる。ほかの野生動物にしても、大半は日夜獲物さがしについやしている。それが道端で簡単に餌にありつけるとなると、獲物さがしをやめてしまう。

ところがスナック菓子は、自然界では考えられないほど塩分・糖分の含有量が多い。結果、キタキツネは贅沢病になる。肝臓や腎臓を病み、虫歯にもなる。光沢を放っていた美しい毛なみはボロ雑巾のようになってしまう。

道北のサルフツ川で、このようなことについて直接キタキツネに問題提起をして、意見を問うた。問題提起した場所は多少開けた川岸。流れは黒々とした水をたたえ、カワヤナギの葉が落とす影の下には、大物のイトウが潜んでいるような気配だった。それをねらって釣り師がやってくる。マナーの悪いのがいて、焚き火の後始末はしないし、平気で川岸にゴミや残飯をすててゆく。それを目当てにキタキツネがやってくる。そんな場所で焚き火をした。

この日は市場で仕入れた、薬缶のようなミズダコの頭が肴。清酒「千歳鶴」を銅のコップにたっぷり注いでなめていると、カワヤナギが落とす藪の暗がりに、光るガラス玉がふたつあらわれた。知らぬ半兵衛をきめこむと、前ににじり出てくる。焚き火の明かりに照らされるとキツネの輪郭がはっきりした。そこで問題提起というか、ご託をならべた。

「ここにいるオジさんは、釣り師とはちがうんだ。きゃつらがすてた残飯なんかを当てにするな。お前さんは野生動物なんだから、野生の誇りをもってノネズミをつかまえろ」

こう意見したが、通じない。キツネは眼を光らせたまま彫像のように動かない。キツネ語を知らなかったので、干支《えと》の戌《いぬ》語に変更して「ワン、ワォーン、ワン」と吠えたが、おなじイヌ科なのにこれも通じない。酔っ払いは、だんだんしつっこくなる。ついに大声で吠えながら突進した。するとキツネは垂直に飛び跳ねた。フィールドでノネズミを捕るときの、あのジャンプだ。その瞬間、ふたつの光るガラス玉は暗闇に消えた。

翌朝、喉の渇きと空腹で目を覚ました。酒を飲んだあとの、おなじみの現象だ。枕元に焚き火で焼いたジャガイモを隠しておいた。そいつを頬張って水筒の水で流しこむ算段だった。けれどもジャガイモは消えていた。犯人は昨晩の光る目の奴で、イモ好きでもあったようだ。

幕末の探検家松浦武四郎は北海道の探検日誌に「キツネが犬のごとくそこらを歩いている」と書いている。しかし北海道の歴史とともに、キタキツネの生活も大きく変化した。交通事故にあう個体も多い。ペチャンコになったキタキツネをよく見かけた。

「キツネにも家系とか血筋があって、トロい血筋のキツネは交通事故で一家が全滅します。しっかりした家族はヒョイヒョイ車をよけて、うまいこと生きています」

キタキツネを見守りつづけている北海道の獣医師、竹田津先生の言葉である。

・フン
・健康な野生の個体は毛なみがとても美しい
・真冬でも
雪の上にコロリと
丸くなって寝てしまう
・巣穴に入るのは
お産をするメスだけ
ネズミを見つけると
飛びはねて
つかまえる

異国で見る鳥

アメリカ中南部、ミシシッピィを旅行中にモッキンバードを見た。ポピュラーソングの歌詞にもよくでてくる鳥だ。若いころ目覚ましがわりに、パティ・ペイジの「モッキンバード・ヒル」をよく聴いた。なにしろ、一秒でも惰眠を貪りたい年ごろだ。寮の起床ベルがあまりにもけたたましく鳴るので、鉦叩きとベルの間に消しゴムをはさんで鳴らなくしたりするなど、悪知恵を働かしていた。が、パティ・ペイジのさわやかな歌声を目覚ましに聴いてからは、機嫌よく朝を迎えることができるようになった。

モッキンバードは和名を「マネシツグミ」という。漢字は「真似師鶫」。ほかの鳥の鳴き声を真似るのが上手で、学名はギリシャ語で「たくさんの舌」という意味。

残念ながら鳴き声は聴けなかった。歌のイメージから、愛らしい小鳥だと思っていた。実物はヒヨドリぐらい。体色も地味で、目つきもあまりよろしくない。ま、顔と声は関係がない。ミシシッピィとテネシーの州の鳥でもあり、州境の看板にはモッキンバードの絵が描いてあった。

野外で愛用しているワークブーツの、レッドウイングと同じ名の鳥を見たのも、黄土色の水がうねっているミシシッピィの川岸だった。ふた抱えもあるヤナギの根元に腰をおろして一休みしていると、頭上がなんとも騒がしい。見あげると高い梢に黒い鳥が群れていた。それがレッドウイングド・ブラックバードだった。その名のとおりで全身は暗褐色だが、肩の羽が鮮やかな赤でよく目立った。和名はハゴロモガラス（羽衣鳥）。カラスの仲間だから騒がしいのかと思ったが、

・ミシシッピイのショウボートで飲んだビール 2ドル50セント
・モッキンバード
パテイ・ペイジの大ヒット曲はテネシーワルツです
PATTI PAGE
赤い羽の部分
・ハゴロモガラス
・入船券 2ドル 50セント
№ 023848
SAGE
RESIDENT
・ミシシッピイのショウボート

ムクドリの仲間だった。黒ゴマを撒き散らかしたような大群で空を飛び、農耕地や果樹園に食害をおよぼすという。

狩猟などで数が減り、北米でなかなかお目にかかれないのが野生の七面鳥だ。ケンタッキー州の〈フランク・フォート野生動物保護センター〉には、野生の七面鳥が飼われている。ワイルド・ターキーは若い頃の憧れの酒だ。「エスクワイア」や「タイム誌」の広告を、壁にピンナップしていた。バーボン好きは、「アーリー・タイムスは兵隊の酒」、「IWハーパーは将校」、そして「ワイルド・ターキーは将軍の酒」と格付けしていた。七面鳥の酒は今も愛飲している。一度野生のターキーに挨拶をしておかねば、酒飲みの面子《めんつ》がたたぬ。

町はずれの野生動物保護センターは、こんもりと落葉樹がしげった静かな施設だった。野生のターキィは家禽化したものよりもスリムで、額に角状の突起がある。これが中世の騎士の兜《かぶと》のようで、優雅に歩いてはこちらを不審な顔で見る。なかなか精悍な鳥だった。

このあとでワイルド・ターキーの酒蔵を訪ねた。工場見学で、樽詰めの前の透明な酒を試飲した。この状態の酒はホワイト・ライトニング（白い稲妻）と呼ばれている。まさに口腔内で稲妻のように暴れ、喉から胃袋へ一気に落雷した。このあと内側を焦がしたホワイト・オークの樽に詰め八年間寝かせるのだ。工場の敷地に原料のトウモロコシが落ちていたので、ひろって瓶に入れた。旅の思い出が、とどのつまり酒になる。仕方がない。机上の瓶入りのトウモロコシを見て、こいつが酒に化けるのかと、つくづく感心する。

用を足すいろいろな事情

旅でたいせつなもの。いちに路銀。つぎにトイレだろうか。

北海道の原野で焚き火料理をしていたとき、同行の美形エッセイストのK女史が「ちょっと用を足してきます」とサッと姿を消すや、ものの数分もすると、何事もなかったように焚き火場に帰還した。「中国の田舎で暮らしたので、どんなところでも用が足せる」と涼しい顔。実力のほどを披露してくれた。中国へは行ったことがないが、かなりハードな話がある田舎で体験を積めば、そうとうの猛者になるらしい。

三〇年ほど前、ロサンジェルスのダウンタウンの安食堂で、レストルームがどこか訊くと鍵を手渡された。トイレは店の外の薄暗い路地奥にあった。ドアは半壊状態で鍵がかからない。床一面に古新聞が散乱している。暗がりから飛び出しナイフか拳銃をもった輩が現れそうな、剣呑な気配が充満している。冷や汗をかきながら、ドアを背に無防備な立ち姿で、用をすませるまでの時間の長かったこと。それからは用を足すときはデパートやスーパー、ホテルを利用した。

アメリカ・オレゴン州の開拓民の博物館に展示されていたトイレは、ちょっと試したくなるような風情をしていた。幅広の椅子を板囲いにして、屋根をつけただけという外観だ。ドアの上部には月の形の明かり取りがある。男性用は満月で、女性用は三日月。中での所作はそこから入るかすかな月の光で充分。外からは中が真っ暗で、なにも見えないという具合だ。

ちょっとばかり特殊な体験をしたのが、福島と新潟にまたがる田子倉湖だ。カヌーで源流部か

らの流れこみの大熊沢を目指したが、渇水期のため水路が浅くなり行き止まりになってしまった。渓の狭い源流部なので、クルー三人が横になれる平地を探さなくてはならない。あれこれ探しながら漕いでいると、うまい具合に太い流木がからみ合い、そこに土砂が堆積したテラス状の張り出しがあった。通常なら水没しているのだが、渇水期なので現れて、ほどよく乾燥していた。広さも三人が寝袋をひろげて、さらに焚き火をするにも充分だった。多少、泥っぽい匂いがするものの、焚き火をおこすとそこを中心に乾燥がすすみ気にならなくなった。快適な野宿場になったが、用足しの件でちょっと困った。

思いついたのが並んで用を足すという、奇策だった。クルーのひとりは、このアイディアを頑に拒否して、カヌーを漕いで何処かへ用を足しに消えた。残った僕と釣り師はものぐさが自慢で、連れションならぬ連れ大になんの抵抗もなく挑戦した。で、しゃがむとお互いに胸まで隠れる窪地で、ふたりとも首だけちょこんと地面から生えているような塩梅だ。三メートル見当間隔で並ぶと、お互いに前方に目をすえる。風は前方から後方に微風が吹いているので、臭いの心配もない。世間話などを交わし、「どうかね、出は?」などとお互いに進行状況を報告しつつ、無事に朝のつとめをすませたのだった。

人里離れた山奥の湖の、源流部にへばりついた小さなテラスでの体験は、囲いがないということが、カクも自由で開放的なものであるかということを知らしめてくれた。その日の朝は、枝にたわわに実っていたミズナラのドングリが風が吹くたびに笠から離れ落ちて、寝袋にあたってポコポコと軽い音を奏でてくれ、それが目覚ましで心地よく起きた日でもあった。

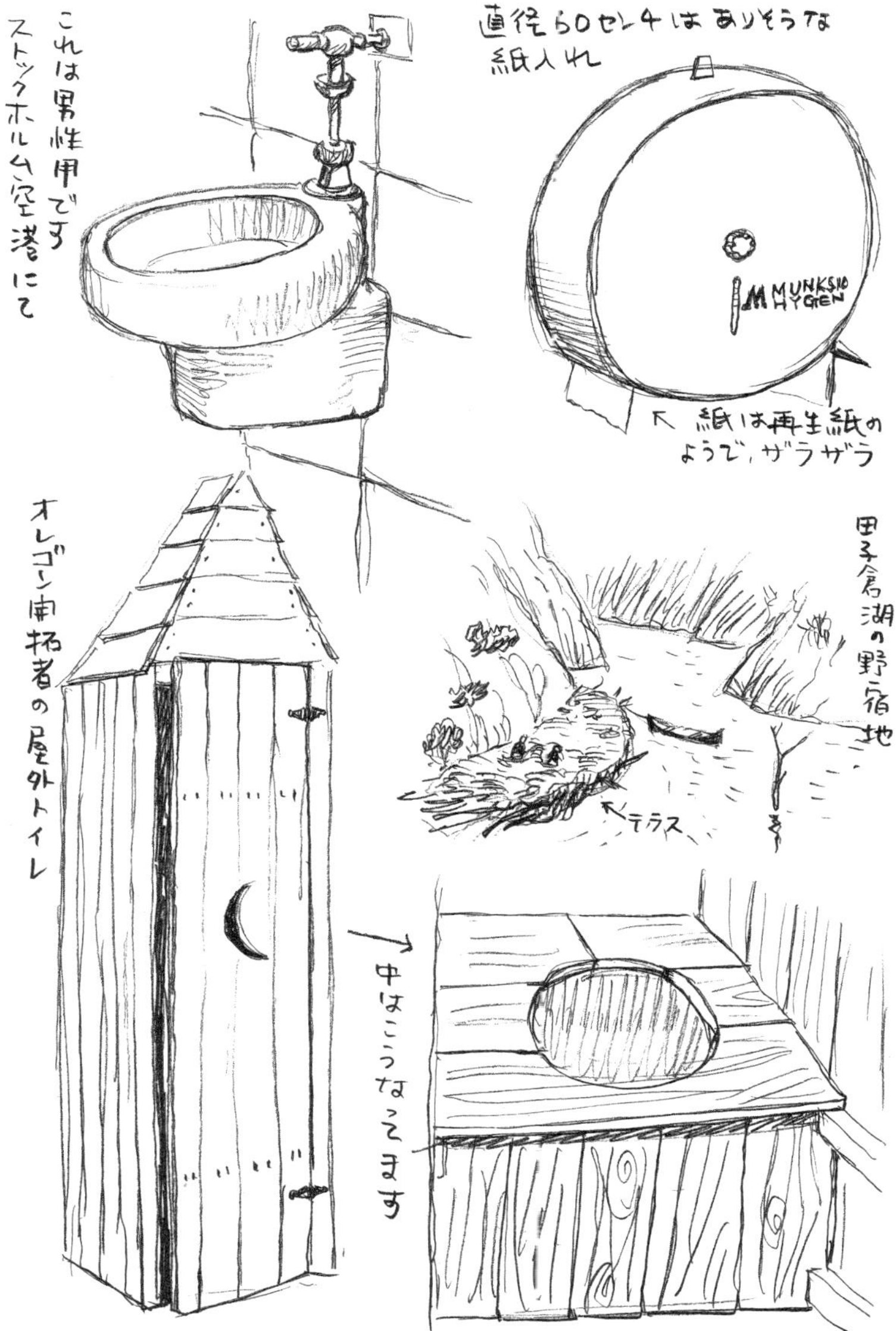
これは男性用です
ストックホルム空港にて
直径60センチはありそうな
紙入れ
MUNKSJÖ
HYGIEN
紙は再生紙の
ようで、ザラザラ
オレゴン開拓者の屋外トイレ
田子倉湖の野宿地
テラス
中はこうなってます

不思議な場所で再会

一九三二年に生まれて、三十歳という短命で亡くなった、パッツィ・クラインというカントリーの女性歌手がいる。彼女はエベレストとデッカというレーベルを中心に、六〇年代に二一枚のLPをだしている。僕は彼女の歌が好きで、今でもよくレコードを聞く。

一〇年ちょっと前にナッシュヴィルへ行ったとき、彼女と一緒に記念写真を撮った。無論、生身の彼女ではなく、それは彼女の功績を讃えた記念館の殿堂入りのプレートだった。

それから数年後の夏。セントルイスからミシシッピィ河をめぐりニュー・オルリンズまでの旅の途中、ナッシュヴィルまで足を伸ばした。ライヴ・ハウスでカントリー・ソングの生演奏に耳をかたむけ「エヴァン・ウイリアムス」なぞをオン・ザ・ロックスで飲み、街を歩いていると〈ハッチーズ・ショウ・プリント〉という看板が目に入った。

その店ではいまだに木製の活字を組み、手刷りでカントリー&ウエスタン全盛期の五〇年代以降のコンサートのポスター印刷をしている。翌日出かけて、さっそくパッツィ・クラインのポスターを買った。それはカントリー・ミュージック界で、女性で初めて殿堂入りしたという七三年の記念のポスターだった。

道中ではスーパーによく寄った。専門店よりCDが七ドルと安い。珍しいカップリングのCDがあった。パッツィの契約レコード会社がデッカで、男性のホークショウ・ホーキンズとカウボーイ・コーパスがキングとちがっていたからだ。フリーウエイを走りながら六〇年代のカントリー

・メッセージボックスに、このような一文をしたためて入れました。「誰？これ」って言われそうですな。

を聴く。車のスピードとカントリー・ミュージックの相性は抜群。じつに気分がいい。パッツィの美声を耳にフリーウエイを走る旅が続いた。

ナッシュヴィルとメンフィスの間は「ミュージック・ハイウエイ」とも呼ばれている。テネシー川を越えた休憩所にも、壁にパッツィのパネルが飾ってある。どうやら近くの町に、彼女のメモリアルの施設があるようだ。おそらくパッツィの生家か何か、関連したモノがあるのだろう。時間にそれほど余裕のある旅ではなかったが途中下車した。うまい具合にフリーウエイからおりた「カムデン」という小さな町にはランドリーがあった。洗濯物を放りこんで、案内所で聞いたメモリアルを探した。何度か迷ったが、どうにも要領を得ない。車を降りて付近をうろついた。しばらくして、同行のH氏が血相を変えて来た。彼が指さした看板の英文のエアプレインとクラッシュという単語が目に入った。なんとそこはパッツィが亡くなった、飛行機の墜落現場だった。

パッツィと男性ふたりは嵐の中、公演のため飛行機でカンザスへ向かっていた。アメリカは広いので演奏ツアーには歌手は専用のバスを仕立てて移動する。しかし売れっ子になったパッツィには時間がないので、天候がわるくても飛行機を使わざるを得なかったのだ。

メモリアル・プレートと一緒に、東屋《あずまや》風の建物があり、パッツィの新聞記事や写真が飾ってあった。ファンが手向けた花束が置かれていた。そこには陰鬱なものはなく、爽やかな風が吹きわたっていた。彼女へのメッセージボックスがあった。名刺につたない英語で「天国で会いましょう」と書いて入れた。ところがスペルを間違えてMEET（逢う）をMEAT（肉）と書いてしまった。だからメッセージが「天国で肉になる」となってしまった。

市場の怪人

久し振りに秋田市民市場へ行ったが、古色蒼然とした建物はすっかり改装されていた。〈やまだ〉でコーヒー付き六五〇円の焼き魚定食を食べたあとで聞くと、市場が改装されて三年目になるという。夕刻近かったので鮮魚店のほとんどは店仕舞をしている。

翌朝、朝食をとらずに市場見物に出た。たとえ市場が装いを変えたとしても、近くに昔ながらの食堂が残っているはずだ、という目論みである。朝寒の市場周囲には野菜を並べた露店が出ていた。家並みにまだ明かりはなく、それでも市場独特の静かな活気に包まれている。電球の灯る市場にもどって〈益子商店〉のおカアさんに聞いて〈まるみつ食堂〉を教えてもらった。

食堂は路地の一角にある民家だった。これでは一見ではわからない。ガラス戸を開けると、まだ支度中で三十分ほどかかるという。時間つぶしに食堂前の辻に出ていた露店をひやかした。そのなかに畳一枚より小さな売り台で、山で採れたばかりらしい山菜を売っていた人物がいた。おそらくヤマゴボウだろう、それを太さごとに、きちんと並べてある。ずんぐりした人差し指ほどの太さ、鉛筆ほどの太さ、ひねこびた細い根っこ状のもの。売り物はそれだけだが、黒土にまみれた野草の根は薄明の大気に息づき、素朴で力強い美しさを放っていた。

「これはアザミの根なの?」という、当方の問いに、主は虚を衝かれたという反応をした。ポケットのたくさんあるフィールドコート姿の僕に、市場の買い物客とはちがう匂いを嗅いだらしい。

「何でそんな名前のこと知ってんの」と、妙に秘密めいた小声で問いかえす。

昨今の山菜ブームもあって、アザミの根の採れる場所の情報を他に聞かれたくないと釘を刺してから、「これだけ同じ太さのモノを揃えるのは大変だ」と、こんどは口調が自慢気になった。「太平山の南斜面あたりで採れそうですね」と、したり顔でカマをかけてみると、誰かに聞かれやしまいかと、周りに怪しい目線を配る。けれども怪人のこの態度物腰には、僕とのやり取りを楽しんでいることが、ありありとしていた。

そうこうしていると〈まるみつ食堂〉で、準備ができた。小棚から好みの惣菜を選び、炊き立ての飯、熱々のみそ汁で朝餉をすませた。とてもおいしかったのだけれど、先ほどの怪人が気になってしかたがない。ヤマゴボウの店にもどると、連れの女性がいた。挨拶がわりに「奥さんも朝早くから大変だね」というと、「ちがう、愛人だ」と、怪人はヌケヌケとのたまう。それからバンの荷台をゴソゴソと探って、新聞紙につつんだ野草をお土産にくれた。まだ土のついた野草が独特の臭気を放っている。葉はセリのようで、アザミとは全然ちがう。怪人はドヤ顔で「トウキ」という名だけ教えてくれて、あとは自分で調べろと宿題にされてしまった。

ものの本に「トウキはセリ科シシウド属の多年草。漢方では温性浄血・鎮痛・強壮に効能がある。根を湯通しして乾燥したものを当帰という」とあった。薬草として栽培されているが、野生のモノは本州の山地の岩場や崖、岩礫地などの危険な場所に自生しているので、採取するのが難しいし手間がかかる。「手造り民芸品・山菜」。これが怪人からもらった名刺の肩書きだ。抜け目なさそうだが、どこかに呑気さを漂わせた好人物だ。秋田の山を知り尽くした怪人は、市場を支える豊富な魚菜類とそれを供給する働き手の層の厚さを、僕に再認識させてくれた。

・皮のかたいイクラは、ピンポン玉というそうだ

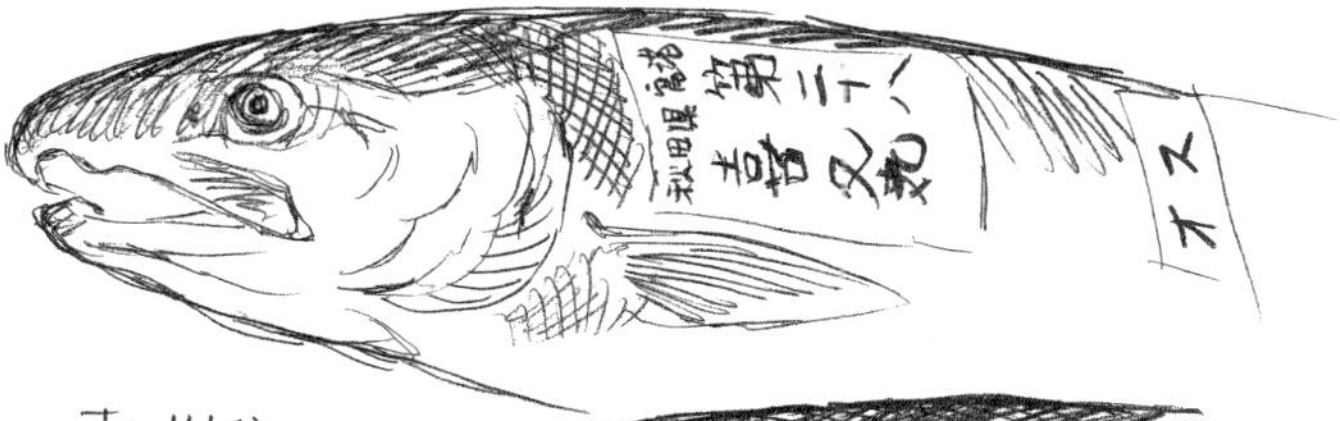

川反《かわばた》の酒処
お多福のマスコット

セリ科独特の葉をしている

これが→
トウキ、薬草の匂いが
プンプンする

古書からの誘い

「……そのうち上り湯では、誰かがさびたいい聲で追分やジョンガラ節を唄ひだす。みんな感心して聞きとれる。一人が終るとまた一人が後をついで唄ひ出す。すると女湯の方でも負けずに唄がはじまる。浴場の外には山の濃い霧が流れ、宿屋の室の燈が所々にうるんだように瞬いて見える。」弘前生まれの石坂洋次郎は『東北温泉風土記』に、幼児の頃の温泉の記憶をこう書いている。風呂嫌い、温泉嫌いを自認しているが、こういう一文を読むと、ふむ、温泉もわるくはないと旅情をそそられる。文豪の風土記は古書店で手に入れたものだが、何より勝平得之《かつひらとくし》のペン画が素晴らしいのが購入動機だった。

いずれにせよ石坂洋次郎の温泉の件は記憶の底に埋没していたが「日本の名湯」シリーズの原稿依頼がきて思い出した。湯船に入ったことはないが、これでもけっこう各地の温泉へは行っている。かねてから温泉好きの釣り師に聞かされていたので、まよわず八甲田の酸ヶ湯を選んだ。その佇いと風情を想像すると、昭和十五年発行の『東北温泉風土記』に掲載されていた挿絵と、釣り師の話が妙に重なり合ってしようがなかった。

他にも重い腰をあげる理由があった。青森か陸奥湊の市場でピカピカの鮮魚を手に入れ、湯治場に巣くって、怪しげな肴で飲もうという目論みだった。

酸ヶ湯は「初は鹿の湯と稱し、貞享元年（一六八四）發見であるといふ」と、前出の風土記に紹介されている。八甲田山からつらなる嶺々の東裾海抜一〇九〇メートルの温泉は、とても大きな

東北温泉風土記
石坂洋次郎編
勝平得之画
酸ヶ湯の前には
辰五郎清水がある。
八甲田山 標高1200m
地点からの 自然湧水
です
「鹿の湯」の
うたせ湯で
湯瀧は
原泉100%
湯瀧
マッチも
名物
です
八甲田山
トレッキングの
客は朝早く
宿を出る

建物で正面に一枚板の大看板を掲げている。湯治部は廊下をはさんで小部屋が並び、五三三号の六畳間が我が部屋であった。宿の女衆は気働きがよく、湯治場の炊事場もトイレも、どこもかしこもピカピカに磨きあげられている。

陸奥湊の市場で仕入れたのはスルメイカ、鮭の風干し切り身、大根、シュリ貝(おそらくエゾヒバリガイ)。まずスルメイカをぶつ切りにして塩をひと振りし、引き抜いておいた肝でまぶして即席の塩辛にする。大根の皮の醬油漬け、鮭は網焼き。赤ワイン、「菊駒純米・入魂一滴」。湯治場の売店で購入したハタハタのいずし。これを部屋の小卓に並べると、相好がだらしなく崩れ、学生時代の六畳のアパートにタイム・スリップしたようだった。

にんにくをオリーブ・オイルで炒めて、シュリ貝を殼ごと入れる。火力をあげて酒を注ぐ。酒蒸しというわけだが、驚いたことにこれでも口を開けない。それで鍋ごと部屋に持ちこんで殼をこじ開けた。オレンジ色の身も味もムール貝そっくりだが、端にちょんまげのような黒い剛毛がひと束生えていて、これがなかなか不気味だった。市場のオバさんは、シュリ貝はいいダシが取れると言っていた。ともあれ、愛用の銅のカップで清酒をグビリとやると天国であった。

酸ヶ湯は開業昭和八年。風土記にも酸ヶ湯の挿絵が載っていて、それに描いてあるままの世界だった。ここでは仕事だから湯に入った。その証拠を申し上げると、挿絵では四本だった打たせ湯が七本になっていた。「湯は酸性が強いので胃弱の人は二杯以上は飲まないように」、との注意書きもあった。「熱の湯」の正面に、八甲田の山の神様が祀ってあった。ゆっくりじっくり肩までは浸からずに三十秒ででた。烏の行水より速い超特急だった。

地震と鯰とフライのナマズ

地震・雷・火事・親父。恐いモノの代表だが、いまや親父の地位は地に落ちた。なんといってもトップは地震。それで思い出すのが鹿島神宮の要石《かなめいし》だ。大鳥居から宮内にはいり、参道の奥に板囲いの鳥居がある。そのなかに御幣で祀ってある要石が、地面にちょこんと露頭している。高さ一五センチ、直径四〇センチほどだが、埋まっている部分は地下に数百尺もあり、地震を起こす巨大なナマズの頭をおさえこんでいるという。

ナマズの外見が醜いというが、そんなことはない。愛用の文鎮も鋳物のナマズだ。かの高村光雲作の、魚体をひねらせた木彫のナマズは、気品さえただよっている。下品な魚としてあまり食されなかったというが、それは口のおごった輩《やから》の科白で、庶民にそんなことはあてはまらない。まず「鯰《なまず》鍋」だ。ナマズを三枚におろしてから、ざっと熱湯をかけて皮のヌメリをとる。適当に切ったものを割醤油《わりした》で煮ながら食べる。「スッポン煮」は、骨ごとブツ切りにしてゴマ油で炒め、酒、味醂、醤油で煮込んだもの。本家のスッポンと、いい勝負の味だ。昨今はあまり手のこんだ料理にお目にかからないが、蒲焼とてんぷらを食べたことがある。両方とも身が淡泊で、なかなかうまいけれど、味つけが甘すぎて閉口した。

アメリカの料理を褒める人にはまずお目にかかったことがないが、南部のナマズ料理ならかの地に限る。ミシシッピィ河沿いの小さな町の食堂には必ずといっていいほど、本日のお薦めの品にナマズのフライ、と書いてある。どの店で食べてもハズレはなく、とてもうまい。頭と内臓をとった丸揚げが主流で、自家製のタルタルソースをつけるのだが、塩だけでも衣はサクサク、身はホクホクして、ともかくイケル。

旅の途中、ひょんな行きがかりでヒュー・ウォーレンさんを知って、ナマズ料理の真髄を知ることになった。ヒュー氏の事務所はミシシッピィ州インディアノアにあり、「キャット・フィッシュ・ファーマー・ウォーレン」という養魚組合の副会長さん。名刺にもナマズ、車のナンバー・プレートにもナマズ、事務所にもナマズのぬいぐるみ、ナマズのデコイ、ナマズのポスター。ともかくナマズ、ナマズ、ナマズのオン・パレードだ。そのウォーレン氏が案内してくれた街のレストラン〈ザ・クラウン〉の料理「キャット・フィッシュ・アリソン」は、白ワインで蒸し煮したナマズをグラタン皿に入れ、パン粉とパルミジャーノ・チーズをかけ、さらにバター、秘伝のグリーン・オニオン・ソースをかけてからオーブンでじっくり焼きあげたもの。焦げたソースがナマズにからんで香ばしく、柔らかい身の舌触りも忘れられない。また、細長く切ったフィレをソテーして、醤油ベースのソースをからめた一品には、思わず山椒を振りかけたくなった。

ナマズはすべて養殖場で管理されている。餌は大豆、小麦、トウモロコシのミックスに、ビタミンとミネラルを加えたもので、生臭さを消した肉質を考慮してつくられたものだ。

街ではナマズ祭も行われている。各自が張り子のナマズにさまざまなペイントをして、コンテストに参加するそうだ。ナマズ好きで並々ならぬ情熱を注ぐアメリカ人など予想だにしなかったので、驚き、喜び、感謝したナマズ三昧の体験であった。ヒュー氏に約束した琵琶湖の大ナマズを描いて送ったら、お返しに金色のナマズのピンバッチを送ってくれた。

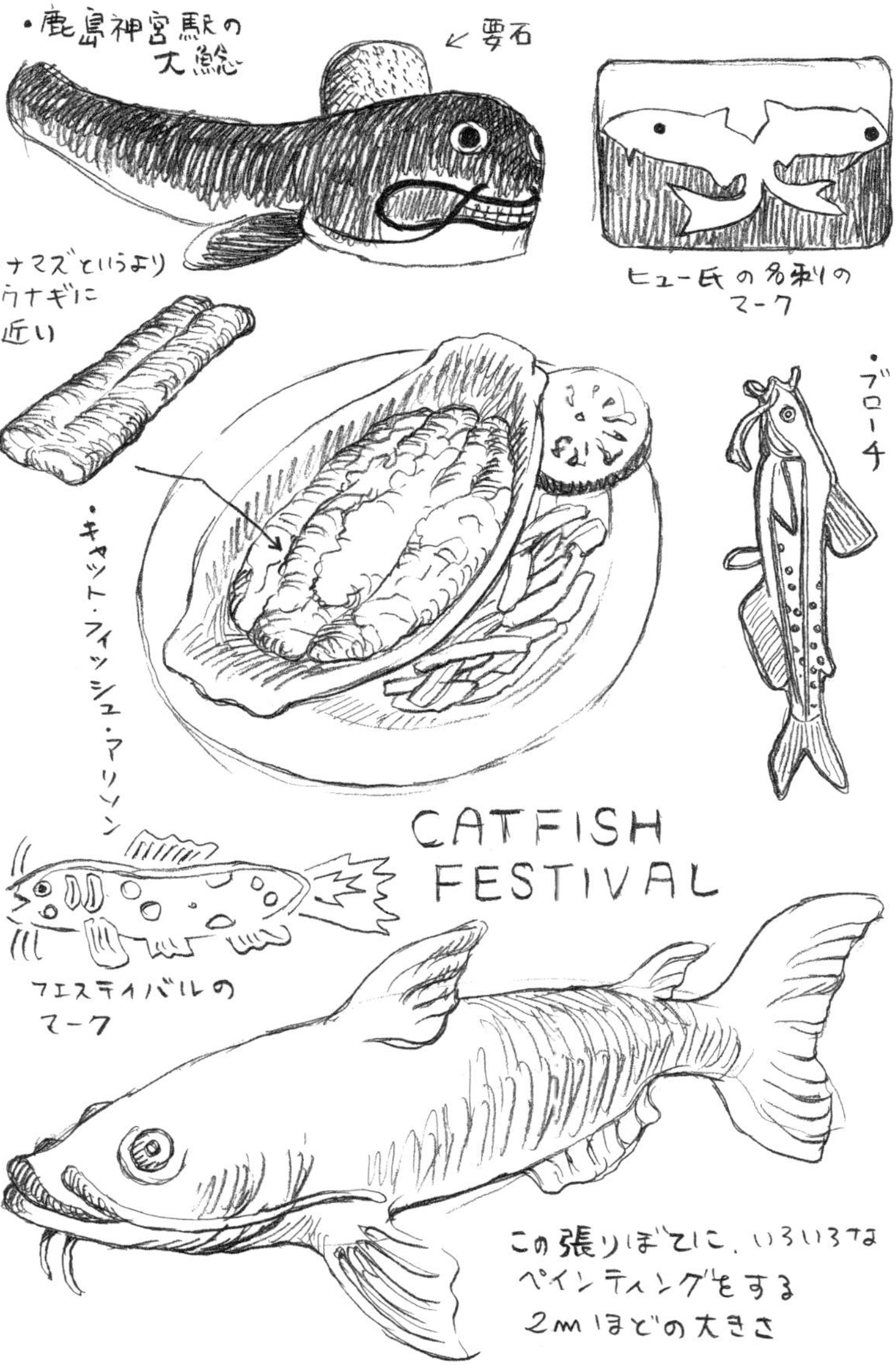
・鹿島神宮駅の大鯰
要石
ヒュー氏の名刺のマーク
・ナマズというよりウナギに近い
・ブローチ
・キャット・フィッシュ・アリソン
CATFISH FESTIVAL
フェスティバルのマーク
この張りぼてに、いろいろなペインティングをする
2mほどの大きさ

すわ、珍鳥の発見か

旅先には必ず双眼鏡を携帯するが、鳥を見るのはごく稀で、スケッチによく使う。

僕は四十歳代後半で仮性近視になったので、医者が老眼にならないといったが、その所見は見事に外れた。遠くも近くもピンボケで、一か所にしか焦点が合わない、ボンクラで頑固な眼玉になってしまった。だから遠くて細部がわからない建築物や、樹木の細部などを描くときに双眼鏡を使う。また、逆に使って顕微鏡代わりにすることもある。口径の小さいほうを花に近づけて、大きいほうのレンズからのぞく。すると不思議なことに顕微鏡、いや、特殊な小型カメラのように対象物に肉薄できるのだ。

そうはいっても、にわかに鳥を見物することがある。冬の網走海岸。鉛色の荒波がうねり、オホーツクのしぶき立つ海上をカモメの一群が飛んでいた。そのなかに妙に頭の大きな奴が混じっていた。はてな？　と、双眼鏡で見ると、何とシロフクロウだった。

シロフクロウは止まっている姿を、それも写真でしか見たことがなかった。寸胴《ずんどう》で頭でっかちのシロフクロウが、まさにオオセグロカモメのごとく、重ったるい雲の浮く空を、切り裂くように飛んでいく。長い翼を優雅に羽ばたかせて飛ぶさまは、ゆったりとしてたわやかであった。

逆に、頭が妙に小さくて怪訝《けげん》な鳥がいた。ピレネー山脈の峠で、懸崖の谷底を群れが大きく旋回していた。裸眼で見た限りでは大型の猛禽類のようだが、頭が小さくてバランスが狂っている。サギのように首をすぼめて帆翔しているのだろうか。

上がオオセグロカモメ
・シロフクロウ
大きさもオオセグロカモメと
ほぼ同じ
・シロエリハゲワシ
どう見ても頭が
小さい
黒いのが
オシベの
ようだ
・小さなホトケノザの花も
双眼鏡を逆さまに使うと……
・キセキレイ
本来なら尾は
点線の長さまで
ある

眼下の鳥は上昇気流にのり、円をえがきながらこちらに迫ってきた。そして、またたくまに目の前を通過した。正体は意外な鳥だった。猛禽にはちがいないが、何とハゲワシだったのだ。

ピレネー山脈はスペインと国境を共にしている。峡谷のはざまにある牧場で山羊や羊が死ぬと、ハゲワシが嗅ぎつけてやってくる。翼のつけ根は太く逞《たくま》しいが、自然界の掃除屋は頭の羽が汚れないように皮膚が露出した見事な禿頭である。痩身の坊主のような頭の鉢は、情けないほど全体とバランスがあわない。イヌワシのような貫禄がない。それでも上昇気流にのって千尋の谷からわき上がってくる様は、まことに迫力があった。猛禽類のサシバは本州で子育てをして秋になると越冬のために九州、沖縄を経てフィリピンやインドネシアまで渡りをする。トカラ列島の宝島にも渡りの途中で休憩する。亜熱帯の森の木で休んでいるサシバを双眼鏡で見ると、長旅で羽がボロボロ。思わず「お疲れさん」と、ひと声かけたくなる。おなじく、短い尾を盛んに上下する野鳥には目を疑った。見たことがない鳥だ。これが東京近郊なら冷静に反応するのだが、亜熱帯の孤島だからいささか事情がちがう。熱帯からの迷鳥か、はたまた新種か。双眼鏡をのぞくと、興奮のドギマギがすぐにおさまった。混乱の原因は短い尾で、正体は尻尾の千切れたキセキレイだった。長い尾があるつもりで、その特徴の尾振りをいつも通りしていただけなのである。

小道を歩いているときに、脇をかすめた鳥がいた。道脇のくぼみのなかのむき出した木の根にとまったので見ると、まん丸目玉のアオバズクが、こっちを見ていた。しばらく双眼鏡とにらめっこ。見るは法楽で、ボンクラで頑固な眼玉も双眼鏡があるおかげで、旅の楽しさがいっそう増すのである。

佇いに、たたずむ

相も変わらずのラーメン・ブームで、和歌山のラーメンも有名になって、かの地のホテルにはラーメンマップがある。しかし、ぶらぶら歩きをしていてノレンに太文字で、「食堂・めし・うどん・中華そば」なんていうのを発見すれば、ついふらふらと入ってしまう。専門店ではないがラーメンが目当てだ。ぼくの場合、ひとつだけ条件がある。スープに化学調味料を使っていないかどうかである。淡泊ながらコクのあるスープ、細麺の縮れ麺をズルズルとすすりスープを全部飲む。このあと舌が痺れると失格。過分に使っているところは途中で痺れてくる。店を出てから、後追いで痺れてくる場合でも、その店には二度と足を向けない。

このような行動は、ほとんど昼で、夕刻はやはり居酒屋ということになる。この「居酒屋」と聞いてエミール・ゾラを思い浮かべるのは、かつての文学青年であろう。当方のは、小学生の頃ラジオで聴いた三遊亭金馬の落語、「居酒屋」である。

「我々がよく入りますのは居酒屋というんですが、このごろ少なくなりまして。なくなったのかと思ったら、バーと名前がえをしました。大したちがいではございません。縄のノレンも古いからってんで、取っ払っちゃってガラス戸にしました。いつまで醤油樽でもないってんで、学校の払い下げの椅子かなんか並べちまって、羽目板が汚くなったってんで、ペンキか防腐剤でひとはけ塗ると、どんな居酒屋も一躍バーへと早変わりします。居酒屋もひとはけ塗ればバーとなり」

勉学よりも、こういうのが頭にしみこんでしまっている。最近、小金井公園に保存されている

建物で、金馬の語る居酒屋というのはこういう店ではないか、というのに出くわした。多少のちがいはやむを得ぬが、ノレンは木綿に藍染め、屋号の〈鍵屋〉は抜き文字。四つに並んだ醬油樽の椅子、これには感激をした。いやはや、じつにいい風情だった。

新しくて洒落た構えもいいけれど、旅先のぶらぶら歩きで、食堂や、いわずもがなの居酒屋の佇いに巡り合うと、思わず歩を止めてスケッチをしてしまう。ほとんどの場合、こういう店に入って一杯やると、酒は無論のこと肴にも外れはない。

こうして選んだ店は、安普請だろうが高級だろうが、店頭の看板はもちろん店内の品書きにまで、それなりの風格が身についているものだ。居酒屋のトイレの壁に「酔へれどもひとり静かに手をそえて、朝顔のそとに濡らすな竿先の露」「もう一歩前へ」などと、こういった訓が貼ってあることがある。そのなかでも「気を静めて真ん中へ、吉野の花も散ればわびし」このようなお洒落な気配りが感じられる標語があったのが和歌山駅近くの酒場だ。正しい屋号は〈市駅世界一統酒場〉で、夜の帳に点るこんな屋号の看板を見て、たちまち灯に群がる蛾になってしまった。そして、それが大当たりだった。接客は歳ふりし妙齢の御婦人。入店とともに供される清潔な手拭きの蒸しタオル。トイレから帰るとまた新しいのをだしてくれる。肴のすべてが絶品。厚焼き卵、透明なダシで煮込んだスジと聖護院大根の関東だき。大隈重信が命名した酒「世界一統」の盃を傾ける。もはや、いうことはない。

老舗の和菓子屋にもいい佇いがあるが、左利きだからつい素通りをする。もう少し心を広く持ちたいと思う今日この頃である。

酒
鍵屋
市駅 酒場
焼酎 お湯割りロック
いも そば
むぎ ごま
市駅酒場のオカアさん
食堂
めし
ここの中華そばは
ピカイチ
丼物一式
食堂
麺類一式
朝定食ウマシ!

青森の朝昼食・晩飲食

またまた青森の市場である。

前回訪ねたときは、駅前の闇市然とした「青森駅前市場」が改装されて、仮設の「駅前市場団地」になっていた。市場はさらに変遷していて、四年前に、近くのビルの地下に丸ごと移動して「新鮮市場」となっていた。市場の魅力はなんといっても鮮魚だが、見逃せないのが食堂だ。一四年前の闇市モードの頃は、何といっても〈沢屋〉だった。

猫の額ほどの店で、入口脇の炉に串刺しの魚が並んでいた。注文は、筋子、カラフト鱒の塩焼き、蕗の煮つけ、シジミの味噌汁にご飯。このご飯を残して、筋子を乗せてヤカンでちんちんに沸いた湯をかけて食べた。こういったタイプの店は市場の年季を測る指標だが、残念なことに改装になれば必ずといっていいほど姿を消してしまう。

「新鮮市場」では場内に、小綺麗な寿司屋ができていたが、あまり食指が動かない。近くに「青森魚菜センター」があったのを思い出した。こちらは奇跡的に、むかしの姿で残っていた。しかも場内に食堂があった。青森に来るたびにここへも顔を出していたのだが、ノレンもなく〈村上商店〉という、鮮魚店と同じ看板があるだけだったので、気がつかずに見逃していた。

翌朝の八時半、朝食に出かけた。おカアさんが卵焼きを焼いていた。砂糖が入っていないのを確認して注文。トロロ芋の千切り、ほうれん草のおひたし、ワカメと油揚げの味噌汁。まさに破顔する品揃えだ。しかも一〇〇〇円でたっぷりとお釣りがくるのだから、随喜の涙であった。

おにぎり・惣菜
村上商店
焼きたての卵焼は
中がグジュッとして
最高!!
平成の棚にあった
タコの刺し身
おでん屋は
「横山」さん。七輪のトロ火がうまさの
秘密かも
しれない
久慈の
飯鮓
このハタハタは頭まで
カリカリ，見事な塩焼き

日中は市内をほっつき歩き、また魚菜センターへ戻った。入口前の食堂〈平成〉で腹ごしらえだ。カウンターの棚に惣菜が十五品並んでいる。ホタテの肝に食指を動かされながらも、銀ダラ、大根のにしん漬け、タラのじゃっぱ汁に、ご飯。大根のにしん漬けを、お代わりしてしまった。〈平成〉の隣に、おバアチャンのおでん屋があった。「青森のコンニャクは、やっこくてウマイんだ」の声に、つい買い食いをした。炭火でトロトロ煮てしっかりとダシを取っているという。お薦めのコンニャクは味がしみて、まことに結構。ひと串四〇円でありました。

夜は酒。勘をたよりに広範囲に徘徊する。目移りしながらも、市内のやや外れの〈久康〉に決定した。これが大当たり。看板の「おふくろの味　呑みどころ」から庶民的かなと想像したが、モダンな割烹スタイル。女将も和服姿の青森美人。

焼酎をオン・ザ・ロックス。姫竹をそえた紅鮭の飯鮓をつまむ。練れた紅鮭は無論、漬けこんだ飯と麹が滑らかで、これだけで酒がすすむ。出される器も女将が自分で焼いたのだという。そんなこだわりを優しい青森弁で説明してくれる女将は、一見にもかかわらず、常連のようにもてなしてくれた。焼き魚を頼むと、塩焼きのハタハタと、軽く醤油に漬けた二種類を、これまた見事な角皿に盛りつけてくれるのだった。

〈久康〉のトイレはなかなか洒落が効いていた。男女共用なのだが、正面に緑のカエルの顔印があって、そのちょっと下にピンクのハートの印がある。目的はいわずもがなだ。このあと、ころあいを見てスケッチブックを手にトイレに入った。つらつら考えると、用も足さずにスケッチとは、なんだか変な趣味に取り憑かれてしまったのではないかと、我が身が心配になった。

ちんぷんかんぷん

これは秋田出身の友人から聞いた話だ。彼の友人Bが、秋田に行くことになった。Bは秋田の言葉は一筋縄ではいかないと聞かされていたが、海外旅行の豊富な体験から、どこの国でもふたつの言葉をコミュニケーションの糸口にしていた。「はい」と「いいえ」である。出発の夕刻、Bは、秋田行きの夜行列車で東北へ帰るという軍団と一緒になった。向かいに座った御仁が、発車して間もなくBに聞いた。「あんだ、あきた（秋田）のしゅ（衆）けぇ」。

Bは思わず「んだ」、つまりイエスと言った。Bは岐阜の出身で「秋田の衆」ではない。だから「んでねス」、ノウと言うべきだった。だが、発音のアクセントが強力でほとんどわからず、とりあえず肯定したのだ。たったひとりの異分子が同郷だとわかると、軍団は安堵して車内で酒盛りをはじめた。Bは翌朝まで秋田弁漬けになった。

ぼくは北海道の出だ。青森や秋田は距離的に近い。北海道には訛りがないというが、全国各地の寄せ集めが道産子だから、随分なまっている人もいて慣れている。秋田や青森の言葉なんぞ恐るるに足らずと、たかをくくっていた。しかし、実際にはBに近い体験を何度かした。

博多には中洲と並行に「川端とうりゃんせ」という商店街がある。アーケードには「博多弁番付」という幕が垂れ下がっている。「しぇからしか（わずらわしい）」「たっぱいのよか（体格のよい）」「きたわれる（鍛える）」「ちゃっちゃくちゃら（目茶苦茶）」「ねずむ（つねる）」「ぐらぐらこいた（頭にきた）」「しきらん（できない）」……などである。メモしておいた一文を、タクシーの運転手に訊いてみた。

「いろいろな焼酎と酒があっど、飲んけきゃんせ。焼酎三五〇円から、酒四五〇円。おじゃたもんせ」。これを訊くと、「それは鹿児島の言葉ですたい」と訂正してくれた。

米子の山陰歴史館に、「米子、大洲二地共通方言」の表示がある。鳥取県と愛媛県に共通の方言があるというのだ。おせ（大人）、おおどな（生意気な）、がいな（大きな、多い）、だんだん（ありがとう）、ばんばらけ（乱れていること）、ほんこ（本気）、ほんそご（かわいい、大切な）、よいたんぼ（酔っ払い）。米子は歴史ある街だ。旧い銀行を改装した喫茶店の若いウエイトレスが、『ありがとう』を『だんだん』というのは年配の人で、意味はわかるけれど若者は使わない、と教えてくれた。

関ヶ原の戦いののち、米子は中村一忠の領地になったが一忠が急死し、岐阜の黒野城主の加藤貞泰が領主になった。七年後の元和三年（一六一七）加藤貞泰の任地が大洲に替わって、家臣、商人、職人など一万八〇〇〇人が移住した。それで米子と大洲に共通の言葉が根づいたのだ。

大洲では鵜飼いが行われている。大洲で鵜飼いとは意外だった。大洲の鵜飼いも、加藤氏と関係があるのではないか。そんな疑問も浮かんだ。

珍しく都心に大雪がふったとき、小学生の娘に「寒いから手袋はいて行きなさい」と言うと、「手は足とはちがう」と言って笑われた。家人もおなじことを言う。では、なんと言うのが正しいのか。「する」、「つける」、「はめる」、どれもピンとこない。わが故郷の表現が、断固正しい。

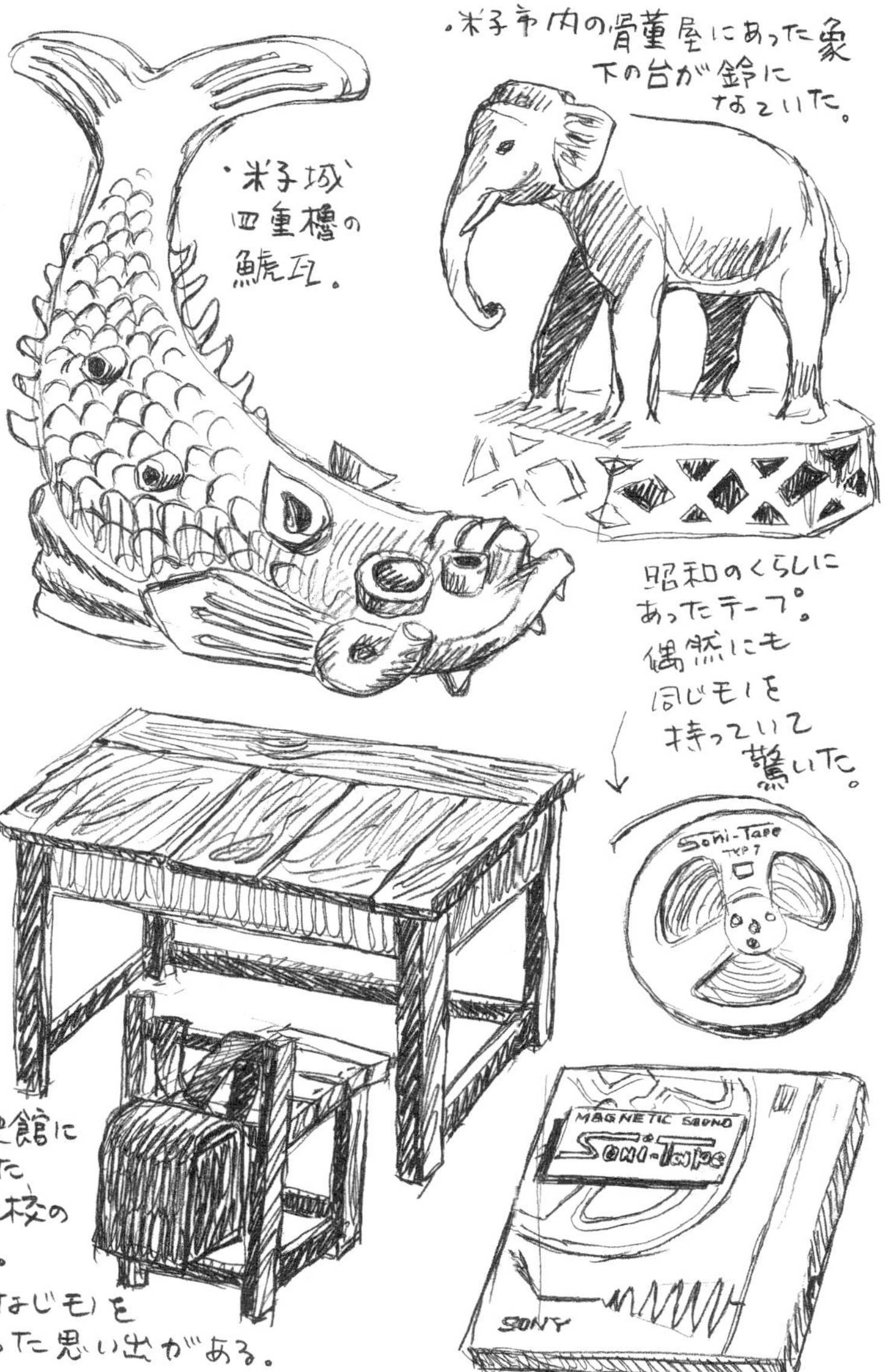
・米子市内の骨董屋にあった象
下の台が鈴に
なっていた。
・米子城
四重櫓の
鯱瓦。
昭和のくらしに
あったテープ。
偶然にも
同じモノを
持っていて
驚いた。
Soni-Tape
MAGNETIC SOUND
Soni-Tape
SONY
・歴史館に
あった
小学校の
机。
おなじモノを
使った思い出がある。

地元自慢は漬物自慢

地方には、水自慢がいる。「ここの水を飲んだら、もうほかの水は飲めないよ。」ま、自信のほどが言わせる科白《せりふ》というやつだろう。漬物自慢もいる。これを食べたらほかのは……」とはさすがに言わないけれど、言葉の裏には脈々と潜んでいるのがわかる。嗜好品だからどうしても、身びいきになる。

そういう僕も身びいきで漬物というと、やはりニシン漬けということになる。干した大根、キャベツ、身欠きニシンを秋に漬けこんで、師走あたりから食べはじめる。物置小屋の樽に薄氷がはり、それが混じったのを暖かい部屋で食べる。最高。お茶請けにもよし。

網走の〈かじか〉という居酒屋で、身欠きニシンのかわりに、カスベ（えい）を漬けこんだのを食べた。よく漬かっていて練れた酸味がツンとくる。軟骨の多い魚だが身はしんなりしっとり歯にあたり、漬物好きにはたまらない。一緒に漬けこんだキャベツと大根のシャキッとした歯ごたえとのコンビネーションが素晴らしかった。

野沢菜漬けも現地で食べると、どうしてこうもちがうのか、というほどウマイ。あのシャキシャキ感を思い描くだけで、パブロフの犬になる。

野沢菜はカブナの一品種だ。野沢温泉村近くの寺僧が、宝暦年間（一七五〇年頃）に京都から持ち帰ったカブの変種がもとだ。野沢菜は長野県人の自慢の種だが、同じ長野県人がそれにストップをかける漬物がある。稲核菜《いねこき》である。この一風かわった名は、野麦街道の松本と乗鞍高原の中

・風穴のある小屋
・稲核菜は根元が太い
・小屋の中は一年中温度がかわらない
・稲核地区は水も豊富だ
これが通の食べ方、指づかい。

間あたりにある、稲核地区特有のカブナの一種でそう呼ばれている。野沢菜によく似てはいるが、この地区に適した育ち方をした独特の野菜だ。

稲核菜漬けは風穴で保存されている。地中の水脈で冷やされた空気が、斜面に露頭した岩の隙間から出ていて、それを小屋囲いにして利用している。洞窟を想像していたが、小屋の壁全面が露頭した石で、隙間から冷風が出ている。小屋が冷蔵庫というわけで温度は八度〜九度。一年中変化がないので稲核菜は一年中保存できる。江戸時代には殿様に献上していた。風穴の冷気の恵みはほかにもあり、明治には養蚕のカイコの卵を冷気で眠らせて孵化の時期を調整できたので、全国から注文が殺到したそうだ。

こうまで説明されると、もう食べないわけにはいかない。漬けた稲核菜は一メートルもあろうか、見事に成長した代物で艶のあるナタネ油色、茎の根元は野沢菜よりふたまわりほど太い。地下水を引いた水場でザブザブ洗う。

ザクザクッと切ったのを口にはこぶ。葉のあたりはよく漬かって、シナシナ感がたまらない。茎はパリポリとかみ心地よく「おれは歯が丈夫なんだ」、という音がする。酸味のほどもいい。漬物はこの酸味が命だ。地元では、やはりお茶請けにする。稲核菜には通の食べ方というのがあるという。で、教えてもらった。

まず爪楊枝を持つ。それを親指と中指でチョンとつまむ。人差し指を浮かせたまま、茎をプスリと刺す。それから人差し指で刺した稲核菜を軽く押さえる。この手順で食べるのが、地元でも稲核菜の通ということになる。漬物自慢はなかなかにウルサイのである。

珍魚怪魚の魚名調べ

境港の居酒屋〈あじ亀〉の品書きに、「白はた」と「えのは」というのがあった。一見で入った店。やや強面の主人が、「白はた」はハタハタ、「えのは」はヒイラギだと愛想よく教えてくれた。ハタハタはわかる。けれども樹木のヒイラギなら知っているが、魚では初めて聞く名だ。主人がザルに乗せたピカピカの小魚を見せてくれた。

ヒイラギは、頭を強烈に殴られた反動で口吻から歯ぐきがゲボッと飛び出したような、奇妙な顔つきをしていた。刺し身で食べるとコリッとした歯ごたえとともに、アジより淡泊で、芳醇で上品な感触が舌に残った。本州中部以南に生息する。ヒイラギはヒレの刺が鋭いので、酢に漬けて骨までも軟らかくして食べるが、冬のはじめごろは刺し身がいちばんだという。

名前がわからない魚は個体差があり一筋縄ではいかないけれど、図鑑で名が判明したときは嬉しい。

〈境港水産物直売センター〉に、鮮魚店の兄チャンに聞いてもわからない怪魚がいた。魚体は紡錘形だが、頭部が平べったい。眼のまわりがブリのように黒ずんでいる。コバンザメに似ている印象だった。はたして図鑑には「スギ」と載っていた。解説に、体色や体形がコバンザメに似ていると記載されていた一文があった。スギはスズキ目スギ科の海水魚で、本州中部以南に生息するが、市場では珍しいという。幼魚期には船舶やほかの大型の魚に寄り添って泳ぐ習性がある。なるほど伊達《だて》にコバンザメに似ているのではなかった。

市場で珍しい魚を見つけて名前を訊いても、ほとんど地方名だ。山口県阿川の漁協の支所で見た、美しいカライサキもそうだった。アジ、イサキ、カマスなどの地味な魚に混じっていた。ところが図鑑でもわからない。こういうときの頼みは水族館だ。地元に近い水族館で、西太平洋、インド洋に分布するフエダイ科の海水魚、「ヨコスジフエダイ」だと教えてくれた。

このヨコスジフエダイを三枚におろして、軽く塩をふりオリーブ油でソテーして、裏ごしした卵の黄身をまぶして食した。「肉は淡泊、賞味範囲が広く美味」と、ものの本の解説どおりの逸品であった。

〈佐渡水産物地方卸売市場〉でも、水揚げしたばかりの珍魚に遭遇した。仲買さんに訊いてもわからない。そこで卸売人協同計算センターのIさんに訊くと、シマガツオだと断定してくれた。自分たちが扱っている魚の名前がわからなくてどうする、と購入した東海大学出版会の図鑑を、わざわざ事務所から持参してくれたのだった。

知り合いの水中カメラマンも推薦していたその箱入りの『日本産魚類大図鑑』は、かなり値の張る代物であった。図版はすべて写真で、解説書が分冊になっている。高かったけれど、かなり役立っているというIさんは、本当に魚好きの見本のような人だ。

僕もなんども「買うぞ」と決心した図鑑だ。けれども何だか知らないうちに、その予算がお米でつくられた液体に化けてしまっている。佐渡の一件で、こんどこそと決心をしたが、またぞろ詮無い結果になるような気がする。そして、なってしまった。

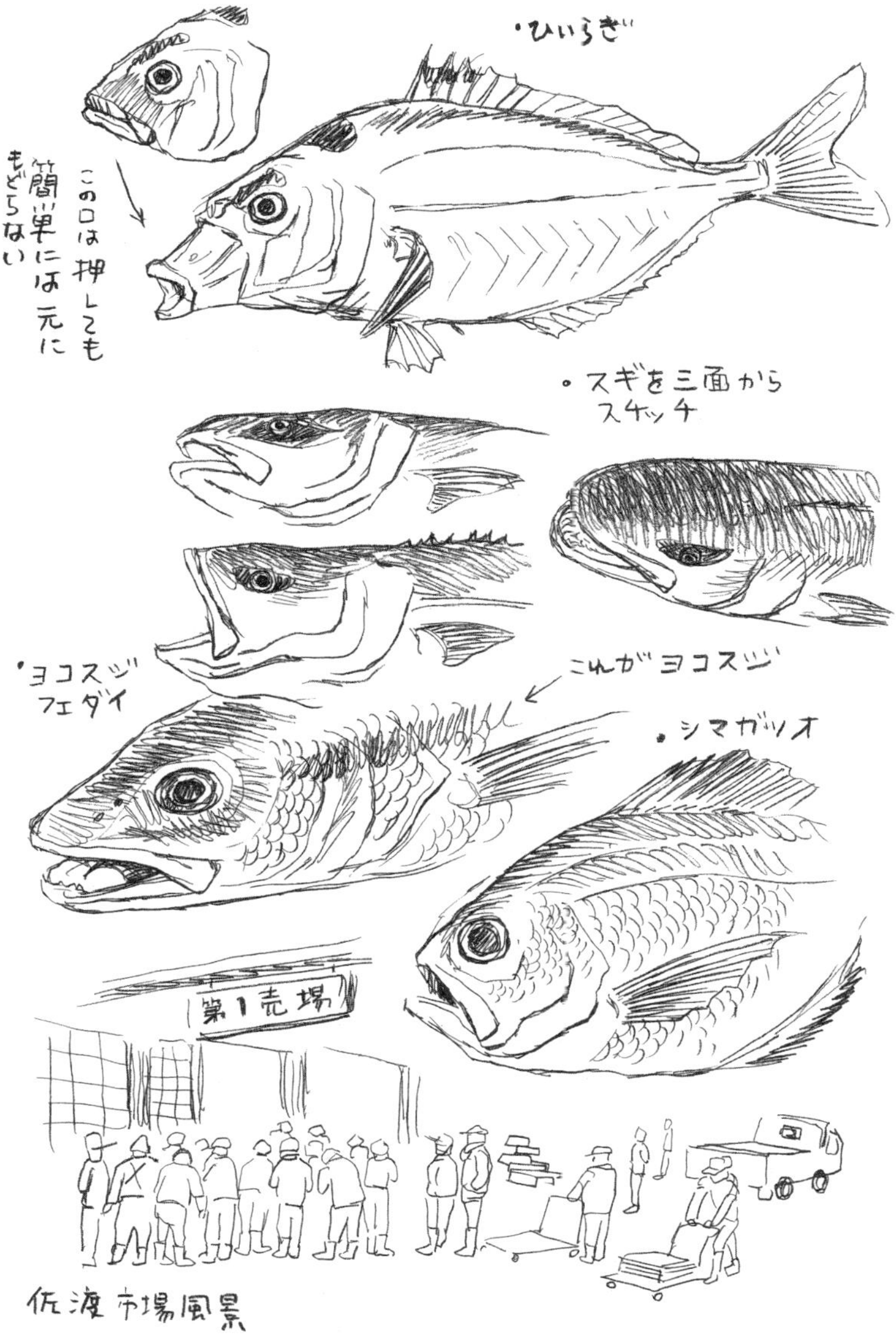
・ひいらぎ
この口は押しても簡単には元にもどらない
・スギを三面からスケッチ
・ヨコスジフエダイ
これがヨコスジ
・シマガツオ
第1売場
佐渡市場風景

赤ワインと野鳥

日暮れどきの64号線をイリノイ州から州境の鉄橋をわたって、対岸のインディアナ州のエヴァンスヴィルの町へ入った。疲れてもいたので、スーパーで食料と酒を買って、モーテル〈ベスト・ウエスタン〉へ持ちこむことにした。

入ったスーパーには、こんがり焼かれた出来たてのローストチキンがあり、試食したコールスローはキャベツが甘ったるくない味つけだった。これは幸先がいい。ワインのコーナーも充実した品揃えだ。あれこれ迷ってカリフォルニア産の赤の首をつかんだ。すると、通りがかりのオバさんが、ぼくに何かのたまった。怒っているふうではないが、何か注意しているというような口調。もともと英会話は得手ではないのに南部訛りなので、ちんぷんかんぷん。ともあれレジに向かった。ところがワインのバーコードを何度やっても機械が読まない。係の姐ちゃんが困っていると、隣のレジの姐ちゃんがペラペラと何か説明をした。

つまり、その日は日曜日。インディアナ州では酒類販売禁止日なのだった。さきほどのオバさんは、それを教えてくれていたのだ。酒を求めてイリノイへ戻るか、南へ向かってケンタッキーで酒を買うか、どうするか。結局、その夜はローストチキンを食べて、素面《しらふ》でベッド・イン。

翌日、エヴァンスヴィルからすぐ南、ケンタッキーとの境のオハイオ河をわたる。ヘンダーソンの町のオーデュボン州立公園に寄った。公園内にはミュージアムがあり、あまり期待せずに入った。ミュージアムの名になっているオーデュボンは、アメリカの鳥類研究家で画家。西インド諸

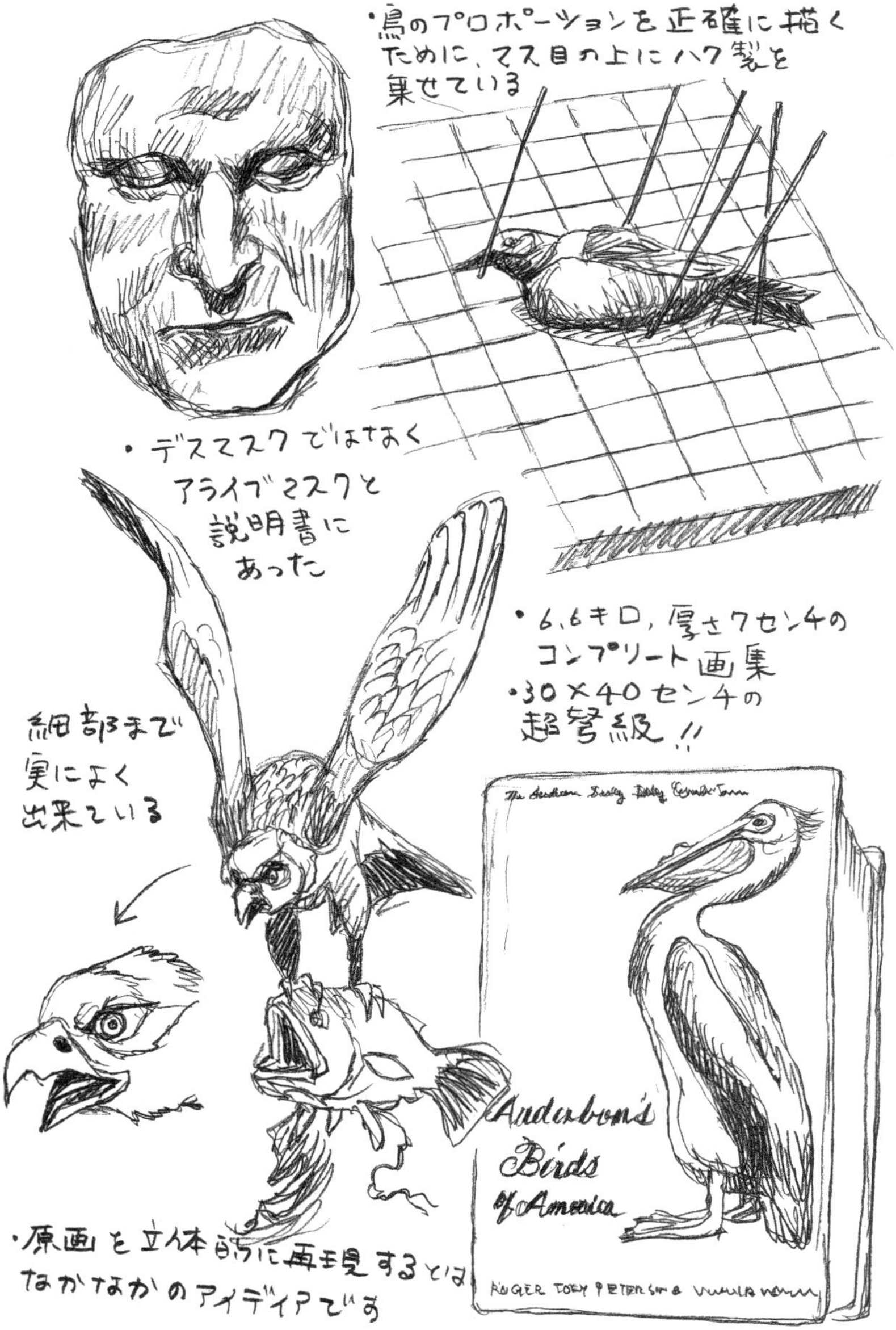
・鳥のプロポーションを正確に描くために、マス目の上にハク製を乗せている
・デスマスクではなくアライブマスクと説明書にあった
・6.6キロ、厚さ7センチのコンプリート画集
・30×40センチの超弩級!!
細部まで実によく出来ている
Birds of America
ROGER TORY PETERSON
・原画を立体的に再現するとはなかなかのアイディアです

島のハイチ生まれでフランス育ち。七歳から絵を学び、十八歳でアメリカのフィラデルフィアにわたり、二十二歳でケンタッキーへ移った。はじめた商売がうまくいかず、貧窮の生活をしながら野鳥の絵を描きつづけた。ミュージアムの収蔵品の作品はエッチングで、金属の原版も展示されていた。ワイルド・ターキーの原画があった。当時のインクは耐水性がないので鉛筆で薄く下書きをしてから、細かいディテールを絵の具で彩色したあとでペンで描いていることがわかった。これは想像どおりだったが、現物を見て確認できて大いに参考になった。原画は全紙サイズ。画材屋で売っている水彩紙のいちばん大きなサイズだ。

まさかケンタッキーの小さな町で、オーデュボンの原画やエッチングの金属板にお目にかかれるとは思わなかった。大枚をはたいた六・六キロもある、超弩級のオーデュボンの画集を持っているが、本物の美しさと鮮明さはやはり素晴らしく美しかった。

展示品に日本の木版画の記事の切り抜きがあった。見物していたアメリカ人の親子に、何て書いてあるのか？　と質問された。汗をかきながら読むと、当時（江戸後期か明治初期と思われる）の海外トピックスの記事で、オーデュボンの絵が鼠に齧《かじ》られた、というような記事だった。単語の羅列とジェスチャーで奮闘すると、親子もわかってくれた。……ようだった。

オハイオ河の岸辺には、オーデュボンの鳥をブロンズにした像が設置してあった。そこはオーデュボンの店〈ドライ・グッズ〉のあった敷地跡だ。猛禽のミサゴが魚を捕らえた瞬間で、翼を広げたポーズの原画の躍動感を、そのままに再現した立派な像だった。

牛渡川の住人

秋田空港から飛び立って間もなく、旅客機の窓から鳥海山が見える。地平からポコンと飛び出したような山頂。それでいて、なだらかな斜面が日本海に流れ落ちるように優雅な線を描き、単独峰独特の景観が鳥瞰《ちょうかん》できる。けれども飛行機はすぐに進路を変えて内陸に向かうので、秋田と山形の県境にまたがる美しい山容を見ることができるのは、ほんのわずかの間だけだ。

その鳥海山の西南の麓に、登山口の「吹浦」がある。吹浦と書いて「ふくら」と読む。由来は、古くは日本海特有の強風をやりすごすための風待ちの港だったことからのようだ。『東遊雑記』に「吹浦は二百軒ばかりの湊にて五六拾石積の海船ならでは入津ならず……」とある。

いま吹浦には漁港があるが、昔日の面影はない。港に注いでいる牛渡川《うしわたりがわ》のほうが世に知られている。牛渡川の清流は透明度が高く、水晶のような流れがテレビなどでも紹介されている。全長四キロほど。水源は「丸池様」と呼ばれる鳥海山の湧水池だ。夏には水草のバイカモの白い花が流れに揺れ、秋にはサケがさかのぼる。毎分二六トンを湧出している水は、杉木立、田んぼを抜けて海に注ぐ。池の水は目を洗うと眼病が治るといわれ「目の神様」とも呼ばれている。

小さいながら牛渡川は、驚くほど生物が豊富だ。河口近くの橋から清流を眺めると、砂礫がくっきりと見える。老眼をしばたいてみると、魚影らしきものが見てとれた。完全なる保護色で化けたヌマガレイだ。汽水域に生息するこの魚は、六月から七月に、腹にみっちり卵を抱く。それを囲炉裏でこんがり焼くとホクホクで、目玉が飛び出るほどウマイ。

「箕輪鮭漁業生産組合」の人に、生息する魚のいろいろを教えてもらった。

河口から橋の二〇〇メートルほど手前までなら、先に書いたヌマガレイが生息する。汽水域はまだ塩分が濃いので海水魚のタカノハと呼ばれるカレイもいる。清流ならではのヤマメ。通常の川なら標高の高い源流部にしか生息しないイワナ。この地方でトモブリと呼ぶのはイトヨのことだ。これも水がキレイな環境を好み、枯れた水草を集めて水中に巣を作る習性がある。唇が厚く不細工だが愛敬のあるご面相のハナカジカを、この辺ではイシモチという。水に流されないように石をくわえるからだ。やはり同類のカンキョウカジカも健在だ。アユカケをキキというのだが、東北地方独特の発音が難しい。キとクの中間の音で「キ、キ」と訛る。ビとブの中間発音の「ビ」にアクセントをつけて発音するビッキはカエルのこと。だからアマガエルはアオビッキとなる。ウグイはヒザッコ。これは僕の解釈だが、ウグイは産卵期になると婚姻色で黒ずむ。そのまわりが緋《ひ》色になる。その「緋」と「雑魚《ザコ》」の二語をあわせた緋雑魚が語源で、ヒザッコとなったのではないだろうか。ほかにシマドジョウ、モクズガニ、カワエビ。最近減ったのがフナでその逆がニゴイ。コイも増えた口で、「寒くなると食べたくなる」という。味噌仕立で小さな脂がプクリと浮いて湯気のたったコイコクは、芯から体が温まる。

山頂に雲を抱いた鳥海山が、悠然とすそ野を広げている風景を愛でていると、牛渡川にかかる橋の下を、弾丸のように小鳥が飛び抜けた。上流でくるりと半回転すると、背がルビーのように煌《きらめ》いた。渓流の宝石カワセミだった。

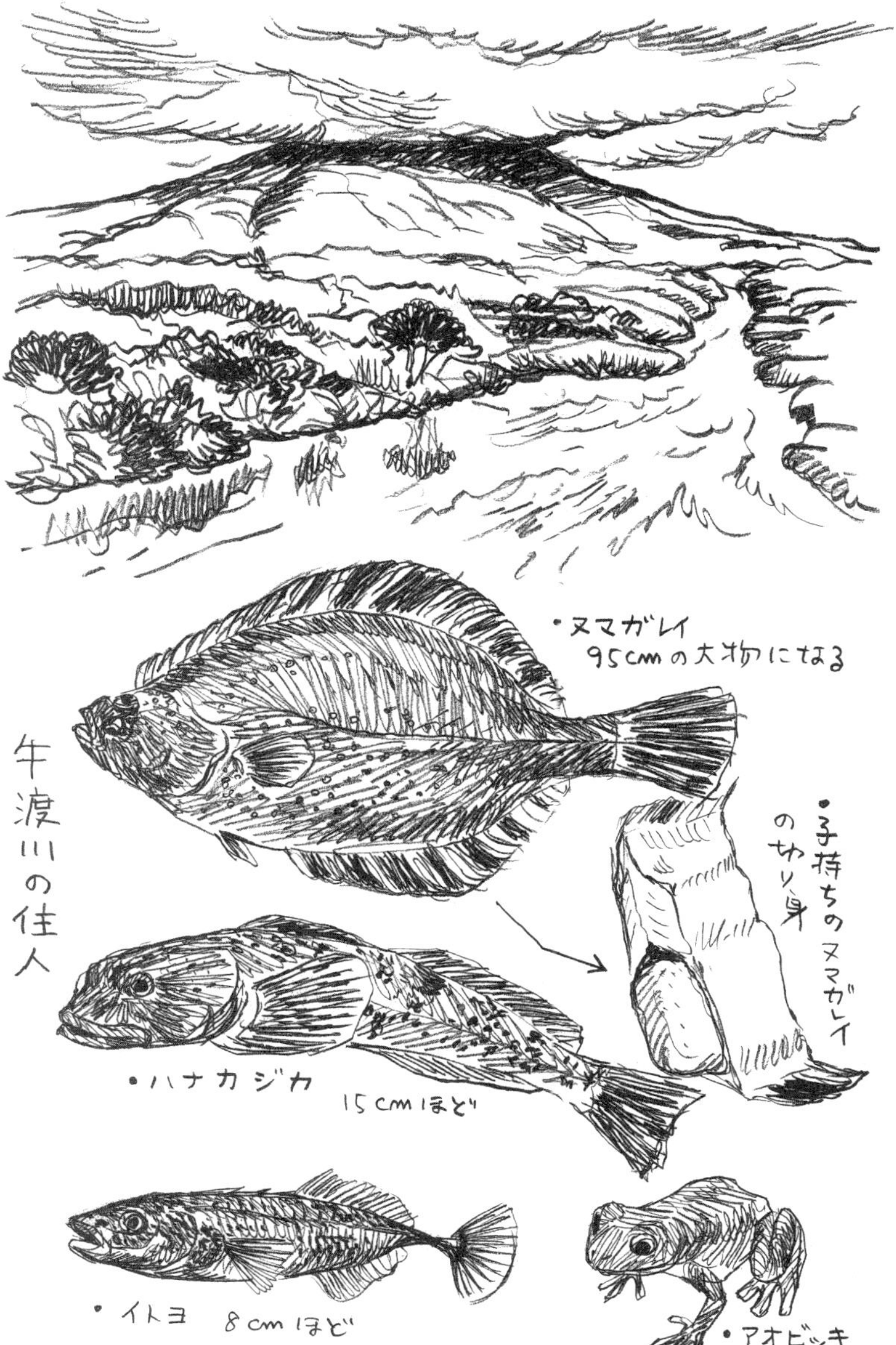
牛渡川の住人
・ヌマガレイ
95cmの大物になる
・子持ちのヌマガレイの切り身
・ハナカジカ
15cmほど
・イトヨ　8cmほど
・アオビッキ

博物館の旅

上野動物園の人気者はパンダだ。行くたびに長蛇の列だから、見物したことはない。けれども〈東京国立科学博物館〉の新館には、かつて人気者だったホアンホアンとフェイフェイに対面できるところがある。とはいっても二頭とも剝製で、ホアンホアンは両足を広げて、お決まりのお座りポーズ。フェイフェイは立ち止まって、おやっ、というような格好をしている。もともとパンダはぬいぐるみそっくりだ。二頭の剝製は動かないだけで、じつにリアルなのである。プレートに、「フェイフェイは老衰のため一九九四年十二月十四日に死亡。ホアンホアンも、三年後に腎不全のために二十五歳で死亡した」と説明があった。

関心を引いたのはパンダの骨格標本だ。パンダは前肢の親指の外側に指状の突起があり、それが可動性に富んでいるので六本目の指と呼ばれている。かねてから気になっていたが、毛におおわれているので、なかなか第六の指を見ることができなかった。

骨格標本で構造がよくわかった。その骨には関節はなく、内側にゆるやかに湾曲しているだけだ。この骨が曲線していることで竹を上手につかむことができるのだ。この一角にはあまり見物者が来ないので何だか儲けた気分になった。

骨でおもしろい発見をしたのが〈東京都高尾自然科学博物館〉だ。施設はさほど新しくはないが東京都の地形や気候、高尾山の自然がよくわかる仕組みになっていた。

縄文時代の関東は高尾山のある武蔵野台地の近くまでが海で、マガキ、オキシジミ、ヤマトシ

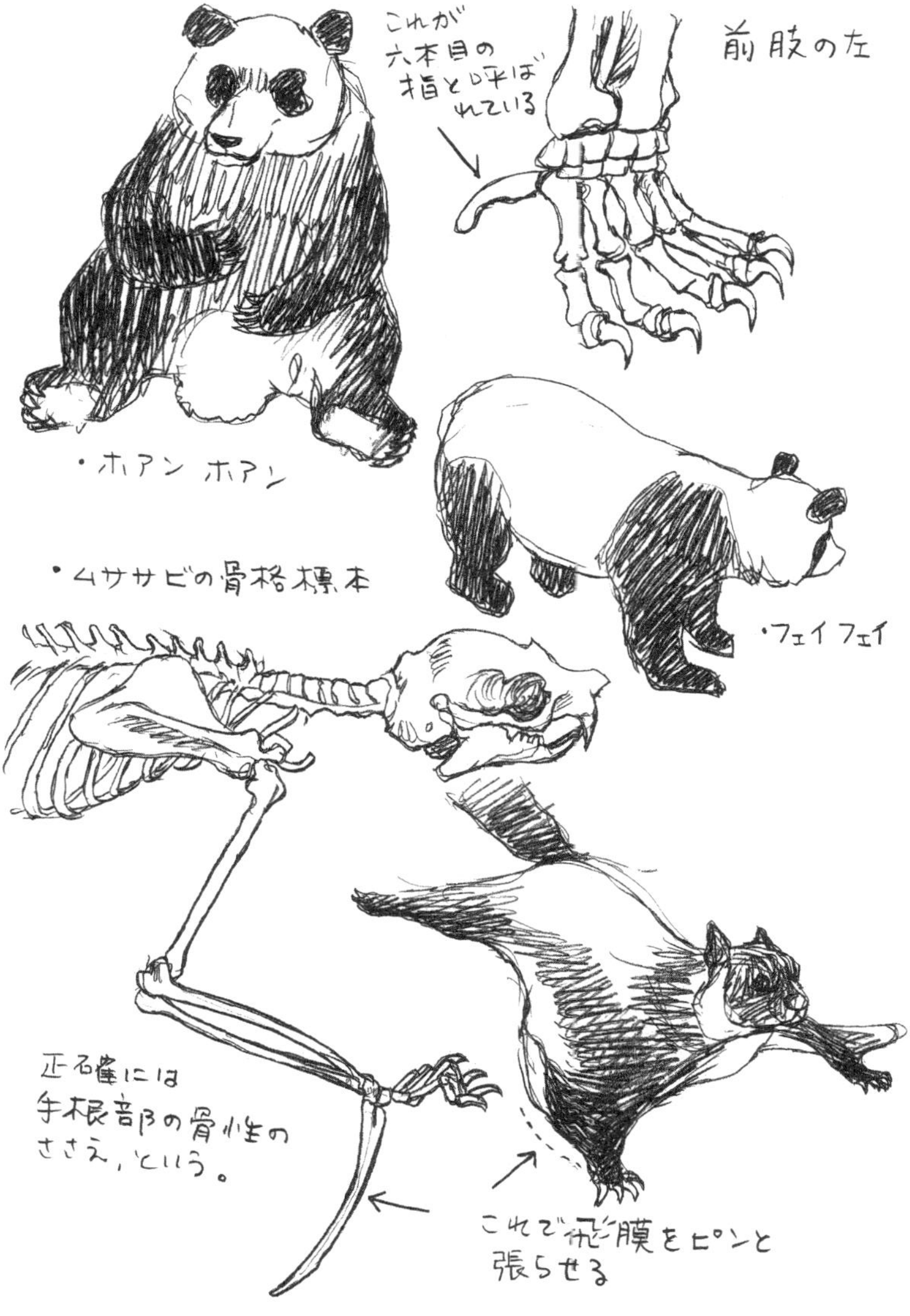
これが
六本目の
指と呼ばれている
前肢の左
・ホアン ホアン
・フェイフェイ
・ムササビの骨格標本
正確には
手根部の骨性の
ささえ、という。
これで飛膜をピンと
張らせる

ジミ、ハマグリなどが採れた。いろいろおもしろい標本や、なるほどと思える説明書きがつづく。一九七八年には奥多摩町日原で、ナガレタゴガエルが新発見されている。珍しいカエルで図鑑にもなかなか載っていない。自然博物館の小さなジオラマに、両手両足を広げて渓流を流されている干からびた個体（どうも紙製らしかった）の展示があった。

東京には八種類のヘビが生息していることもわかった。タカチホヘビ、シマヘビ、ジムグリ、アオダイショウ、シロマダラ、ヒバカリ、マムシ、ヤマカガシである。サンショウウオも三種類がいる。ハコネサンショウウオ、ヒダサンショウウオ、トウキョウサンショウウオである。

骨のはなしにもどろう。ここでの骨はムササビの全身骨格だった。ご存じのようにムササビは飛膜を広げて木から木へ滑空する。飛膜は前肢と頬の間、前肢と後肢の間にあり、通常は体に引きこまれていて目だたない。そのことはよく知られているが、滑空するために特別の骨がある。つまり、飛膜は広げると体全体が長方形になって、空気抵抗を受けやすくなる。ところがムササビの前肢と後肢の長さのバランスから、飛膜は前部が細くなってしまう。そこでそれをおぎなうために、前肢の手首のつけ根に飛膜を支えて、前部の幅を広くする骨が一本ずつ対になって外側に向かって伸びているのだ。骨格標本の前で腕組みをしながら、ほとほと感心してしまった。

なお、博物館は二〇〇四年に閉館して新しい〈タカオ599ミュージアム〉が建ち、高尾山の山頂にはビジターセンターが設立されている。

小樽の市場事情

小樽は坂の街である。市街地が山地から海岸に広がっていて、おまけに海沿いの道も起伏にとんでいる。そのため坂を上っては下るという生活の便宜をはかるために、主な坂の要所には古くから市場が栄えてきた。最近は大手スーパーなどの進出でやや閑散としているものの、まだまだ市民の生活市場は健在である。

ＪＲ小樽駅を下りるとすぐ「三角市場」の看板が目に入る。狭い露地のアーケードを下ると両側に鮮魚が並んでいる。イクラ醤油漬一五〇グラム一一〇〇円。食堂もある。カニ丼、イクラ丼、海鮮丼。市場のなかでひときわ目立つのが、生け簀に入ったタラバガニやケガニ、ハナサキガニだ。「ほら、食べてみなさい。味見でゼンコ（お金）取ることなんて、なんもない」。店主がそう言って、ムチッとした身を食べさせてくれるのである。けれども着いたばっかりで、土産を買ったり腹をくちくするのは、ちょっと早すぎる。

ご馳走を横目に市場の露地を抜けて国道5号線に出る。ここから海岸までが傾斜地で、その名も船見坂。「小樽中央卸市場」はこの坂にそって建っている。市場の中が下り坂になっているのは珍しい。創業五〇年の菓子屋の羊羹が一個九〇円。古平産のタラコ、甘口の筋子、鮭トバなど、それぞれの棚に垂涎モノが並ぶ。昭和二二年、サハリンからの引揚者の四二店舗からはじまった市場は裸電球がよく似合い、古色蒼然としてじつにいい雰囲気だ。

船見坂の近くに浄応寺があり、そこも坂道。浄応寺がなまって「ジョージの坂」。その急な坂を下ると「手宮市場」がある。残念にも改築されてしまい、以前の風情は残っていなかった。

ところがどっこい、まだ古い一角があり「手宮新市場」の看板がかかっていて数軒の鮮魚店が健在だった。ここは手宮市場のあとで棟を離してできたのだが、古いほうが改築してしまい、当時の新市場が、今や逆に古い建物になってしまった。「手宮新市場」の魚はどれも天下一品で、おそらく小樽でいちばんいい魚を扱っているにちがいない。店主も頑固一徹という感じで、軒からぶら下がっている宗八ガレイの半干しなんぞは、ミチッと肉が張っている。こいつを強火の遠火で炙れば皮はこんがり、身はホクホクで……。つい、飲む酒の銘柄を考えてしまう。

海岸近くには「鱗友朝市」。市内の妙見川の上にある「妙見市場」。そこから少し離れた「入船市場」と市場が続き、今いちばん人気があるのが「南樽《なんたる》市場」だ。JR南小樽駅に近いので、南樽というワケ。市場内で目につくのが、瞳がキラキラの少女漫画のキャラクターだ。その娘はミナミちゃんといって市場のイメージ・キャラクターだという。

なるほどこうした工夫で「南樽市場」は人気があるのだ。それだけに、場内も華やかで活気にあふれている。とくに女衆は、威勢も、元気もよい。宗八ガレイをスケッチしていると「コッコびっちり入っているからウマイよ。魚ばっかり描かないでワチ（私）を描いてよ」と、くる。「愛情いっぱーい。手づくりの味でーす」と、ひときわ目立つミナミちゃんのポスターがあるのが、総菜天ぷら〈おおみ〉。そこの女将が「ご苦労さん」といって、ホッカホカのサツマイモの丸揚げを、差し入れてくれた。南樽市場は、愛嬌市場、人情市場であった。

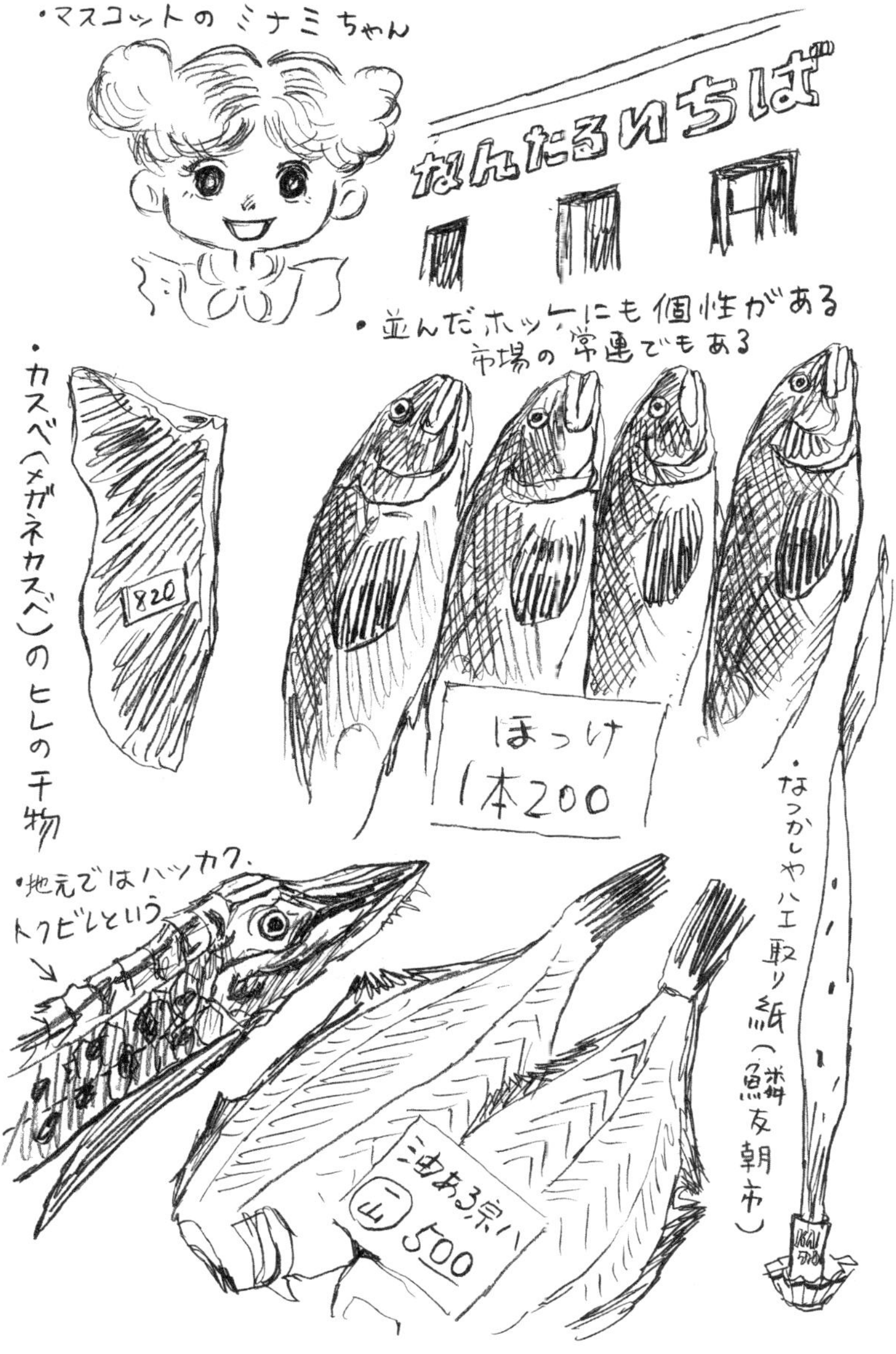
・マスコットのミナミちゃん
なんたるいちば
・並んだホッケにも個性がある
市場の常連でもある
・カスベ(メガネカスベ)のヒレの干物
820
ほっけ
1本200
・地元ではハッカク、
トクビレという
・なつかしやハエ取り紙(鱗友朝市)
500

旅でのあらぬこと

フィージーへ着くや、ホテルの洗面タンクに水を張った。北半球では時計の針の進む方向に水が渦巻き、南半球では逆になるという。それを見届けようとしたのだ。さて、栓をぬくと水はごく普通に、時計の針と同じ方向にゆっくり渦巻きながら、排水口からゴボゴボと濁った音を残して消えていった。こういうことを、どうにも試してみたいのだからしょうがない。

フランスの田舎で試みたのは、鶏の鳴き声だった。農場で知り合った腕白小僧に鶏の鳴き声をさせると、「カッカ・ドル・ドー」と黄色い声をあげた。こちらが、「コケコッコー」と、どなっても、「カッカ・ドル・ドー」と繰り返す。その腕白小僧は当方の会話に聞き耳を立てていて、口真似をよくした。「わかった」というのを真似ると「かった」と言う。「わ」が聞こえないのか、発音ができないのか「かった」としか言わない。「わかった、わかった」と何度繰り返しても「かった、かった」になってしまうのだった。外国語とくに欧米の発音で日本人が聞き取れない音があるらしい、というのがよくわかった。

話題をアメリカに転じると、「マクドナルド」が通じない。ダを強めて、「マクダーナル」と発音する。おなじようにトマトの場合は、メを強めて伸ばし、「トメート」と言う。これが発音をひけらかすようで恥ずかしい。なかなか発音しづらい。

このトメートが、カー・ラジオの番組を中断したニュースで、頻繁に聞こえてくる。アメリカは世界一の農業国だけれど、トマトがそれほどまでに重要な作物とは、ついぞ知らなんだ。同行

GiN FOUNDRY

腕白小僧

「かった、かった」と言う

・農場にはたくさんの唐辛子が実っていた

アメリカ南部の食堂にはゆで玉子のピクルスがありこれがウマイ

・食堂の片隅のピンボールマシンで遊ぶ女の子

南仏のミリイという小さな町でのこと

↑
こちらはオクラのピクルスで肴にもってこい

「ヒャー・ヒュー・フー」老人の店にあった鋳物の置きもの。アライグマです

のH氏にそのことをたずねると、それはトルネード、つまり竜巻のことだと教えてくれた。アメリカでの竜巻の被害は相当なもので、情報も頻繁だった。

その南部で、休憩に入った小さな店でのこと。老人が話しかけてきた。それがどうしても「ヒャー・ヒュー・フー」としか聞こえない。老人が懲りずに何度も繰り返してくれ、ようやくそれが「ホェアー・ユウ・カム・フロム」だったとわかった。その老人には目的があった。僕を日本人だと見当をつけていたらしく、穴の開いたコインがあるなら欲しいとのことだった。あいにく五円玉の持ちあわせがなく、残念な思いをさせてしまった。

どの店で食べてもアメリカの料理は量が多い。当地の人は結構平気で食べ残している。けれども食糧事情の悪いころに育ったせいもあり、食べ残しには抵抗がある。そこで英語に堪能な友人から、相手に悪い感じをあたえない言い方として「アイ・ハド・ア・プレンティ」というのを教えてもらった。「もう十分にいただきました」という意味だが、かなり上品な言い方らしく、実際に使うと魔法の言葉と言ってもいいほど効果抜群だった。食べ残しても嫌な顔ひとつされずに、「あらそうですか」というような具合に、どこでも笑顔の対応が返ってきた。

ちょうどそのころ、北欧に旅する友人がいたので、その効果のほどを披露した。後日、結果を聞いた。機内食の量が多いので食べ残し、客室乗務員にさっそく使ってみると、何とトレイに乗ったブランデーを出されたという。プレンティと言ったのにブランデーと聞こえたのだ。ノー・サンキューと断ったのに、モアー・サンキューと聞こえたらしくお代わりがきたことがある。バーボンだからよかったものの、なんとも笑えない話だ。

サトイモの里

里芋にもブランド品があることを、福井県の大野市に行ってはじめて知った。ただし、大野産の里芋がすべてブランドというわけではない。大野の「上庄《かみしょう》地区」というところで収穫された里芋だけがそれに該当し、ほかの産地のほぼ倍の価格で取り引きされている。

上庄地区は大野盆地の南端に位置し、岐阜と福井の県境の懸崖な山地から吹き下ろす季節風や、九頭竜川、真名川、清滝川の流れが昼と夜の寒暖の差の激しい自然環境をつくる。さらに扇状地独特の土が里芋の生育に向いていて、上庄ならではの里芋が生まれる。

こうした里芋への知識を授けてくれたのは「上庄里芋グループ」のリーダーのMさんを筆頭に、里芋料理の研究に日夜奮闘している五人のご婦人たちだ。大野は浄土真宗の盛んだった土地で、かつては「報恩講《ほうおんこう》」という風習があった。「報恩講」は五穀豊饒を願う収穫感謝祭のようなものだ。収穫した野菜で「のっぺい汁」をつくり、集まった親戚縁者をもてなした。時代とともに報恩講はすたれてしまったが、ご婦人たちは上庄の里芋でフルコース料理を創作し、村おこしの一端を担っている。その料理の評判は上々だ。

里芋といえば、囲炉裏にかけた鉄鍋でブツブツと音をたてている、煮っころがしを連想する。けれどもグループの作品は、懐石スタイルであった。小皿に六品、椀が一品、それに芋赤飯の計八品が角盆に入っていて、見た目にも美しいものであった。

まず、「スコ」という一品。里芋の茎の酢漬け。貝仕立ての鮮やかな黄色の小皿に、梅酢のピンクに染まった茎を盛り、胡麻を散らしてあり、シャキッとした歯ごたえ。茎を素材にしたもう一品が「白あえ」。「カルカン」は和菓子風の仕上げで、パス。四品目は、竹簾の器に鎮座した「里芋コロッケ」。キツネ色の衣をまとい、ちんまり丸まった好ましい風情。サックリした衣に、モチッとした里芋独特の食感だ。これを肴に、寛文年間創業の大野の地酒、純米「源平」を冷やでチビリと飲む。まことに結構。

上庄の里芋は肉質のしまりがよく、煮くずれしない。皮はやわらかく、味もよく、千年以上前から食べられている。この皮つきの伝統を生かしたのが、甘っ辛く煮こんだ「ころ煮」。これは甘いので箸がでない。白磁の皿に敷いた笹の葉に乗った「田楽」の、こんがりした皮。これはいい。小豆と一緒に炊きこんだ「芋赤飯」は、小さな里芋が赤飯に埋もれて、隠れんぼしている。小鉢の赤飯をちょっぴりずつつまみ、もう一杯。何といっても秀逸なのは、堂々八品目の「のっぺい汁」。具は、人参、油揚げ、椎茸、牛蒡《ごぼう》。昆布と鰹節でていねいに取ったダシに、上庄里芋が加わって口当たり喉越しを心地よくしてくれ、さらには体を温めてくれる。酒休めにとてもいい。

里芋のヌメリにはガラクタンという炭水化物とタンパク質が結合したムチンと呼ばれる成分がふくまれている。「のっぺい汁」には、小麦粉や葛でつけたトロミとはひと味もふた味もちがって上庄里芋ならではの素朴なコクも加わっている。上庄では古くから、里芋をおろして酢と小麦粉を混ぜて練り、打ち身や捻挫の湿布にしていた。まさに医食同源である。

大野の住人の、里芋への熱い想いにはなみなみならぬものがある。

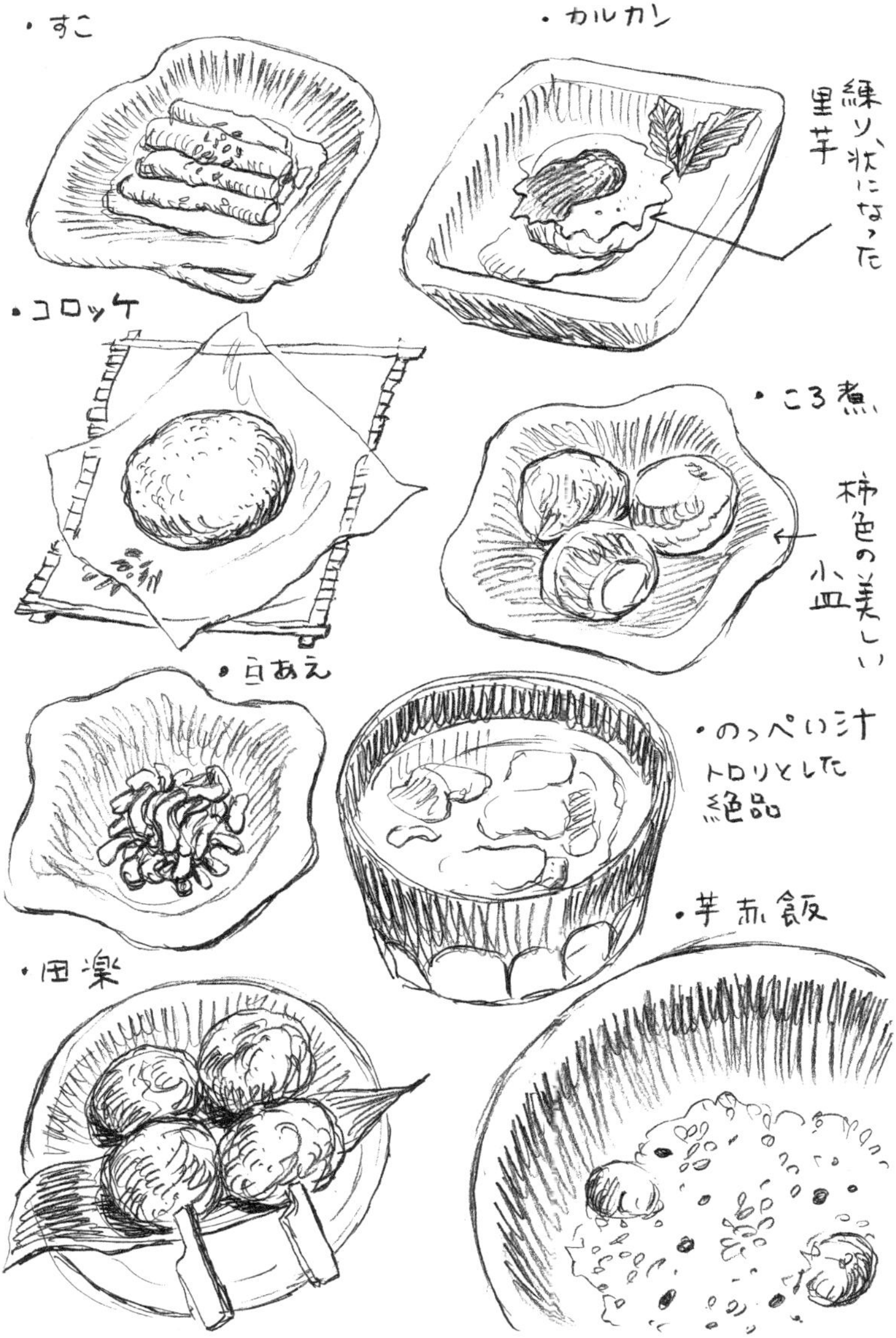

・すこ
・カルカン
練ソ、状になった
里芋
・コロッケ
・ころ煮
柿色の美しい
小皿
・白あえ
・のっぺい汁
トロリとした
絶品
・芋赤飯
・田楽

海を身近に

外房線勝浦駅から、ひとつ、ふたつと小さなトンネルを抜け、三つ目のトンネルを出るやいなや鵜原《うばら》駅に着く。このあたりは房総丘陵の端っこなので、入り組んだ地形をしている。列車が鵜原を出ると、すぐにまたトンネルに入るという具合なのだ。この鵜原駅から十五分ほど歩くと、千葉県立中央博物館分館の〈海の博物館〉がある。

まず目につくのが、屋外にあるツチクジラの骨格標本だ。一一メートルはあるだろう、脊椎をしならせた骨が、丸ごとワイヤーで吊るされていて圧巻だ。骨格からは想像できないが、ツチクジラはイルカそっくりな顔をしている。

房総はむかしから捕鯨がさかんだった。標本のツチクジラも、鵜原から三〇キロほど西南の和田で沿岸捕鯨されたものだ。千倉や御宿を歩いていると、鯨肉を網に乗せて天日干しにしているのを見かける。それが名物の「鯨のタレ」だ。いわばビーフ・ジャーキーならぬホエール・ジャーキー。

近所のスーパーでも鯨肉を売っている。新鮮なのを刺し身でよく食べる。醬油にワサビもいいが、切り身に軽く塩をふり、醬油とエキストラ・バージン・オリーブ・オイルをかけローズマリーの葉を散らす。すると、ちょっとしたイタリアン風一品になる。この鯨肉に以前はスズメイルカという名前の表示がしてあった。が、そのような名称のイルカはいない。沼津ではツチイルカをツバメイルカ、スズメイルカと称している。このツチイルカ、肉を干すと黒く変色する。千倉の店先で、金網干ししていた鯨のタレも黒ぐろとしていた。鯨とイルカは大きさがちがうだけ

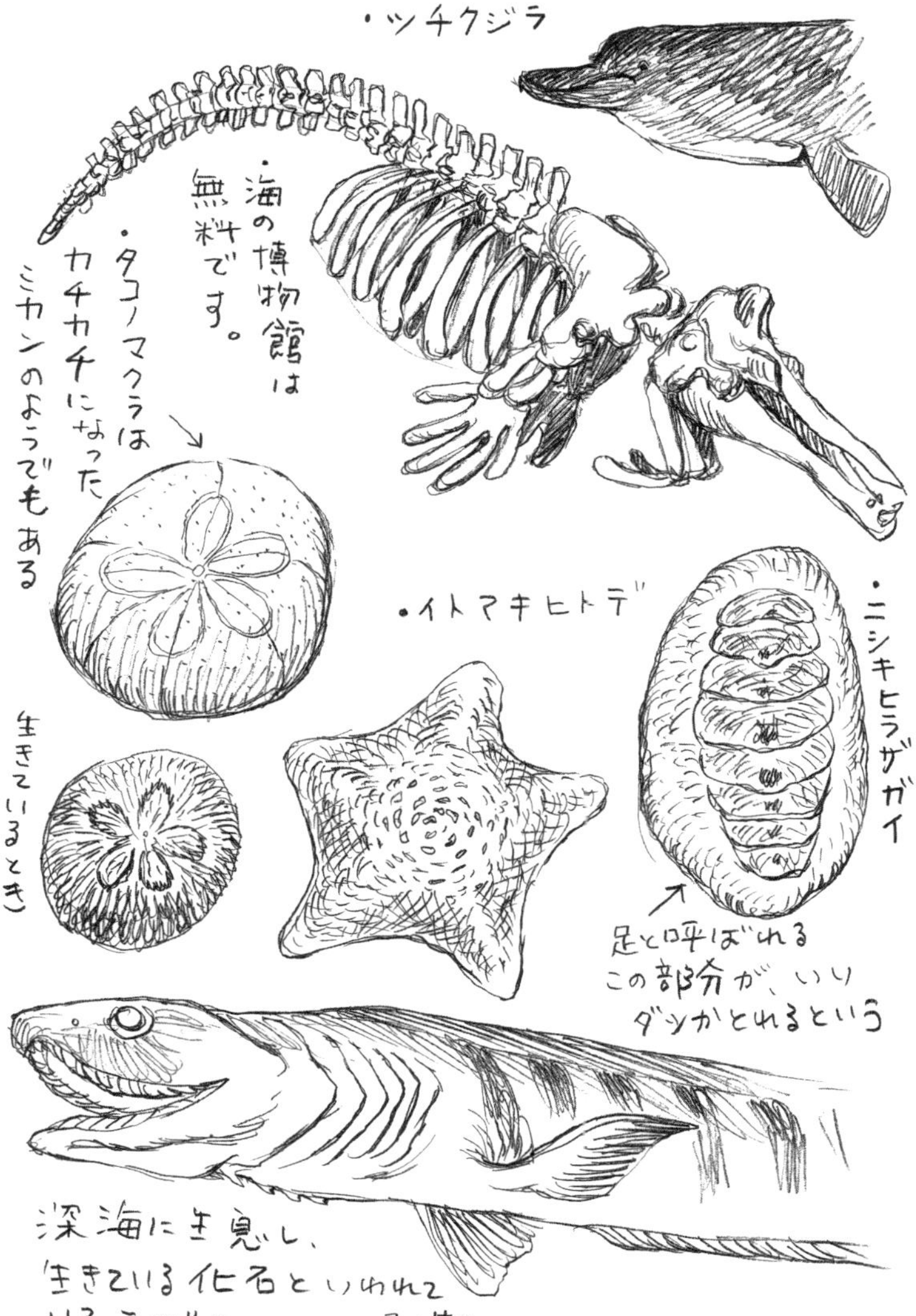
・ツチクジラ
・海の博物館は無料です。
・タコノマクラはカチカチになったミカンのようでもある
生きているとき
・イトマキヒトデ
・ニシキヒラザガイ
足と呼ばれるこの部分が、いりダシがとれるという
深海に生息し、生きている化石といわれているラブカ。これは剥製です

で、鯨類としてはおなじだ。

海の博物館ではテーマが「房総半島の自然との触れあい」だ。というわけで館の前の浜に流れ着いた漂着物が展示してある。漂着物は海水に洗われ、脱色して白化し、カサカサな質感になり、えもいわれぬ風合いがある。たとえばイトマキヒトデだ。生きているときは、濃い紫色にオレンジ色の斑模様《まだら》のどぎつい配色だ。これは体内にサポニンという毒があるという信号だ。五つの尖った部分は「腕」と呼ばれていて、魚の死骸などを包みこんで腹面にある口で食べる。

伊豆の海岸でひろって名前がわからなかったのが「タコノマクラ」だと判明した。柿のような扁平な円形で、殻にある五枚の花びら模様が饅頭《まんじゅう》に押した焼き印のようだ。生きているときは体全体がごく細かい刺《とげ》でおおわれている。浅い海の砂礫に生息し、小石やゴミを体に付着させてカモフラージュする。飄々踉々とした不思議な生き物だ。なるほどタコが枕にしそうだ。

博物館には遊歩道があり、周辺に生えている海岸性の植物や、磯に生息する生物を観察できる。南側の坂をおりると小さな浜がある海岸に出る。波打ちぎわの岩にヒラザガイがへばりついていた。海辺のダンゴムシといったところで胴体が八つの節に分かれている。

小笠原の父島の海岸でヒラザガイをカナテコではがしていた老夫婦がいた。岩に付着していた身はオレンジ色で固いが、重曹を入れて煮るとやわらかくなる。それを汁仕立てにして食べるという。

わからなかった生き物の名前や、それに関連した小さな疑問が旅の寄り道で氷解する。こんな楽しさが次の旅の呼び水になる。主要駅の勝浦では朝市も行われている。そこからちょっと足を伸ばすだけで、小さな自然を体感できるのである。

塩の道を行く

いちど旅した場所の確認に、よく国土地理院の二十万分の一の地勢図を広げる。今回もそうやっていて、おやっ？　と思った。長野県の松本と新潟県の糸魚川《いといがわ》を結んでいる糸魚川街道は、飛騨山脈の東裾からフォッサマグナに沿うように北上している。指で街道をなぞっていくと、県境の姫川温泉のトンネルを抜けて新潟に入る。すると、糸魚川街道が松本街道という名にかわる。

この近くの「塩の道」と呼ばれている千国街道を旅したことがある。糸魚川は新潟県の地名だし、松本は長野県だから、この街道のネーミングが逆ではないか、という素朴な疑問が浮かんだ。

調べてみると松本街道とも糸魚川街道とも呼ぶという。トンネルを境に名がちがうのは地図の表記だけで、両方の街道はもともと千国街道と呼ばれていて、参勤交代の殿様も通らない庶民の街道だった。恥を覚悟で白状すると、千国が「ちくに」と読むとは知らなかった。

千国街道は糸魚川方面から、塩や海産物を松本や大町などの内陸へ運ぶ重要な陸路だった。その一部が遊歩道になって残っている。塩を運んだ牛や牛方が泊まったカヤ葺《ぶ》き屋根の宿が建っている。それが牛方宿と呼ばれていて、遊歩道の起点になっている。

未舗装の道は乾いていてやわらかく、靴を心地よくはずませる。街道沿いには野草が多い。三つの蕾《つぼみ》がけなげに寄り添っているオヤマリンドウ。東北ではミズと呼んで、おいしい山菜のひとつに数えられているウワバミソウ。そして、ほかの県では食べる習慣がないけれど、長野では山菜として食するハンゴンソウ。ヨモギのようにすらりと伸びた、その先っぽの新芽を茹でて食べたことがある。かすかにホロ苦く、シャキッとした歯ごたえ。なかなか珍味だった。白馬連山を一望できる場所や、のどかな水田風景がひろがり、遊歩道からの景観は変化にとんでいる。

栂池を過ぎてすぐ、街道は松沢で舗装路と合流する。ここから「栂の森」までロープウェイが通っている。上まで乗って下山しようかと目論んだ。見上げると上には生憎の霧がかかっている。標高が一五〇〇メートルほど。ふもとは晴れていても高地ではそうはいかない。ともかく上まで行ってみることにした。ロープウェイを降りると肌寒かった。栂池自然園のミズバショウの白い炎包が、山の霧とあいまって神秘的な美を奏でていた。が、早々に切り上げる。

史跡の百体観音でしばし休憩。風切り地蔵から遊歩道が舗装路になり、そこから分かれてまた一歩遊歩道に足を踏みこむと車の喧騒がピタリと消えてしまう。

ブナの幹にキイロスズメバチが一〇匹ほど群がっていた。様子をうかがうと葉陰にバレーボールほどの巣があった。見張りのハチがこちらに警告を発するまえに退散する。オオウバユリの葉にちょこんとアマガエルが乗っている。足もとの枯れ葉にもヤマアカガエルが微動だにせずにいて、どちらも哲学をしているらしかった。

栂池高原は観光客が多いが、すぐかたわらの遊歩道にまで足を伸ばす人は少ない。この日も誰にも会わずに濃厚な自然をひとりじめした。次回は栂池自然園へロープウェイで昇り、ノラクラ時間をかけて下山をしたいと目論んでいる。

・牛方宿
・オヤマリンドウ
・瞑想するヤマアカガエル
塩の道 千国街道
・哲学する
アマガエル
・イチゲフウロ

鮎のおいしさ

鮎が食べる藻は淡水産の珪藻類だ。珪藻の進化の起源をたどると、中生代のジュラ紀に行き着く。珪藻類は下等植物だが、地球では人類よりはるかに古顔だ。膨大な年数で淡水種、水質種、流水種、止水種など、環境に適応した多くの種類に枝分かれした。淡水種にはハリケイソウ、フネケイソウ、クチビルケイソウなど。形態から漢字をあてた、針、船、唇、などの珍名がずらり。鮎の味自慢は水自慢でもある。水がいいから鮎の味がイイという。つまり、それは珪藻自慢ということにもなるだろう。鮎は独特の香りで「香魚」ともいわれている。その香りの正体も、鮎が食べる珪藻類の味ではなかろうか。タコがうまいのも、鯛がうまいのもエビを食べるからだ。おいしい鮎は、どの種類の珪藻を食しているのだろう。

こう書いて、ハタと気づくと腹の虫が騒ぎだし、京都の老舗で食した鮎料理の数々を思い出した。卓に鮎の箸置き、コースターにも鮎の文字。先付けの小皿には、イカの唐揚げ、胡麻豆腐、白ウリが並び、料理がスタート。

次に白味噌仕立ての椀が登場した。腹に薄赤をおびた鮎の切り身に、だし汁でこってりのばした白味噌がからんでいる。夏の盛りだったので、涼を呼ぶ味とでもいおうか、まことに上品。つづいて、飛びっきり新鮮な若鮎をブッ切りにした「背越し」。背骨がコッと歯に当たり、身がふにゃりとして不思議な食感。老舗には申し訳ないが、なんだかなあ、であった。

やはり鮎の神髄は「塩焼き」ではないか。皿に寝そべっている鮎の、エラのあたりから尾まで

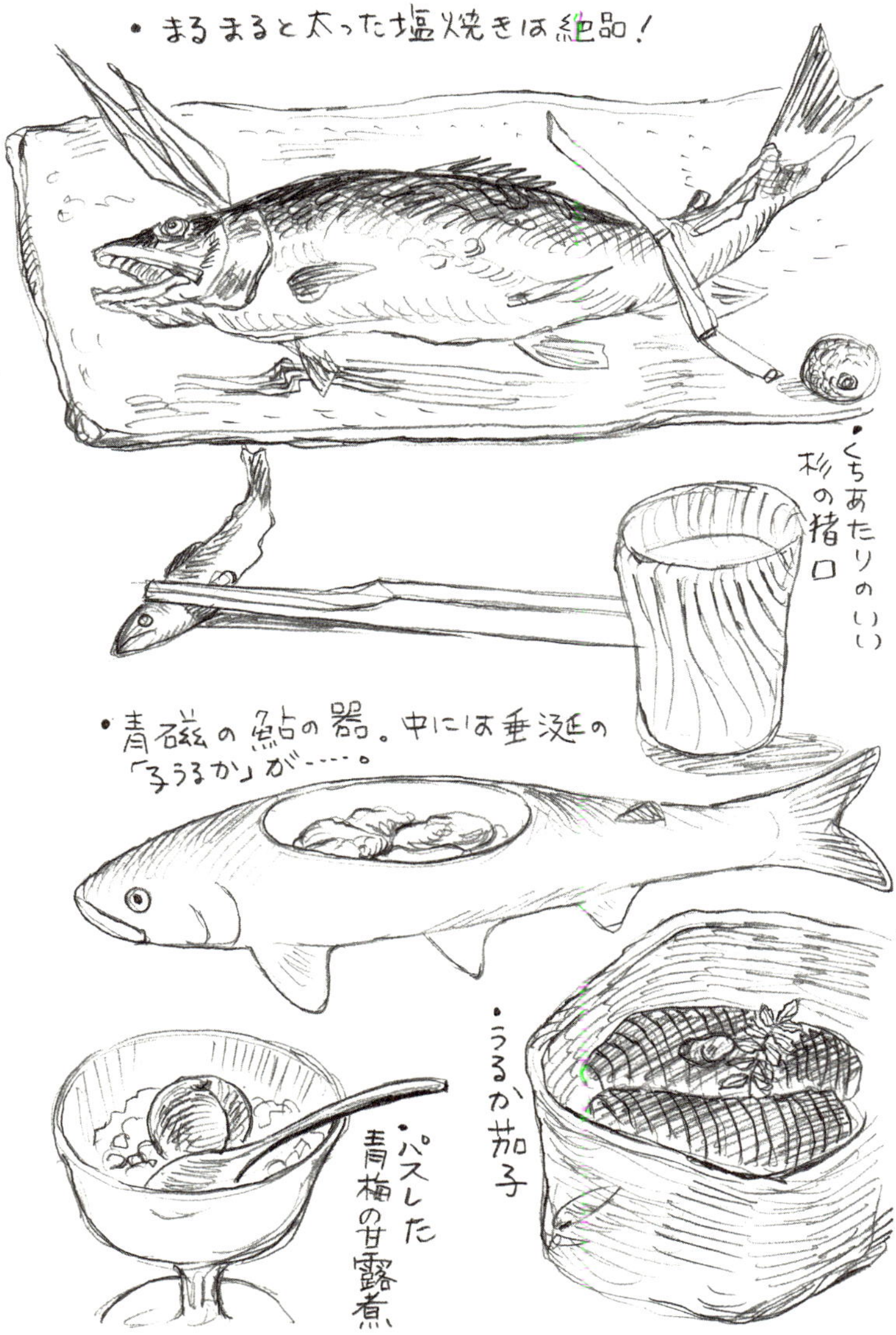
・まるまると太った塩焼きは絶品！
・くちあたりのいい杉の猪口
・青磁の鮎の器。中には垂涎の「子うるか」が……。
・うるか茄子
・パスした青梅の甘露煮

順に箸で押し進むと、身がほぐれて骨から分かれる。尾のつけ根の骨を折って、頭を引っ張ると、ゾロリと背骨が抜けてくる。身に蓼酢《たで》をつけて、松江の清酒「李白」をチクリと流しこむ。酒の肴に申し分がない。鮎に蓼酢の酸味がまことに相性がよい。「包み焼」は木の芽をそえた一品。やや甘い。「うるか」と木の芽を茄子の煮物に乗せた「うるか茄子」は、半切りした茄子に包丁の切りこみがあり、そこからダシがじくりとしみでてくる。肝のホロ苦さと木の芽の香りが、あとを追ってくる。このあとで衣なしの「素揚げ」、小鉢の「鮎ご飯」、デザートの「青梅の甘露煮」の三品がでたが、胃袋はもはや肴の「うるか・五品」だけしか受け付けない。同席した大食漢にゆずりわたし、未練たらしく「李白」で盃を傾けた。

鮎の塩辛「うるか」の入った、鮎型の器の蓋を取る。発酵した卵巣の塩漬けを箸先でちょこっとつまむ……。子盛りの「うるか」は、量も味も酒の肴にとてもいい。

内臓をよく洗わずにつくった「泥うるか」は、ゴツゴツした味。逆によく洗った「苦うるか」は、その名のとおりホロ苦い。卵巣だけの「子うるか」。これがウマイ。やっぱりコレだ。白子だけでつくった「白うるか」は、どことなくオスのテイストがする。魚体と内臓を刻んでミックスした「切り込みうるか」。市販されているのは、このタイプではなかろうか。とにもかくにも一生分の鮎を堪能したのではないか。そんな気になった鮎づくしであった。

となりの「おいで」

山口県の「阿川」まで長旅をした。東京駅を出たのが八時五〇分。新幹線で小倉まで直行。そこから下関まで逆戻りして山陰本線に乗りかえた。このほうが時間のロスがない。鉄道マニアになった気分。それで関門海底トンネルを二度通った。トンネルに入ると列車内の空気が、ひんやりする。下関までの所要時間は五時間弱。昼食は車内販売の駅弁「秋味満載」。中身は、栗ごはん、秋鮭の親子ごはん、松茸の炊きあわせ。

下関で山陰本線の乗りかえの列車待ちが三〇分。構内をブラつく。一個一三五円で「巌流焼」を売っていた。巌流はいわずと知れた佐々木小次郎の剣術の流名。小次郎と武蔵の決闘した「船島」も「巌流島」。ほかに下関名物、ふくてんうどん・そば。税込みで四五〇円。売店のオバさんと世間話をしていたら、小串行きに遅れそうになって、隣のホームまであわてて走った。

列車の進行方向の左が響灘《ひびきなだ》。穏やかで鏡のような海原。海岸沿いを走り、小さな半島の根元を横切る。二十万分の一の地図には北浦街道と記してある。畑中を過ぎ、稲穂が黄金に輝く田んぼをのんびり通過する。定置網のある小さな湾を横目に、こんもりした山間の小さなトンネルを抜ける。鉄路の路肩には赤い彼岸花。車窓を流れるのんびり風景を、これまたのんびり愛でながら、列車はコトコト走る。夕刻四時六分、ようやく阿川駅に到着した。

地方を旅すると小さな無人駅が多く、駅前は閑散としている。開いている商店もあるが、駅前に自動販売機が一列に据えてあったりして、地元の通勤通学客はこれで事足りている様子。阿川駅も、降り立つとこんな表現にぴったりの無人駅だった。阿川では翌朝、「山口県漁業協同組合阿川支所」で、地魚のセリの取材をする予定だった。現場の下見にタクシーを呼ぶ。

下見を終えたら、ジャスト飲酒タイム。だが、「阿川には酒場がない」と、タクシーの運転手のつれない言葉。けれども一駅もどれば、居酒屋があるという。ホテルでも飲めるが、やはり居酒屋でしょう。で、向かったのが特牛駅。これで「こっとい」と読む。たしか、来るときの車内でしゃがみこんで、化粧をはじめた女子高校生が降りた駅だ。

居酒屋は特牛港にあった。その名も〈おいで〉。ちゃんと招いてくれていたのだ。紺ノレンにお食事処の白抜き文字。店の片側にヨシズの斜めがけ。いい感じ。鼻息荒く、頭でノレンをかきわける。焼酎は「鉄幹」のオン・ザ・ロックス。肴はシャコの釜揚げ。これが大あたり。大きな器にドンと大盛り。シャコの両脇をハサミでジャキジャキ切って、背と腹の皮をペロリとむく。汁もしたたる身をむしゃぶる。これで六〇〇円。

勢いづいて、もう一軒あった〈漁火〉に突入。タイミングわるくカラオケおばちゃん軍団と遭遇してしまった。おばちゃん軍団の歌はエネルギーのトルネード。帰るに帰れずつい長っ尻。帰りが気になるが、隣がタクシー会社だった。帰りの足を完全確保、というわけにはいかなかった。すでに営業終了。事務所は真っ暗。仕方がない、宿までおおよそ六キロ。191号線をヨタヨタ歩く。しばらくして対向車が止まった。お昼の運転手さんだった。知り合いの家でお酒を飲んだので、奥さんの運転で帰宅途中。奥さんがいったん帰宅してだんなを降ろしたあと、戻ってくれて親切に宿まで送ってくれた。大助かりで、ひたすら感謝の夜だった。

・特牛（こっとい）の漁港で くろだい（メジナ）が釣れる。

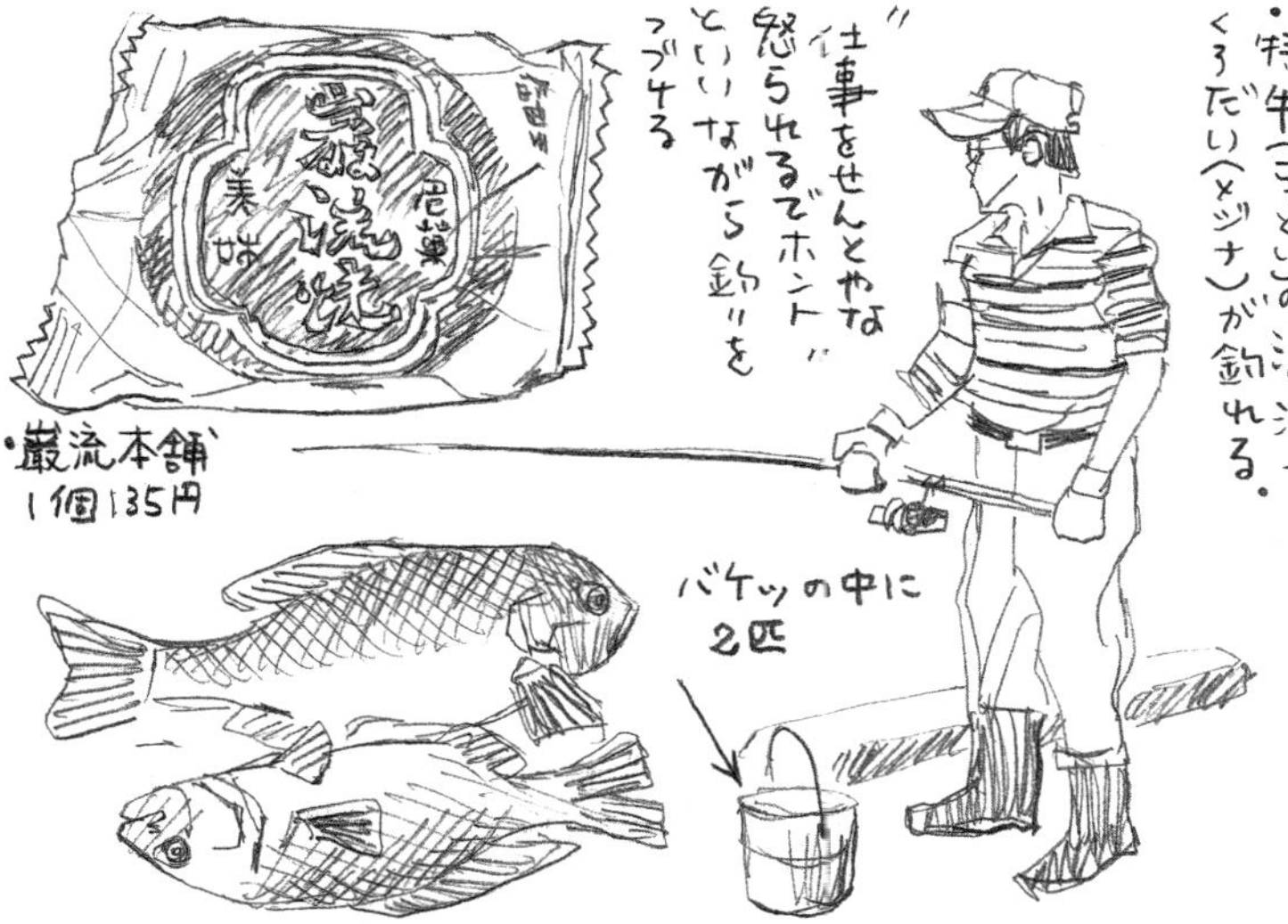

・巌流本舗 1個135円

↑下関から船がある

・特牛の漁港にあった「おいで」のたたずまい。

京都で立ち飲み

京都へ行ったなら、何としても立ち寄りたい店がある。無論、酒場である。うまい具合にその酒場までは「錦市場」のそぞろ歩きが楽しめる。市場風景といえば、裸電球に照らしだされる混沌だとか、たくさんの命がはなつ猥雑ともいえるエネルギーが充満している。だが、そこは京都の台所。かの地の言葉のごとく、心なしかやんわりと感じられる。

京都の庶民の台所では、尾頭付きの魚でもウロコを落とし内臓が抜いてあり、切り身や干物が多い。けれども、棚物からちょっとばかり目を転じれば、黒漆塗りの見事な大看板が軒に並び、凝った意匠のノレンが客を呼んでいる。ぎっしり並んだ乾物は、スルメ、昆布、削り鰹、煮干しなど。地物の京野菜は、金時人参、万願寺唐辛子、聖護院かぶ、九条ねぎ。琵琶湖産小海老。生麩《なまふ》。湯葉。関西の代表魚アマダイ（グジ）……。鰻の寝床のような市場が、目的の酒場までつづいている。

試食品が並んでいる。こいつが胃袋を誘惑してくる。小皿に盛られた、ちりめんじゃこ。まぐろの赤身を醤油だれに漬けた、一本一五〇円のづけ串。ちょこっとツマみたいところだが、「液体で喉を潤すまえに食するなかれ」が、わが酒訓。ぐっとこらえながら市場の東端を抜ける。そこからちょろりと路地をくねると、二股の角に出る。そこに居酒屋〈たつみ〉がある。

この店を知ったのは京都が版元の文庫本『行きがかりじょう・チョット酒場な、話の肴』だ。「二〇年前は『万長酒場』と呼ばれていたと記憶する。（略）野球がテレビでやっている時は入ってすぐのカウンター、そうでない時は便所近くのカウンターがよい。寒くないのと昭和な演歌の

頭芋煮付 三〇〇円
かんぱち造り七〇〇円
いかそうめん 六五〇円
りゅうひ巻 七〇〇円
・「たつみ」のカウンター
・立ち飲みのスタンダードスタイル
たい
かつを
いか
ぐじ
たこ
あじ
穴子
鴨ロース
うざく
鉄ぽ合
味そ漬
かしわ
胡麻合
あん肝
・二軒目「蛸八」のメニュー
なんとはなしに京都っぽい品
スナック
ローズ
商売繁昌
神馬
・翌日は名店「神馬」でグビリ。
・「ワイルド・ターキィ」をひっかけたスナック「ローズ」の猫です
「鯨かのこ」
1000円、白い部分は脂

有線がよく聞こえるからだ。(略)他のお客さんから話しかけられることはあまりないが何となく、連帯感はある。二人で飲んで五千円を超えることはまずない」(本文より)。

〈たつみ〉の営業は正午から十時まで。四時半に入場。カクカクと折れ曲がったカウンター、上には提灯が並んでいる。オヤジが片肘つきでポツリポツリとまっている。壁に貼り紙がある。

「御客様各位。飲酒時間二時間まで・宜しく御願い致します・たつみ」

「飲酒量三バイまで・たつみ」

客と店。酒を介したやりとり。そこで生まれたあらゆる出来事が練磨され、簡潔で厳然とした規則に進化して存在している。こういう居酒屋で鍛えられると、いっぱしの酒飲みになれる。

品書きを見る。すっかり高級品になってしまった「鯨のベーコン」九五〇円。「鱈の生白子」七五〇円。「かんぱち造り」七二〇円。これらは見るだけ。計ったことはないが、ぼくの飲酒ペースは一合で十五分。肴はキュウリとナスのどぼ漬け。どんなものなのか、よくわからなかった品が「りゅうひ巻き」七〇〇円。これを次回の宿題にして店を出る。

外は思ったより冷えていた。寒空のした新京橋の公衆トイレで用を足す。並んでいる隣人に「寒いですね」と、思わず声をかけた。

「そんなことあらへん。鼻ちぎれ身切れるほど寒いこと、ここ一〇年あらへん」

釣瓶落としであたりは暗いがまだ宵の口。両手をポケットに、背を丸めて二軒目に向かう。

世界遺産になる前に

知床へ最初に行ったのは、高校最後の夏休みだった。上京が決まったので、故郷を旅しておこうと思いたったのが動機。当時、国鉄では周遊券を発行していた。コースは室蘭・苫小牧・日高・様似・十勝・釧路・中標津《なかしべつ》・網走・旭川・札幌、そして室蘭にもどる。この間の列車と国鉄のバスが学割で、記憶では一七〇〇円ぐらいだった。

ただし、列車はすべて鈍行。一時間以上の急行の待ち合わせは当たり前。道路は、四〇年以上も前だから、ほとんど未舗装のガタガタ道。バスは車体のすべての部品を軋《きし》ませ、砂利を弾き飛ばし、巻きあげた砂塵を路肩の植物に粉雪のように積もらせて、ひたすら走る。

ねぐらは学校、神社、駅、それに野宿。登山用のザックにモロモロ詰めこんで、当時、最後の秘境のひとつに数えられていた知床を目指した。ウトロ到着は四日目。小さな漁村で売店もなく、藪蚊の猛襲を受けながら空きっ腹を抱えて、漁港の砂浜で野宿をした。

二度目は冬の羅臼《らうす》。雑誌の取材で、目的は流氷とともにやってくるオオワシだ。空路で釧路。鉄路で中標津へ乗り継ぎ、中標津からはバス。夕刻には羅臼に着く。驚くべき時間の短縮であった。そのバスが、いつもより混んでいたらしい。通学の小学生が乗りこむや、車内を一瞥して呟いた。「なまら、混んでるな」。ああ、なつかしい。「なまら」は方言で「いつもとちがう・ふつうとちがう」状態を言う。「なまら、おおい」とか「なまら生意気だ」などと。

三度目は極寒の羅臼。トド射ちの同行取材だ。氷山のようなドデカい流氷の間を、Nさんの小型船に同乗してトドを探しながら走った。ひりひりした寒気が頬を刺す。群れを発見するとエンジンを切って惰性で一〇〇メートルぐらいまで近づく。船首に伏せたNさんがウェザビーのライフルの引き金をしぼる。大気に吸収された銃声はポンと乾いた音。狙いが外れ、群れが雪崩《なだれ》をうって海に逃げこむ。巨体の落下で群青の海面が、目にも鮮やかな白いしぶきを跳ね上げる。港にもどって〈ビジター・センター〉で、オオワシの剝製をスケッチした。

知床四度目は冬の野宿だった。これはウトロ町の協力もあって実現した。フィールドは厳寒期の知床峠。この季節ならオヤジ、つまりヒグマ出没の心配がない。粉雪がちらつく334号線をひた走り、スノーモービルで一気に知床峠を目指す。乳白色の世界は距離感も上下の区別もつかない。突然のデコボコでスノーモービルが跳ね上がる。一瞬、脊椎が離れ、着地と同時にもとにもどる。まるでソロバン玉のようだ。

峠の下にエゾマツが一本。その根元に、たのんでおいた牧草の山があった。よく牧場に丸めてころがっている、アレである。それがあれば氷の上だって、抜群の断熱効果がある。峠の山小屋でしこたま酒を飲んだあと、寝袋を抱えて分厚いワラのベッドへ一目散。

寝支度は準極地仕様。一・五キロのダウン入りの寝袋。ゴアテックスのカバー。ラクダの上下に保温用の肌着をダブル着用。これで万全。枝の積雪が風で散り、白く煙った夜空。満天の星がとんがっている。鼻の先をツンツンいわせながら、白川夜船。

冬の知床半島で野宿する酔狂はいないだろう。世界遺産になってしまった今は、なおさら実現不可能だ。もはや、あの贅沢は願っても叶わないだろう。

・オロンコ岩から ウトロ港をながめる
・この辺で野宿を
したような記憶が
おぼろげに……。
SIZENTOPIA
・知床の観光シーズンの
キツネはボロボロだけど、
冬になると、さすが
毛皮は美しい！

冬の旅　関ヶ原〜高山

新幹線に乗っていると、関ヶ原のあたりで天候が猫の目のようにコロリとかわる。地図で見ると、日本海の敦賀湾と太平洋の伊勢湾までの本州中央部の陸地が、見事に細くくびれている。いわばグラマーな女性のウエストで、サイズは約九〇キロ。このウエストには伊吹山地と鈴鹿山脈が南北に連なっていて、ここに湿潤な海の空気がぶつかる。関ヶ原はこの連山の狭間にあるので、天候の変化をモロに受ける。

西暦二〇〇〇年二月。名古屋から岐阜までは冬枯れの景色だったが、関ヶ原に着くと一面の銀世界だった。この年は関ヶ原の戦いから四百年目にあたり、門外不出だった平塚為広の陣羽織が〈関ヶ原歴史民俗資料館〉で公開されることになった。美濃国垂井五万石の城主・平塚為広は、関ヶ原では西軍に参加している。そのゆかりの陣羽織である。

関ヶ原の武将たちは腹の探り合いで、自軍の優位を争った。平塚為広は大友嘉継と盟友関係だった。大友は石田三成とつながっていて、石田の家康討伐の密謀が大友経由で平塚を動かし、西軍に参戦させた。

陣羽織は黒が基調の、重厚な仕立てだった。表の返し襟には「亀甲梅鉢紋」と「三浦三つ引両」の意匠。襟留めは組紐で「とんぼ結び」。これが、じつに粋。紐で型取った雌トンボの尾の小さな輪に、雄トンボの頭をとおす。いわゆる紐のボタン。背の上部には見事な赤鬼。薄い中綿入りで角が錦糸、牙が銀糸で刺繍されていた。

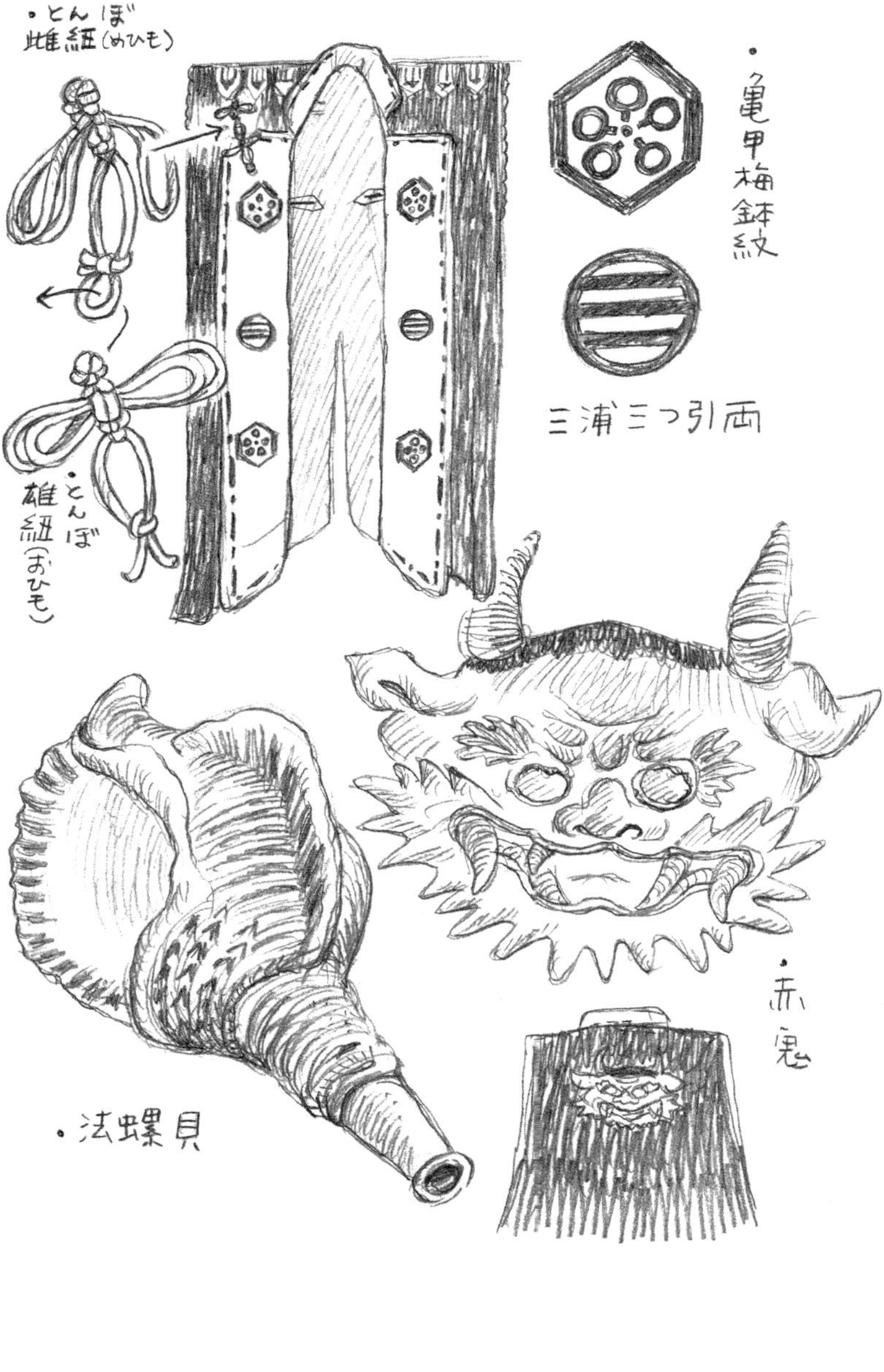
・とんぼ
雌紐（めひも）
・亀甲梅鉢紋
・とんぼ
雄紐（おひも）
三浦三つ引両
・赤鬼
・法螺貝

帰路、薄暮の雪道をトボトボと歩く。関ヶ原の戦いで、大友は眼病で戦線を離脱。平塚は自隊と大友隊の指揮をとったが、奮闘むなしく戦場に散った。

旅はこれで終わりではない。つぎの目的地は高山である。岐阜から高山本線を特急で二時間ちょっと。車窓を雪景色が過ぎる。そして雪、また雪。午後八時過ぎ高山着。街は夜のとばりに包まれ、各戸の灯りがほんのり雪を照らしている。いつもなら鵜の目鷹の目で店探しをするのだが、時間もおそい。若い女性向けのガイドブックが推した記事が貼ってある店に入った。やはり、こういうのはアテにならない。大ハズレ。テレビがうるさい、貼り紙だらけ、妙なメニューの名で料理の見当がつかない。こんなときには前もって、ビールを一本飲んだら店を退散、と決めてある。すぐに出る。二軒目はとおりがかりの〈かっぱ〉。カウンターが長く、ほどよい照明で落ち着いた店だった。高い天井の角に繭玉の飾りがある。大ぶりのやなぎの枝に繭にみたてた白とピンクの餅の重みでしなだれている様子がとても美しい。ようやく溜飲をさげた。

翌日、〈高山市郷土館〉で、金森左京重勝のものとされる法螺貝を見せてもらった。飛騨生まれの重勝は、大坂冬・夏の陣に出陣している。真鍮の吹き口のある法螺貝は、全長が三九・二センチ。一八センチの殻の口から、背骨を震撼させる戦場の息吹が聞こえてくるようだった。

取材のあとはいつものように、市内のそこここにある古道具屋めぐり。あまり時代の古くない湯飲みを調達した。おそらく大正か昭和初期だろう。この湯飲みが、ぐい飲みにちょうどいい。

花見のおながれ

小雨があがった昼飯どきの日曜日。博多の柳橋連合市場の近辺の裏通りを、食堂を探しながらブラついていた。けれども、やっぱり日曜日。どの店もシャッターをおろしていた。

あてもなく横丁に入ると、居酒屋の看板が目についた。その屋号が〈呑べえ〉というのだからふるっている。もうひとつ、妙に気になったのが、屋号の横にあった「角打コーナー」という表示だ。はて何だろう？　こういうのには、つい足を止めてしまう。

そのまま横丁を抜けて通りに出ると、店の入口が中途半端にあいている。まだノレンは出ていない。なかに人影がチラホラ。さてはこの時間から飲んでるな。ついつい足を止めると、女将とおぼしき小柄な女性が店から出てきた。

「このへんに食堂はありませんか」

「さあ、今日は日曜日だからねえ」

いつのまにか〈呑べえ〉の常連客の、男性三人と年配のカップルの酒席に紛れこんでいた。扉越しに立ち止まったこちらの足取りが、いかにも未練たらしく物欲しそうだったのではないか。

卓には満開の桜の枝が活けてある。午前中の雨で花見が中止。急遽、店での花見に変更した、ともあれ「お邪魔します」と挨拶するや、「よかよ、酒があったったい」と歓迎ムード。九州といえば焼酎だが「やはり花見には酒たい」と、新潟の「越路吹雪」がグラスになみなみと注がれた。鮪の赤身を肴にいただいて、店の品書きに目をやる。こういう状態だから注文するわけではない。

そういう習性なのだ。とりきも煮、豚足、ニラとじ、すべて三〇〇円。さしみ四五〇円。あぶてかも三〇〇円。はて？「あぶてかも」って何だろう。

「スズメダイのことです」。スズメダイはウロコが多いけれど、小さい魚なのであえて取らずに、塩をふって半日ほどおいてから炙る。その「あぶる」が語源。そうすることによってウロコは無論、骨ごと食べられるという。教えてくれたのは、もと博多小町といわれた〈呑べえ〉の女将。

気になっていた「角打コーナー」のことも聞く。「以前は、升の角に塩を盛って飲みよった、それとカウンターの角で飲んだことからいうのらしいけど、ようわからん」と、常連の男性客。

すっかりご馳走になって店を出ると、もはや黄昏時。もともとお昼を柳橋連合市場にあったラーメン屋の〈東洋軒〉にしようという算段だったのだが、近所の火事が原因で店じまいしてしまっていた。それで繁華街をウロついて〈呑べえ〉に、行き当たったのだった。

翌日、ほかで飲んだ仕上げに〈呑べえ〉に行った。すっかりゴチになったので、多少でも路銀を落とさなければ酒飲みの男がすたる。「また来る」というのは酒飲みの常套句だから、あまりあてにならないことは先刻承知。て、なわけでノコノコ顔を出すと大歓迎してくれた。

カウンターに座って、神棚の上の天井の貼り紙を見る。そこには「天」のひと文字。意味は「ここに天がある。上に住む人、下に住む人。これを境に階上と階下。互いに気づかって暮らす」。そう教わる。いいですなあ。昨今はこういう思いやりが、消えてしまった。

こんな訓のある〈呑べえ〉との出会いを、花の恵みというのではないだろうか。

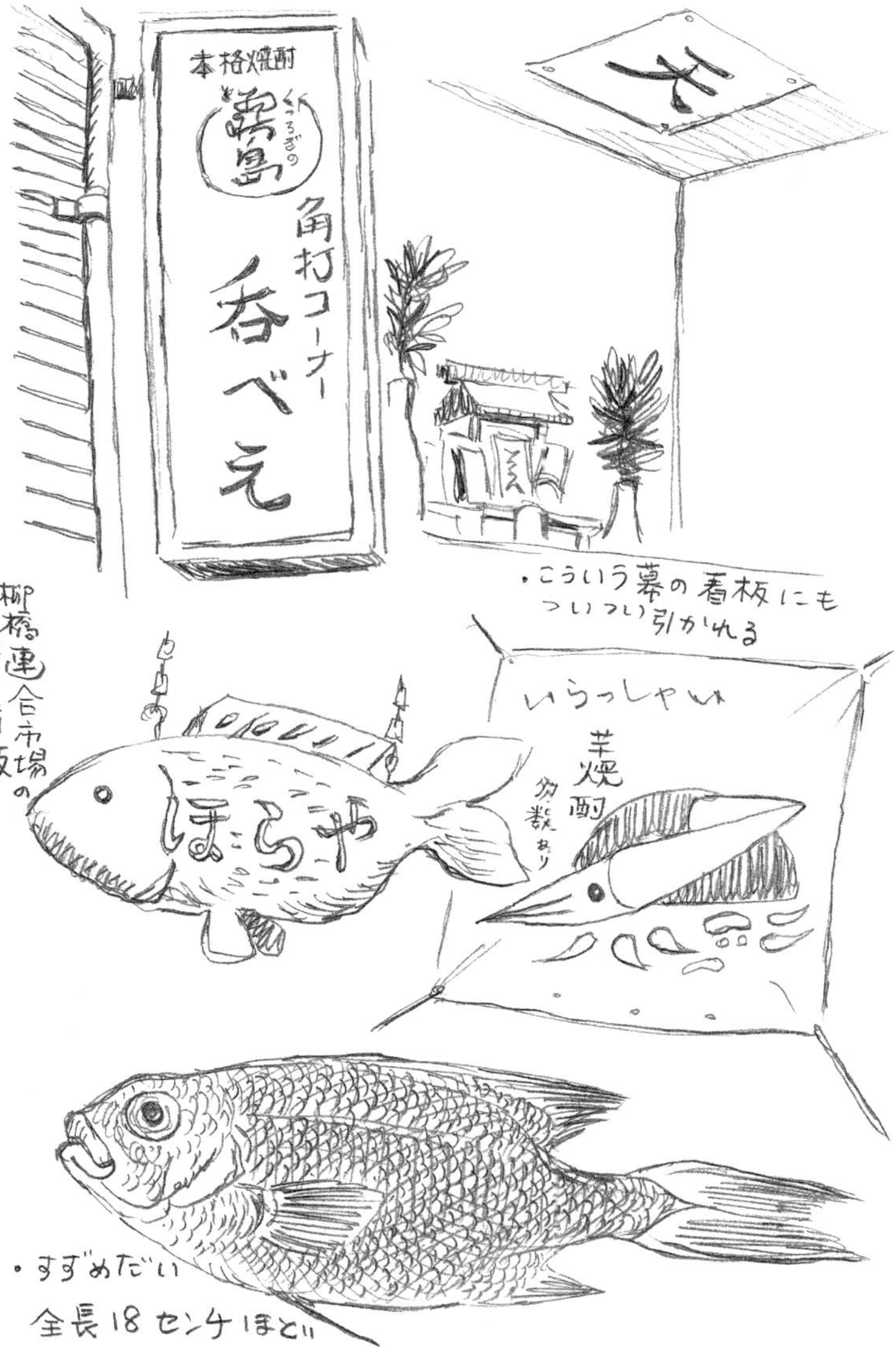

本格焼酎
角打コーナー
呑べえ
・こういう幕の看板にも
ついつい引かれる
柳橋連合市場の
手作り看板
ほらや
いらっしゃい
芋焼酎
多数あり
・すずめだい
全長18センチほど

レコードの重さ

テネシー州ナッシュヴィルの中心街からそう遠くないところに〈グレート・エスケープ〉という店がある。「大いなる逃避」の意味だろうか、電話帳でさがした中古のレコード屋だ。二度目だったが、最初に訪れてから十年のブランクがあったので、レコードの在庫量が半分ぐらいになっていた。それでも、体育館のようにダダッ広い店内に、ずらっとレコードの棚が並んでいる様は、やはり圧巻であった。映画のポスターや、関係資料も扱っていて、マニアらしき客がちらほら。好きな世界にどっぷりひたれるところは、まさに現実から大いに逃避できる別世界。

レコードの棚は、歌手名やバンド名別にAからZまで区分けされている。僕のねらいは五〇〜六〇年代のカントリーのLP。とはいうものの、在庫のおもだったものは七〇年代が中心。目当てのものは、おいそれとは見つからない。まあ、そのぐらいが、ちょうどいい。なにしろレコードは重いので、土産にするには二、三枚が適当。会社によってレコードの重さは、若干のちがいがある。五〇年代のレコードは、どのくらいの目方があるのだろうか。

計ってみて、まあ驚いた。なんと平均で三〇〇グラムを超えていた。つまり、LP十枚で三キロになる。調子にのって買いあされば、かなり重くなる。ちなみにレコードは六〇年代後半から薄くなり、七〇年代になると平均が二〇〇グラム見当で、盤がペラペラになる。グレート・エスケープでは深みにはまらず、二枚ゲットするだけでおさまった。

アメリカでは、古本屋でもそうだが、店内をお洒落に統一している店と、これでも店かと思う

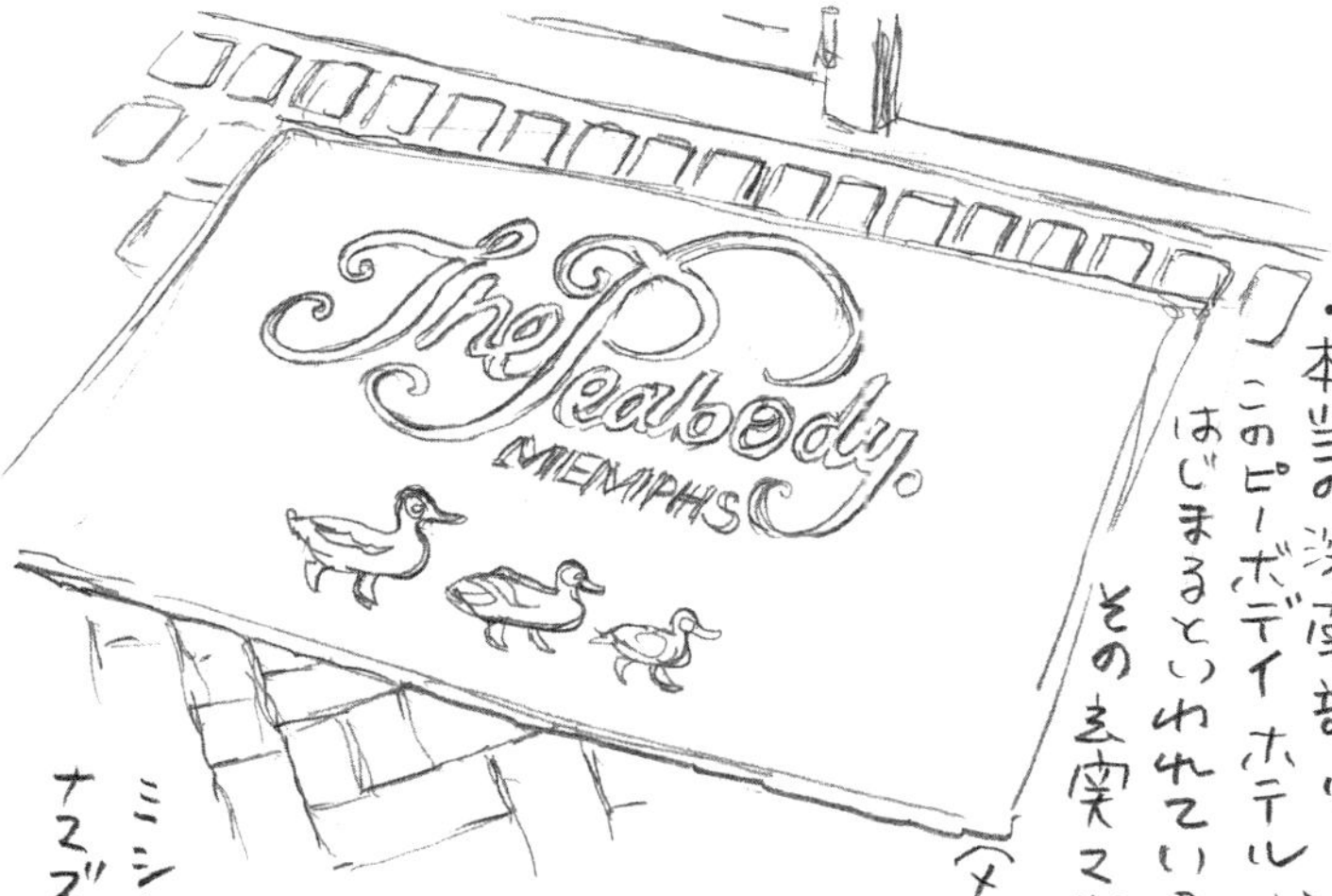

・本当の深南部《ディープサウス》はこのピーボディ ホテルからはじまるといわれている。

その玄関マット

（メンフィスにて）

ミシシッピ河のナマズ釣り

↑金メッキのピンバッチ

・名物ナマズのディスプレイ

ほどぐちゃぐちゃで、まことにずさんなタイプの店とがある。テネシー州メンフィスの街外れの、古レコード屋は後者のほうだった。

このあたりは治安がわるいらしい。寝酒を調達すべく酒屋に寄ったのだが、客と商品とレジが防弾ガラスだろう、それで完璧に仕切られていた。ガラス越しに棚に並んだバーボンの瓶を指さして、指先も入らない小窓から金を払う。すると自動販売機のように、ガラス越しの店主がゴロンとボトルを落としてくれる。手さえも触れあわせない、見事な仕組みだった。

目当てのレコード屋は、酒屋の近くにあり、そこも電話帳でさがしたのだった。店はもう完全に倉庫状態で、レコードの詰まったダンボール箱が、あっちこっちに乱雑に置いてあるだけ。それらに埋もれるように、渋柿面の年配の店主がレジのまえに鎮座している。

店の状態からコンディションは期待できなかったが、欲しいのがあった。ジャケットの端が破れ、レコードがちょっぴりはみだしている。これで三ドル。即、購入。オヤジは当方をかなりのカントリー好きと察し、渋柿面をくずして笑顔で礼を言ってくれた。

こんなレコードを持ち帰ってから、修復するのも楽しい。レコードを入れる中袋はストックしてある。OA用クリーナーでジャケットの表面を拭いて汚れを落とし、スコッチのクリアテープで上下の破れを補修。奇跡のクリーナーと呼ばれるBWのA液でレコードの汚れを落としてから、B液で艶出しをする。

こうしてまあまあ復活したレコードは、時間が経つと直した部分がなじんでくる。ターンテーブルに乗せて針を落とすと、またぞろアメリカ南部の旅がよみがえってくるのである。

海なし県の水族館

日本人は水族館が大好きだ。大がかりな施設の水族館が、全国に次々にできている。ジンベイザメの遊泳する館や、クロマグロの群れが遊泳する館。アマゾン川の環境をそっくり再現した館などなど。魚好きでなくても日がな一日、飽きのこない工夫をした水族館がそこここにある。そんななかで、渋い、と唸らせる水族館が埼玉県羽生市にある。その名もズバリ〈さいたま水族館〉。野球でいえばストレート、直球のネーミングである。

東北自動車道を加須インターで降りる。途中、手打ちうどん〈末広〉のたたずまいに一目ぼれして、昼食の腹ごしらえをする。うどんカケが三五〇円。大盛りで四〇〇円。味は無論ばっちりで、幸先がいいことこのうえなし。

〈さいたま水族館〉には三田ヶ谷池と宝蔵寺沼が接していて、広々としている。さあ、これから魚をたっぷり見物するぞ、という意欲がヒシヒシとわきあがってくる。入場料が大人三〇〇円。うどんより安い。これがまた泣かせるのである。

埼玉県は海なし県だ。だから館では淡水魚、それも荒川に生息する八十六種のうち七十種類を中心に展示し、さらに、は虫類、甲殻類、水生昆虫も展示している。そのこころざし、じつに立派である。館内の庭池にはソウギョ、アオウオ、ニシキゴイもいる。とくに記すべきは、埼玉県熊谷市の荒川の限られた一部にしか生息しない、ムサシトミヨが見られることだ。子供のころ北海道にもトミヨの仲間がたくさんいて、ヤチと呼んでいた湿原の水たまりでよく捕ったものだった。刺のある小さなヒレがあり、握るとチクチクと掌《てのひら》をさす。僕らはトンギョと呼んでいた。

六〇〇尾まで減少したムサシトミヨだったが、熊谷市では保護活動とともに下水路を生息水域から迂回させるなど環境改善をはかった結果、二万尾を超えるまでに数が回復している。

館では国の指定天然記念物のミヤコタナゴの保護育成も行っている。一九八二年に滑川町で保護された八尾から人工採卵し、同町の沼に放流している。ミヤコタナゴはマツカサガイやドブガイなどの、生きている二枚貝のなかに卵を産みつけるので、環境を整えるのにも手間がかかる。おりしも「ナマズ軍団参上」という特別展が開かれ、子供たちが黄色い声をあげ、館内は大もりあがり。長い天神髭で大臣ばりのご面相のナマズを、おチビたちに混ざってスケッチする。

この魚見物で、はじめてカワアナゴの存在を知った。丸い土管から頭を出して、なにやら哲学の最中らしい。ハゼ科特有のいかつい面構えではあるが、眼に愛嬌がある。こういった未知の淡水魚と対面できたのは、なかなかの収穫であった。

宝蔵寺沼には、ホテイアオイがユサユサと葉をしげらせていた。その太い茎をかきわけてオオバンがあらわれた。オデコとクチバシにつながる白い額板が、鮮やかに緑に映える。長い指で葉を踏みしめてノッシノッシ歩いている。水辺の野鳥で上野の不忍池や河川のアシ原などで、双眼鏡でしか見たことのないオオバンがすぐ目の前にいる。すごく得をしたような気分だった。

〈さいたま水族館〉では、荒川の全長二〇〇キロを上流から河口までをくだるように再現している。地道な努力と、それを継続させる企画力、生き物に対する熱意を感じた。

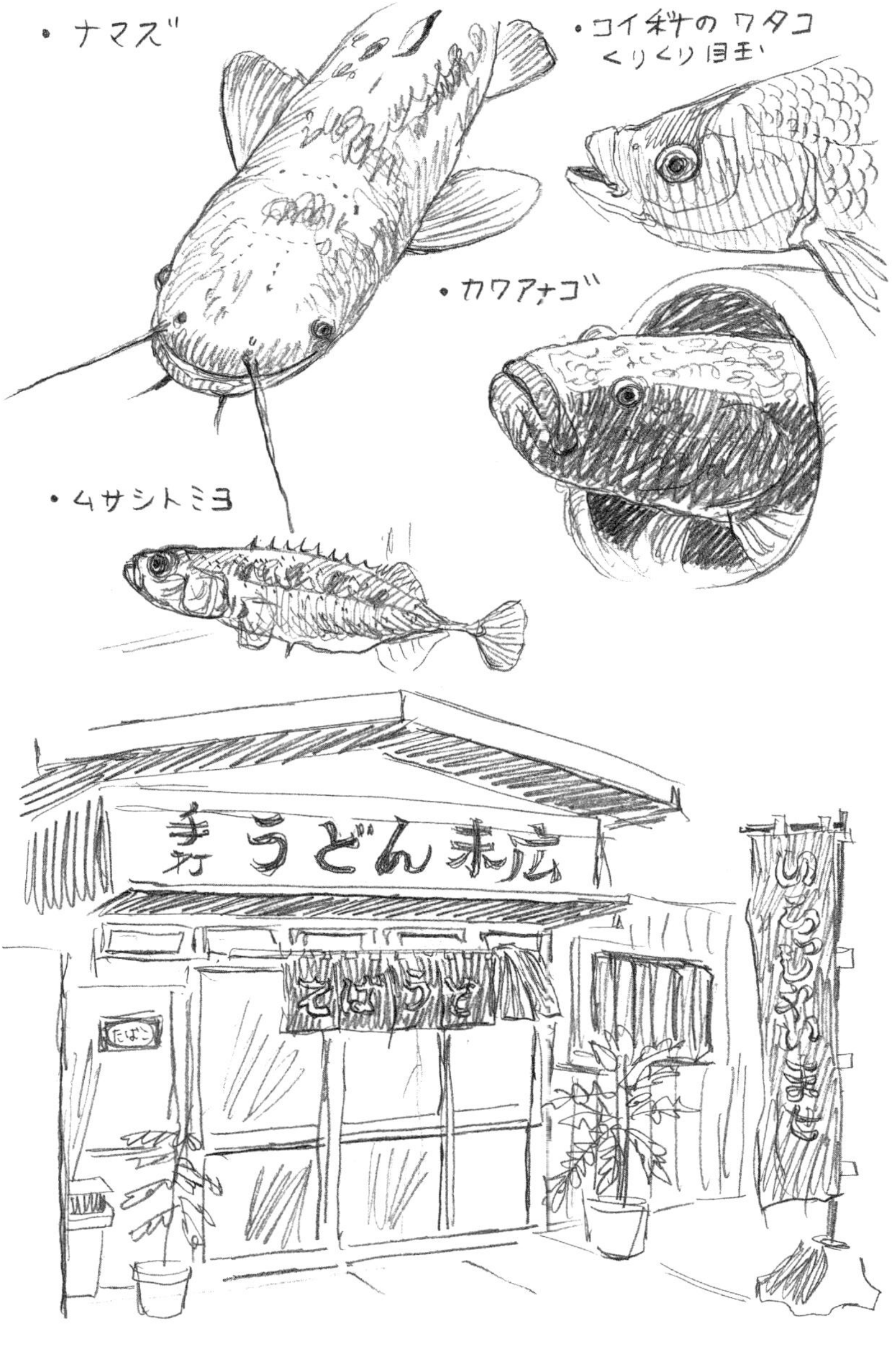
・ナマズ
・コイ科の ワタコ
くりくり目玉
・カワアナゴ
・ムサシトミヨ
手打うどん末広
そばうどん
たばこ

屋台の行列

高知空港からリムジンバスに乗る。窓からの景色がすぐに牧草地になり、朽葉《くちば》色の牛がのんびり草を食んでいる。最初に高知を訪れたときと同じ光景である。空港と牛の組み合わせには、悠々とした豊かさがある。昨今の景観の変貌はめまぐるしい。それだけに変わらない光景と邂逅したので、何かしら胸のうちに小さな嬉しさがわく。

高知市内には路面電車が、古い型のままゴトゴトと走っている。停留所の名は「はりまや橋」、横に「安全地帯」の文字。ペギー葉山の「南国土佐を後にして」で、坊さんがカンザシを買うのを見られた橋だ。学生の頃、新宿の若松町からお茶の水まで通った「都電」の停留所にも、安全地帯の表示があった。高知では「土佐電気鉄道」を略して、「土電」。旧態依然といってしまえばそれまでだ。が、変わる必要のないものは、変わらなくてもいい。高知人の凛とした気骨が、ひしひしと迫ってくる。

こんな調子で、いっぱしの気まぐれな旅人を気取って宿に向かう。と、川端の酒屋が目にとまった。板張りの二階家。店頭に薦《こも》かぶりが鎮座している。店の入口の日よけに〈安岡酒店〉の屋号。二階の中央のアサヒビールの大看板は、地が金網張りで、これも年季がはいっている。この大看板を地酒の「司牡丹」と「土佐鶴」の縦看板がはさんで脇を固めている。ひな壇の右大臣左大臣ばりである。こういうのを目にすると、即、スケッチだ。

旅の目的は昭和三十年代から続けられている高知の「日曜市」。高知城の追手門の前からまっ

・暑くなると人気の飲みもの「レモン水」
むかしながらの酒屋さん
→なつかしい表示板が現役である
土佐鶴
司牡丹
大関
たばこ
地酒
レモン水
100円
安全地帯
はりまや橋
桟橋方面のりば
うどん そば
トコロテン

すぐ伸びる道路脇に、テント張りの露店が六〇〇軒あまりひしめいて並んでいる。地野菜、海産物、乾物、植木、金物、古道具、手づくり道具、古着、玩具、日用品、揚げ物、お茶、薬草、庭石。何でもある。南国土佐だけにアジアンテイスト満載。観光客も多いが高知市民も一体となり、壮観のひとことである。

朝の市場見物だから腹ごしらえもここでする。市場通の推薦する〈一柳〉に入る。四人がけのテーブルがひとつだけ。「冷やしソーメン」を注文する。かまぼこ、ふわふわの玉子、味のしみた油揚げ、椎茸の煮しめ、缶詰のミカンが一切れ。これがソーメンの具。薄い上品なつゆ。一気にすする。腹に余裕があったので、ところてんを追加。東京スタイルの酢醤油に和辛子で食べるのとちがい、これまた上品な薄味のつゆに、ねぎ、おろし生姜、刻み海苔で食べるのだが、とてもおいしい。

後日、日曜市の起源を高知市役所に問い合わせると、なんと一六九〇年。江戸時代も初期、徳川綱吉のころである。当時は「日切市」と呼ばれていた。それが延々とつづき、明治六年に太陽暦になってから日曜市になったという。

市場めぐりでは、手縫いの巾着《きんちゃく》袋を買った。ミスマッチの印象からか、製作者の女性から「何に使うのですか」と聞かれた。「ぐい呑みを入れる」と答えると「そんな使い方もあるのね」と、いちおう誉《ほ》められた。

さて、高知でのシメは昼食のハヤシライスだ。市内のレストラン〈コックドール〉は昭和二十六年の創業。まっこと正しい西洋料理に舌鼓をうつ。

モンゴルでのらくら

還暦は赤いチャンチャンコを着て祝うらしいが、そういうのは真っ平である。焚き火をかこんで酒を飲み、野宿をして過ごすつもりだった。けれども、どこで実行するか、具体的には決めていなかった。そんなおり、モンゴルで焚き火と野宿ができるという話があった。降ってわいた話だが、懐が寂しかったものの、なんとか都合をつけて出発にこぎつけた。

「ミアット・モンゴル空港」行きの直行便で、成田から五時間四十分でウラン・バートル着。街はすっかり秋景色。郊外に広がる枯葉色の平原は半月前までは緑の海だった。この日はホテル泊。

翌朝、焚き火のできる北東部まで移動を開始した。ロシア製の四輪駆動車ウォズは、砂塵をまきあげてひたすら疾走。舞い上がる土埃の侵入を防ぐため、ガムテープで窓に目張りをする。飛行機から見たモンゴルの大地は、縮緬《ちりめん》のようにシワがよって見えたが、そのひとつひとつが大きな段丘の連なりで、車は米粒のようにその間を走っていく。目指すのはロシア国境に近いビンデルという村。最終目的地はさらに北を流れるオノン川の川岸だ。

野宿をしながらの移動で、四日目に無事目的地のバルファに着いた。

行者箱と呼んでいる愛用のバッグから、寝袋をだす。ラクダの上下の野宿ルックに着がえる。いつものスタイルになると、すっかりくつろいで、一瞬、ここがモンゴルだと忘れてしまうのだった。ところが大陸である。北へ直線で五〇キロほどでロシアとの国境だ。日中は三十度でTシャツ一枚でもじりじり暑いが、太陽の傾きとともに気温がグングン下がる。三時ごろには長袖のシャツ、夕方にはウールの上着、寝る前はダウンジャケット。朝目覚めると枕もとのカップに、素手では割れないほどの氷が張っている。
オノン川には大物のイトウがいるが、こいつは滅多には釣れない。そのかわりカワマスの仲間でレノックという、ちょっとのっぺりした顔つきの、三〇センチほどのがよく釣れる。これを三枚におろしてマリネにすると、モンゴル・ウオトカによくあう。

モンゴルでは白濁した馬乳酒を常飲するとばかり思っていたが、ちがった。蒸留酒で透明なスピリッツ。誕生日のこの日のために、特別に七面鳥のレッテルのバーボン・ウイスキーと、キューバ産のとっておきの葉巻を用意していた。葉巻はモンゴルの空気乾燥対策に、密閉袋に保存していた。携帯用の加湿器を入れていたのにもかかわらず、水を足したために、葉巻がブニョブニョになってしまった。

モンゴルの針葉樹は寒冷地のため生育が遅い。年輪が詰まって材は固くとても火もちがいい。炎をあげて燃えさかっている焚き火を、現地のヘンケさんに上手だとほめられた。串に刺した羊の肉にかぶりつく。口の脂を赤いフランネルのシャツの袖口でぬぐい、酔った目玉で夜空を見あげる。さよう、還暦ではなくても野外ではいつも、アメリカ開拓時代に樵《きこり》が着たのとおなじ、赤いフランネルのシャツを愛用しているのです。

漆黒の空間が、隙間のないほどの星で埋めつくされていた。川岸の野草をたっぷり敷きつめたベッド。寝袋に潜りこむ。おいしい葉巻と酒と星空。教えてもらったモンゴル語をつぶやく。モンゴルの大地よ、「バイ・ラヴ・ラー（ありがとう）」。

・ロシア製「ウォズ」四輪駆動

・ビンデル村のガソリンスタンド

少しはなれた所に、ガソリン注入場がある

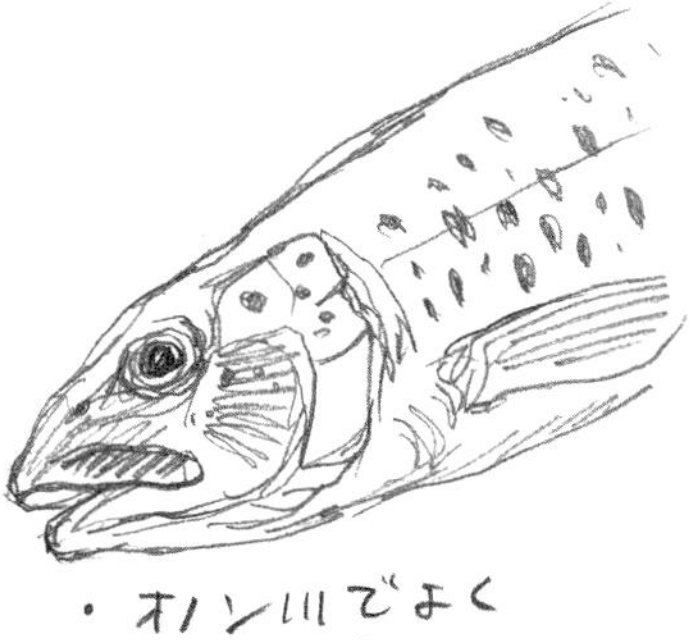

・オノン川でよく釣れる「レノック」

猫の目お天気

猛暑の最中、京都に出かけた。朝八時にホテルを一歩外に出るや、路面からグワンと熱気が襲ってきた。強烈なパンチだった。

老舗の喫茶店〈イノダコーヒー〉で、モーニング・サービスの朝食の予定で、歩きはじめると、真昼のような濃厚な影が地面にくっきりと映る。路肩には土塀がつづいていて、こんもり茂った木が日陰をつくってはいる。けれどもその葉叢のなかで、呪文のようにアブラゼミが鳴き狂っている。この鳴き声がまた暑い。京都の夏はフライパンの底だ。

暑さに負けそうになったあとのモーニング・サービスは、満足すべきものだった。クロワッサンにスクランブル・エッグとオレンジ・ジュース。最後にコーヒー。これぞスタンダード。

腹をくちくして出ると、さっきのカンカン照りはどこへやら、こんどはアーケードの天井にバラバラと雨があたっていた。時間はたっぷりある。遣らずの雨というわけで、店をひやかして歩く。「消防」をコンセプトにした店で、火消しのTシャツを孫の土産にする。民族楽器の店など、なかなかおもしろい店が軒を並べている。

そうこうしているうちに、雨がほぼ止んだので河原町通りを歩く。ふと入った〈キクオ書店〉に民俗学関係の本がぎっしり。棚に四〇年来探していた本を発見。新潮社刊『野生への旅II マタギ』（戸川幸夫）だ。僕にとってこの本は旅の原点の本。このシリーズは全部で五冊あり、『原始の島西表』をリアルタイムで買い、『知床半島』はお茶の水の古本屋、『下北と都井』を神保町の

「やまなか」の豚シェフ

・今では貴重な文献でもある。

・2冊分冊で詳細な地図つき。

素晴しい本です

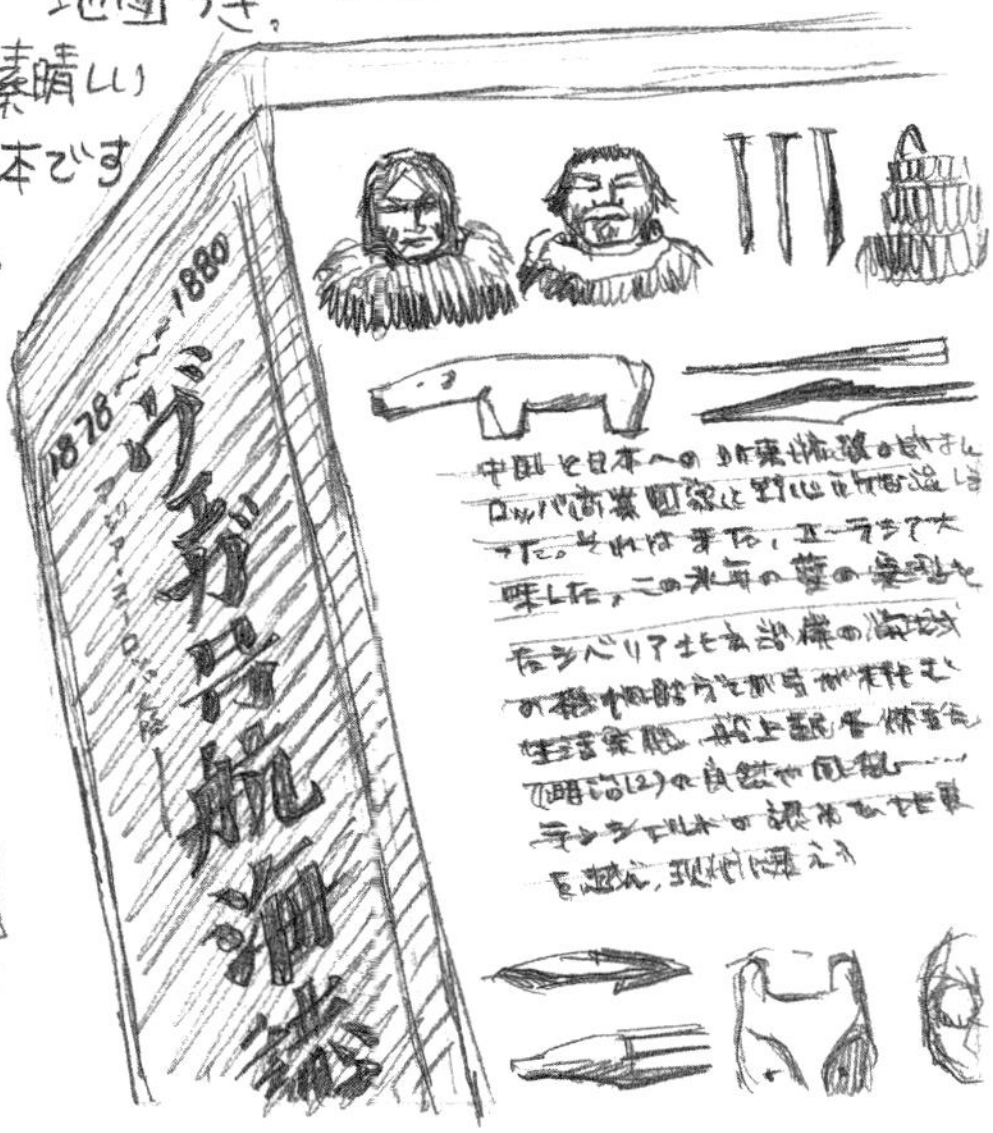

ひさご寿しの鯖寿司

古書店で手に入れた。『マタウンパ』と『野生への旅Ⅱ　マタギ』をずっと探していた。インターネットで探せるよ、といわれるが、二十二、三歳のころから探しつづけていて、思わぬところでヒョイと巡りあえたのである。これで残りは『マタウンパ』だけ。はたしてどこで会えるやら。これも旅の楽しみ。

空模様が怪しくなってきた。鉛色の雲間に稲妻がはしっている。昼飯にはちょっと早いが、うまそうなトンカツ屋があったので入った。屋号は〈やまなか〉。店内のそここに豚のマスコットやら、写真などが飾ってある。子供のころからトンカツは醤油派だ。ロースカツ定食をパクついていると、外がドシャ降りになった。これだけ降りゃあ、少しは涼しくなるだろう。雨宿りの暇つぶしに、店内の豚のアレコレをスケッチする。可愛い子豚のポスターに、「抱っことキッスのどっちがいい?」なんて文句がある。

一瞬、晴れ間が出た。ソレッとばかりに店を出ると、うまい具合にタクシーから客が降りたところだった。車中の人となってから数分後、雷さまの合図とともに、篠《しの》突く雨になった。「今日ばかりは、お客さんに喜ばれます」。運転手が顔をほころばせた。

『野生への旅Ⅱ　マタギ』と一緒に買った二冊本箱入りの『1878〜1880・ヴェガ号航海誌』が重い（計ったら二キロあった）ので、フロントに頼んで宅配便で送る。

しばらく休憩。夕刻小雨になっていたが、タクシーで河原町へ向かう。夕飯は〈ひさご寿し〉。おいしい鯖寿司を堪能。清酒を少々。夜の帳《とばり》のおりた古都は、雨上がりで、ムッとする湿気に包まれていた。腹ごなしにそぞろ歩いて、仕上げのバーへ向かう。

十文字槍と酒

奈良は通算すると四度目になる。最初は高校の修学旅行だ。ずいぶんと間があいて二度目が七年前。目的は宝蔵院流槍術の取材だった。

宝蔵院は塔頭と呼ばれて、興福寺に属する小寺院だったが、寛永十一年（一六三六）に焼失して現存していない。今は碑が残っているだけだ。院主だった胤栄《いんえい》という人物が槍術に優れ、宝蔵院流として今も綿々と受け継がれている。

宝蔵院流で使われている槍は、鎌槍と呼ばれている。穂先の根本に刃があり、牛の角のように対になっている。鎌槍は十文字槍とも呼ばれる。「突けば槍、薙げば長刀、引けば鎌、とにもかくにも外れあらまし」と、その機能を詠われている。

取材を終えた後は、いつものとおり酒。その店は、店主よし、酒よし、料理よし、客よしで、じつに素敵だった。味をしめた酒飲みは、再度の奈良行きを画策した。

うまい具合に、宝蔵院流には二代目を継いだ胤舜という人物がいる。これは格好の免罪符になるぞ。というわけで胤舜をお題目に唱えて、酒を目当てに三度目の奈良行きが実現した。

興福寺は法相宗の大本山で、十世紀には大和一国を寺領とした有力な寺院だ。槍の稽古は興福寺とは離れている、鴻乃池道場で行われていた。

胤舜は昇進を重ね、五十四歳で宝蔵院流の最高位を得て「権律師禅栄房胤舜」となった。鎌槍を槍術として体系を整え、文武両道を唱え、たくさんの門弟を育てた。じつに優れた人物であった。

つつがなく取材を終えれば酒である。前回飲んで覚えていた店の屋号は〈とらまる〉。前回も二度目も、宝蔵院流師範のIさんが案内してくれた。この日は常連客の誕生日だったか結婚祝いだったかで、なんとなくまぎれこんで、またもや楽しい酒を飲んだのだった。

それから五年。

宝蔵院流から分派した人物の取材をすることになった。宝蔵院流高田派槍術の流祖高田又兵衛である。この人物のおかげで四度目の奈良行きとなった。当然〈とらまる〉で一献。

当日は宝蔵院流槍術を興福寺に奉納する、一八回目の演舞会が行われた。演舞はふた抱えはある円柱が並ぶ東金堂で行われた。僧侶とともに経文を唱えたのち、白装束の演者が一〇人の腹の底から絞る気合とともに、素槍と十文字槍が交差する。剣術とはひと味違う荘厳さに包まれていた。

今回は師範のIさんと、店で待ち合わせた。うろ覚えだったが、薄暮の徘徊はこちらの得手。鼻を利かせて無事に合流した。とらまる、虎丸、などといいかげんに覚えていたが、正しい屋号は〈登楽丸〉だった。女性店主も待ちかねてくれ、まずは静岡の「開運」で乾杯。酒盗、小鯛の笹漬け、蒲鉾にちょこんとのったカラスミ、山椒漬け、玉子焼き、胡麻和え。これが小鉢で勢揃い。酒がするすると喉を流れる。鰹、蛸の刺し身。いずれも量が少ないので、酒飲みには嬉しい心配り。銀杏入りのしんじょ。小鍋仕立てで、鱧と松茸。酒が進みます。

日本の剣豪を紹介して八八人目の高田又兵衛で奈良とは一旦縁が切れたものの、まだ虎視眈々と次の機会を狙っている。

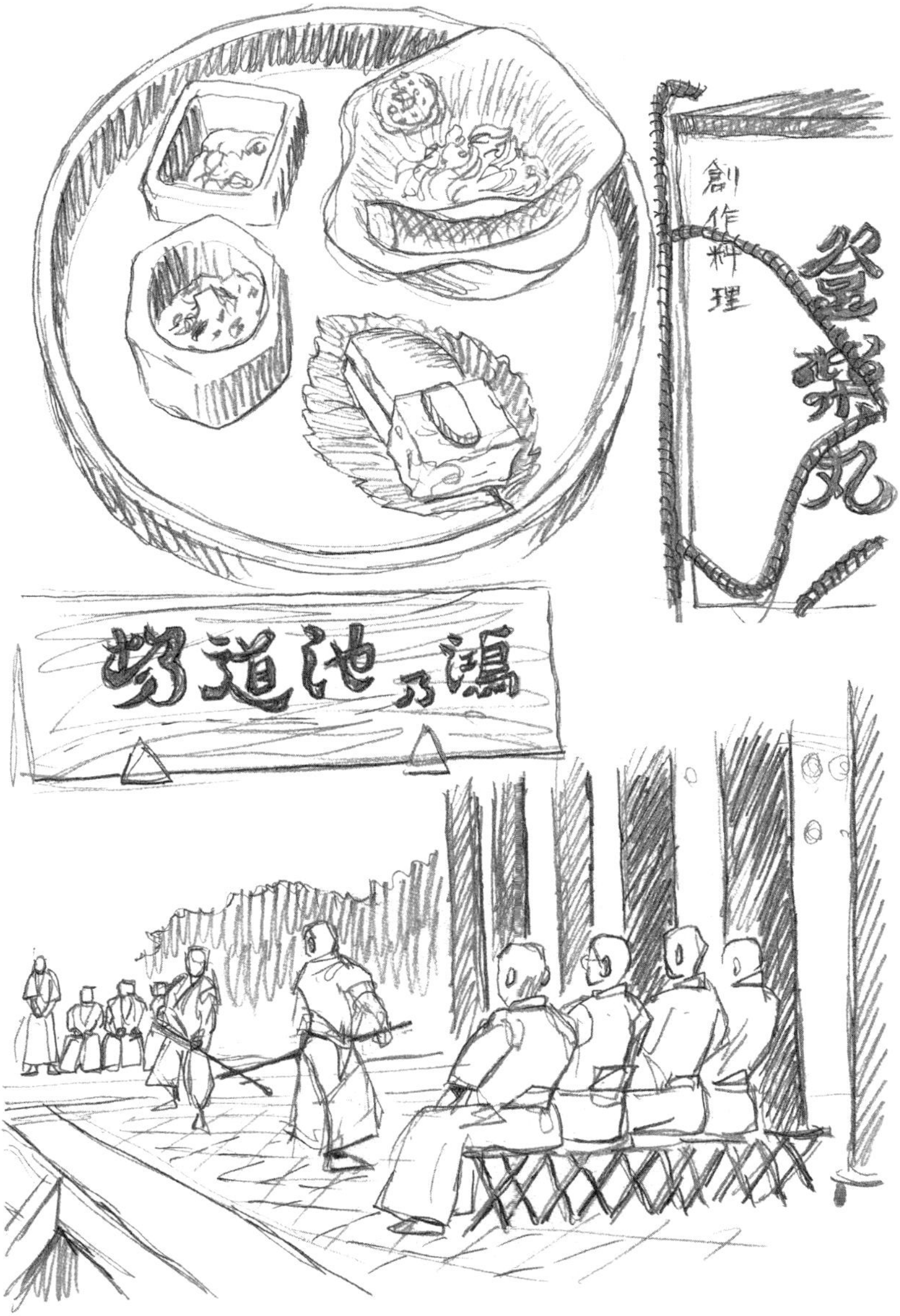
創作料理

夜飲と朝食のブルース

十二月の和歌山市内。通りすがりの居酒屋〈舟津〉に引っかかる。創業四〇年。酒は地酒の「祝砲」。アルミのチロリで燗。品書きを見ると凄い。いわしだんご汁二〇〇円。トマト一五〇円。ハムエッグ三五〇円。トロロ芋三五〇円。大根おろし一〇〇円。涙が出る値段だ。
「うちのは正味一合あるから酔うわよ」と、開店前なのに歓迎してくれた女将。肴は関東だきのコンニャクとスジ。いい気分で店を出る。

そぞろ歩いてお洒落なバー〈COCO 2nd〉に入る。天井まで届くガラス張りのドア。ほどよい照明。カウンターに肘をのせ、タンカレーのマティーニを注文する。これがじつにイイ。壁にドラマーの額がかかっている。「この店、高そうだ」とビビっていた連れがジャズ・ファンで「バーナード・パーディだ」と、急に元気になる。彼は有名なドラマーで、和歌山でドラム教室をやって、その流れで来店したという。勘定はごくごくリーズナブル。

翌日の朝。昨晩は〈舟津〉で、コンニャクとスジしか食していないので、かなり空腹。けれども、今どき朝からやっている食堂があるだろうか。ありました、和歌山市内に。その名も丸に正の字〈食堂㊣〉。ポーチドエッグに蕗《ふき》の煮付け、貝汁、ご飯（小）。味は申し分なし。いいぞ、和歌山。居酒屋、バー、食堂、望みのもの全てアリ。

翌年二月。沖縄通と一緒に沖縄へ行く。栄町で市場見物をする。表通りの向かいの民家の壁に、でっかい「栄町音頭」の歌詞の看板があった。

・すじとコンニャク
舟津の招き猫
・チロリ
BAR
CO・CO
2nd
・タンカレーマティーニ
♡エロス♡
缶詰も一応
皿に乗ってくる
ボトルネックの
豆入りビン
島豆腐は穴が
掘ってあり、
中に薬味が
入っている
・てんぐはぎ
おかゆとジューシー
モーニングステーション
(朝の駅)

「首里と那覇の真ん中の／戦後に出来たる新開地／姫百合聖地のその跡に／街の名前も栄町／街の名前も栄町」

もはや栄町にその面影はないが、うらびれた寂しさもない。鮮魚店には亜熱帯の魚テングハギやイロブダイ、スジアラが寝そべっている。置物のように動かない露天の野菜売りのオバさん。物静かでゆったりした沖縄タイムが流れている。

夕刻、栄町の〈ボトルネック〉で飲む。島豆腐、瓶入りの豆を肴にオリオンビール。勢いに乗って栄町から桜坂へ河岸《かし》をかえる。二軒目は〈エロス〉。凄い名前だ。肴はすべて缶詰。味付け鯖缶、味付け赤貝缶という具合。沖縄テイスト満点の店だった。

沖縄通の案内人の最後の推薦店は、エロスの近くのバーで、ここも凄い。ドアに鍵がかかっている。まず、ノック。小窓からママが覗いて許可が出る。無事にパス。長いカウンターの眼前におでん鍋。冬だから沖縄でもおでん。屋号は初代のママの名。今は昔宝塚風の三代目ママ。店のジュークボックスで「夜霧の第二国道」と「イヨマンテの夜」をかけたら「あら、古いもの好きネ」と、歌手名クイズの出題。A面「もどれぬ人生」B面「ちっぽけ酒場」。やや甘い二枚目風の声。「コレわかったら、初めての人よ」。当然わかりません。降参。答えは、三木のり平。

翌朝、「農連市場」の店〈朝の駅〉で、粥をかっこむ。これがまた美味。さらに島の牛乳「宮平牛乳」で喉を潤す。朝はいつも健康的に……。

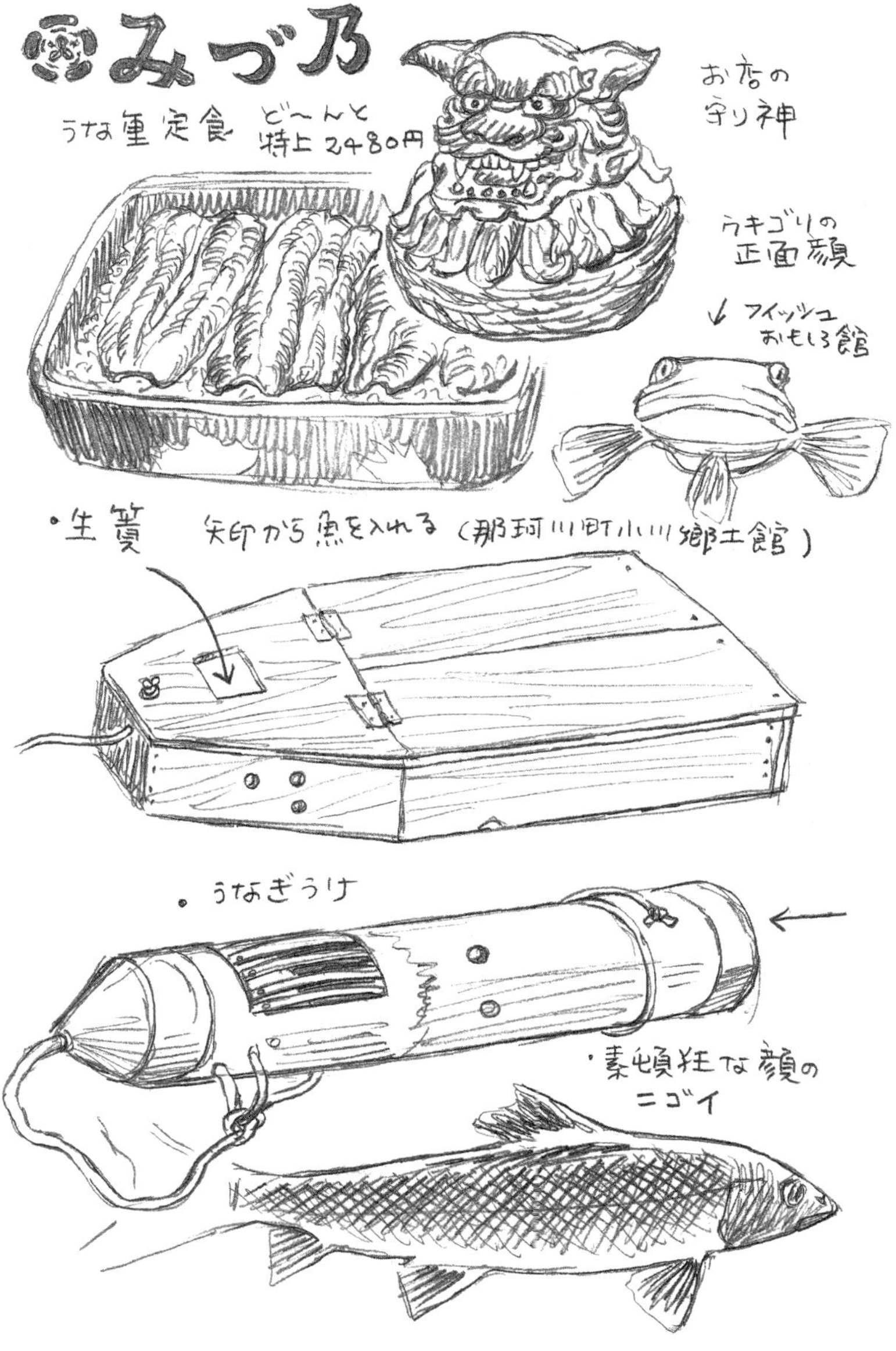
みづ乃
うな重定食
どーんと
特上2480円
お店の守り神
ウキゴリの正面顔
フイッシュおもしろ館
・生簀
矢印から魚を入れる（那珂川町小川郷土館）
・うなぎうけ
・素頓狂な顔のニゴイ

焚き火なしの野宿旅

栃木、茨城の両県を流れる那珂川の流域をめぐった。焚き火と酒の野宿旅である。

那珂川は、なにしろ堂々たる大河だ。川沿いは野宿場の適地ばかりにちがいない。つまり、野宿のし放題というわけ。ところが、この目論見がおおはずれ。野宿場探しに悪戦苦闘した。水量豊かな箇所はほとんどガッチリ護岸されていた。ひらけた川原は水際までアシが茂っていて進入できない。岸沿いは一様に人家が近く、公園や遊戯施設も設置されている。

やむなく河口から四〇キロほど上流の「下野大橋」のしたをネグラにした。荷を降ろすと、すでに夕暮れ。さっそく焚き火といきたいが、川岸には流木がひとつもない。

こういうときはジタバタしない。旅のスタートを祝って、シャンパンで乾杯。枝豆、タコの頭を肴にグダグダ過ごし、十一時過ぎに寝袋にもぐりこむ。見上げると橋梁《きょうりょう》が瑠璃紺《るりこん》の夜空を半分に分け隔てている。まあ、こういう宿もオツなものである。

朝食はコッフェルに湯を沸かし、玉うどんを入れてほぐす。それをすくい取って、醤油を垂らした鯖の水煮を漬けダレにして食べる。コッフェル揚げウドン。野宿食の定番レシピである。

日中はほぼ同じパターン。上流をめざしながら鵜の目鷹の目で野宿場探し。ついでにホームセンターを探す。これも意外だったが、那珂川には流木がほとんどない。で、薪《たきぎ》の調達である。野宿旅で薪を買うのは、初めての経験。これも時代、か。この日も野宿の適地が見つからないまま、暮れなずんできた。

うまい具合に、那須塩原にキャンプ場があった。「鳥野目河川公園オートキャンプ場」。「飛びこみにもかかわらず、管理事務所ではスタッフが親切に対応してくれた。フリーテントサイトは一泊二〇〇〇円。禁止事項は、ペット、発電機、花火、カラオケ、それに直火というから、台があれば焚き火ができるのだ。発電機禁止というのはカラオケ対策か。キャンプ場でカラオケ？　おかしな時代になった。僕のやっている野宿と焚き火を楽しむ旅などは、もはや絶滅寸前。いやいや、ハナからそんな酔狂な野宿馬鹿はいなかったろう。それはともかく鳥野目のキャンプ場は自然林をいかして、とても居心地がよかった。禁止事項にも納得がいく。自由度が高く値段もリーズナブル。ほかに利用者もなく貸切り状態。まことに結構。

二日も焚き火なしの野宿で、やや欲求不満。その憂さを晴らすべく、昼飯をウナギに決定した。鼻息も荒く、創業七十年那珂川町の〈みづ乃〉のノレンをくぐる。民家風のつくりで、店内はなかなかの風格が漂っている。編み上げのブーツ履きなので、入ってすぐのテーブル席に陣取り、メニューを睨む。うな重定食・一七八〇円。上・一九八〇円。特上・二四八〇円。

お、おそれるものかと、特上を注文。店内に飾ってある狛犬の頭などをスケッチしている間に、特上が登場。おもむろに蓋を取ると、ご飯の上に蒲焼が五枚行儀よく並んでいる。甘さを抑えたタレ、ほどよい脂のコッテリ感が口腔でご飯と混ざり合う。

胃袋は満足したものの、焚き火なしでは欲求不満。きっと適地があるはずだ。必ず焚き火をすると決心。流木のない那珂川をあきらめて、猪苗代湖に向かうことにした。

香港、満腹食べ歩き

香港はエネルギッシュな街だ。食の都でもある。料理店の数も多く、どこで何を食べたらいいか、優れた案内人でもいないと、選ぶのが大変だ。その星の数ほどある中でもピカイチの一軒が〈福臨門〉である。最近は東京店が銀座に出来たが、うまさも値段も超一流ということだ。

福臨門は何の変哲もない、ごく普通の店構えだった。予約していたテーブルにつくと、すぐにひとりに一個ずつ壺が出た。調理に時間がかかるので、事前に予約しなければできない「佛《ふぁっ》跳《ちゅう》牆《じょん》」という一品である。たとえは悪いが小さな骨壺のような器だ。それに食材を入れて長時間蒸したものである。あまりのうまさに坊さんが垣根を飛び越してしまった、という名前の由来がある。そしてボリュームがすごい。ほかのものが胃袋にはいらなくなる、というほどの量が軽くある。中にはフカヒレ、干し鮑が丸まるひとつ、貝柱、鶏肉などがはいっている。さらに正体不明の肉片があったが、これは胃袋とアキレス腱だと判明。

相当な量だが、ひとたび口に入れると、意外にも溶けるようにノドを流れていく。味は淡泊だが、味わいが深い。こんな不思議な食べ物は、初めてである。

スッポン、シイタケと食べ終え、壺の中味もだいぶ減ってきたころ、髪の毛にそっくりな海藻（髪菜）が登場。こういうのは見てくれがよくない。本当に人の髪にそっくりなのだ。しかしながら歯ごたえが何ともいえず、素晴らしくうまい。

そしてついに、ジャーン、アヒルの水掻きが底から現われた。形はそのまんま。色は真っ黒。

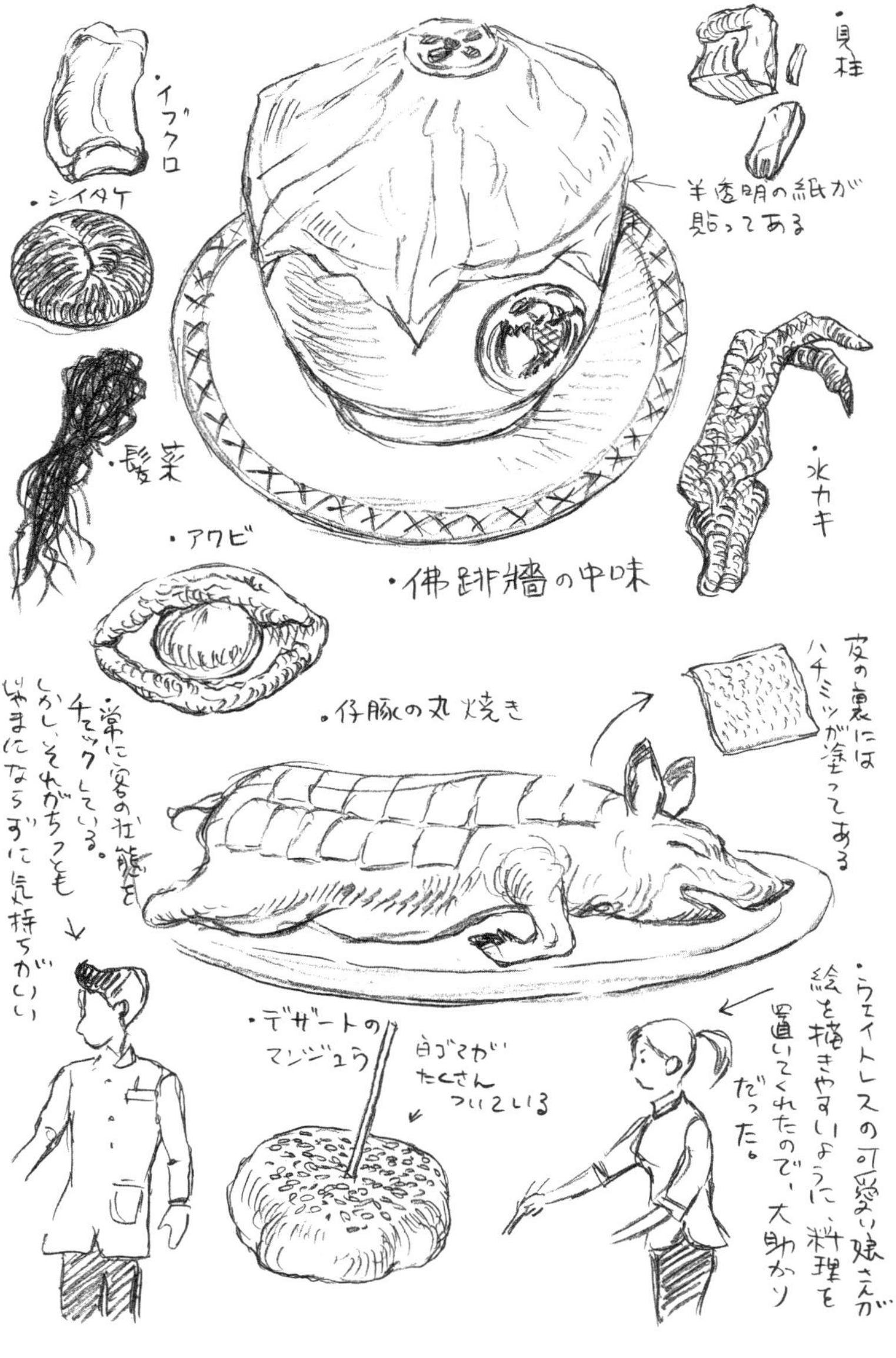
・イブクロ
・シイタケ
・髪菜
・アワビ
・貝柱
半透明の紙が貼ってある
・水カキ
・佛跳牆の中味
・仔豚の丸焼き
皮の裏にはハチミツが塗ってある
・常に客の状態をチェックしている。しかし、それがちっともじゃまにならずに気持ちがいい
・デザートのマンジュウ
白ゴマがたくさんついている
・ウェイトレスの可愛い娘さんが絵を描きやすいように、料理を置いてくれたので、大助かりだった。

脚のもそのまんまである。

これはちょっと勇気がいる食い物だ。さすがにちょっとためらったが、口に含むやバラバラと部分が崩れていくのが舌に伝わってくる。骨も筋も皮もホニャホニャと軟らかく、何だかよくわからないが唸ってしまった。

佛跳牆の次に、仔豚の丸焼きが出た。これはこんがり焦がした皮だけを食べる料理だ。皮に四角く切れ目が入っているので、まるで湿布薬を貼っているようだった。さらに、キヌガサタケにツバメの巣を詰めたもの、カニ、鶏、ウナギ、焼飯、デザートとつづいた。

まあよく食べたものだと感心するくらい、満腹し満足だった。そのときのスケッチブックを見ながら、今こうして原稿を書いているのだが、生々しくそのときの記憶がよみがえってきて、何だか腹が膨れてくるのである。

北国の天国の島

北海道の十月というとかなり寒い。ところが東部の釧路や根室あたりは、太平洋に高気圧が張りだしてきて、好天気がつづく。そんな季節に根室沖の無人島で、天国のような日々を過ごした。島の名前はユルリ島。面積二・一平方キロの小さな島である。地質は隆起海食大地で、島の周囲は海によって削られた崖《がけ》で形成されている。たとえるならプリンの形の島だ。高木はなく、イソツツジ、コケモモ、エゾヨシがひねこびたように生えている。

島は漁業協同組合が管理していて、渡島するには許可がいる。島の近辺は有数の昆布の産地で、その管理を漁協がしている。しかし、島には私有地もあり、そちらから許可をもらった。渡船を落石の漁師にたのんだ。船頭はGさん。G老人は小さくてとても可愛いお爺さんだった。僕と同じラクダの肌着を着ていたので、ふたり並んでラクダ姿で記念写真を撮った。

船はあっという間に岸壁に着き、G爺ちゃんが三日後に迎えにくるまで、僕と仲間で島の人口は四人になった。上陸するとぽかぽか陽気で、荷を背負って東にある水場までの道行きが、遠い昔の遠足のようでとても楽しかった。

島には土産馬が放牧されていて野生化している。タテ髪がガジュマロの気根のようにぼさぼさに伸びている。前髪が顔面を覆っていてすこぶる人相、いや馬相が悪い。群れのリーダーらしき馬は、ほかの馬にくらべひとまわり図体がでっかい。腹はドラム缶のように張り、尻の筋肉がむりむりと盛りあがっている。まあ、何と逞《たくま》しいことか。

島の中央から海岸まで小さな沢がある。じくじくしたぬかるみを下って行くにしたがって、ちょろちょろと水が小川になって海に注いでいる。海岸の七ツ岩は草地で、そこを焚き火場にした。前は狭い砂利の浜で、ユルリ島で唯一の浜辺だ。この時期は禁漁期で、昆布漁の姿はない。一面に昆布が生えているので、海が褐色に見える。

こういうときは何もしない。ただひたすら怠惰に過ごす。夜は星を眺め酒を飲み、昼もちろちろ焚き火を燃やし、寝転がって雲の行方を追い、ワシカモメの死骸を描いた。そうしているうちに、海面に丸い頭が三つ現れた。ゴマフアザラシだ。眼から上だけを水面から出して様子をうかがっている。濡れて光っているのでボーリングの玉のようだ。ぽちゃりと沈み、離れたところからぽくりと頭を出す。こちらに敵意がないと判断すると、だんだん近寄ってくる。水際ぎりぎりで背泳ぎをしたまま、首だけをこちらに向ける。鼻の穴が意外に大きい。開閉するたびに、プシュッと電車のドアが開閉するような音を立てる。太った旦那がひと風呂浴びているといった調子だ。

海岸の昆布を採ると密猟になるが、浜にうち寄せているのはひろってもいい。幅広で肉厚の昆布を、コッフェルに湯を沸かしてぶちこむ。あっという間に鮮やかな緑に変わる。これをハンティング・ナイフで気長に叩き切りすると、糸を引いてねばる。醬油と酢をかけると酒の肴だ。

夜。食器がカシャカシャ鳴る。誰かつまみ食いでもしているのかと思ったが、野鼠が残飯をあさっていた。チッと舌打ちをすると寝袋のうえをピョンと跳ねて藪に逃げこんだ。時計を見ると夜中の一時。正面に北斗七星が見えた。水を汲むような形だったのが、北極星を中心に回転して、柄杓を立てかけた形になっている。ユルリ島は天国のひとつにちがいない。

カモメの死骸をスケッチした
・カモメは
ワシカモメだった。
まだ若い個体で、
キビシイ自然の
一部を
かい間
見せてくれた。
足の裏
ちゃんとカカトがある

フォアグラとサーモンの関係

南フランスで、牧羊犬を飼っているベルナールさんを訪ねた。庭の広い農家造りで住み心地がよさそうだった。犬の餌の時間だったので済むまで待ってくれといって、彼は母屋へ行った。

ふと見ると、庭先のコンクリートのたたきに一羽のアヒルが仰向けに寝転んでいた。すでに虫の息で、まいったというように胸を広げている。ヒマつぶしにアヒルをスケッチすることにした。すると、勝手口から奥さんのカトリーヌさんがやってきた。片手に、ゴムホースの付いたガスコンロを持っている。「……？」と思って見ていると、次に小型プロパンのボンベを運んできた。ボンベにゴムホースをねじこむと、今度はぬるま湯の入った寸胴《ずんどう》鍋を用意して、コンロの火にかけた。それから細長いテーブルを運んできた。昼飯の準備らしい。するとアヒルの脚をつかんで、お湯につけた。濡れたアヒルは重くなったようで、テーブルにおくとドサッと鈍い音がした。これから、アヒルの羽をむしるにちがいない。お湯につけると羽が抜きやすいのだ。鶏でそうやっていたのを思い出した。やっぱりその通り。カトリーヌさんはなれた手つきで、あれよあれよという間にアヒルを丸裸にしてしまった。羽を抜いたあとコンロの火にアヒルの裸体をまんべんなくかざした。皮膚に残っている羽の軸のケバケバを焼き切るのだ。それから大きな料理用鋏で、腹をチョキチョキと切り、腹に手を入れでっかい肝臓を取り出した。作業はこれで終了。カトリーヌさんは、このあと肝臓でフォアグラ作りをするのだそうだ。

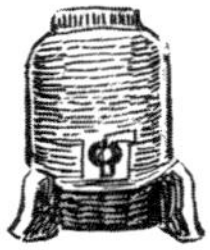

フォアグラはキャビア、トリュフと並んで三大珍味といわれているが、どうやって作るのだろ

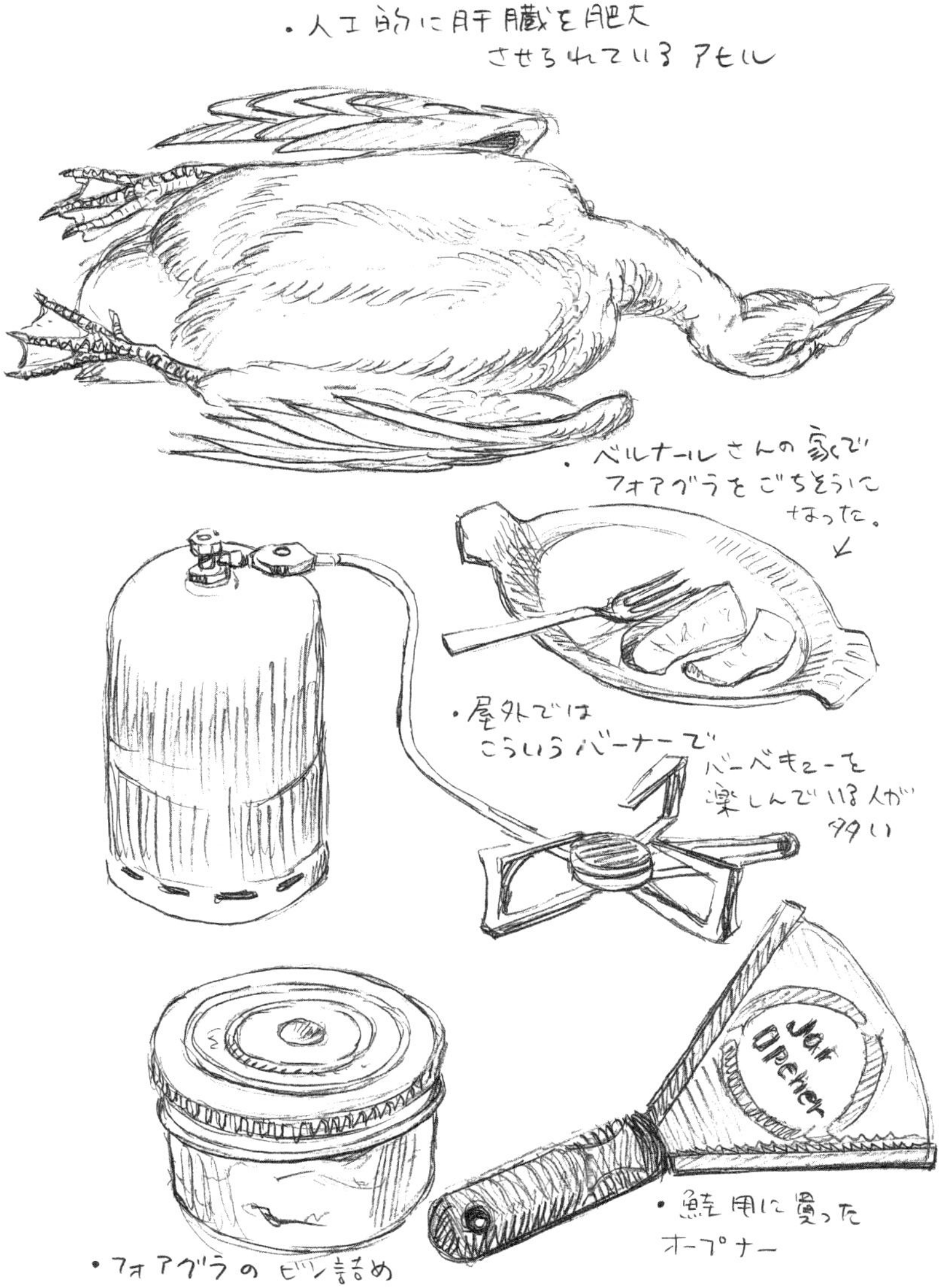
・人工的に肝臓を肥大させられているアヒル
・ベルナールさんの家でフォアグラをごちそうになった。
・屋外ではこういうバーナーでバーベキューを楽しんでいる人が多い
Jar Opener
・フォアグラのビン詰め
・鮭用に買ったオープナー

う。カトリーヌさんは取り出した肝臓を、きれいに拭いてから、まんべんなく塩をまぶした。さらに胡椒《こしょう》を振りかけ、広口の瓶に入れた。あとは二時間半ほど瓶を煮るだけだそうだ。えっ！　こんなに作るのが簡単だとは。フォアグラ、フォアグラとありがたそうに騒いでいるのが、馬鹿らしく感じるほどだった。何だかすっかり拍子抜けしてしまった。

　それから数年後、ある雑誌でニュージーランドの釣り師の話を読んでいた。すると、フォアグラと同じ作り方の料理が載っていた。ただし、材料は生のサーモンだった。釣ったサーモンに塩胡椒をして、広口瓶に入れ長時間煮るというのは、よくある保存食の作り方だったのだ。

　これをいっちょう試してみよう、と思いたったのは、生のサーモンの切り落としが安く売っていたときだった。材料費がひと盛り一五〇円なら、失敗してもどうってことはない。サーモンの腹肉やカマなどを、適当な大きさに切ってナプキンで水気を拭く。それから粗塩《あらじお》をまぶす。量は塩焼きをするときぐらい。胡椒を振る。耐熱ガラスの瓶に切り身を入れる。レモン汁を小サジ一杯加えてから、鍋に瓶を入れる。水を瓶の蓋の下、二センチほどのところまで入れて点火。沸騰してきたら中火にして、吹きこぼれに注意しながら三時間ほど煮た。火を止めてお湯を冷まし、瓶を冷蔵庫に入れる。こうしておくと十年は保存できるという。

　一週間ほどたって食べようと思ったが蓋が開かない。煮ることで真空に近い状態になるらしく、蓋はびくともしない。万能蓋開け機《オープナー》で、ようやく開けたのがさらに一週間後。その味たるや、最高級の鮭缶よりもうまい。あっさりした塩味、コクがあり、ほのかな酸味がじつにいい。酒の肴に最適。できれば白ワイン。シャブリがいい。次はアンコウの肝で……。これもイケそうだ。

あとがきにかえて 「居酒屋情景」

この一〇年来、居酒屋が変わった。カウンターに肘をついていた常連オヤジの高齢化がすすんで、六〇代は七〇代、七〇代が八〇代となり、櫛《くし》の歯が欠けるがごとく現役が姿を消した。そうして、客層が変化した。

ほとんど皆無だった女性客が、荒れ地に芽生える草のようにぽつりぽつりと姿を見せはじめた。カウンターには四十代の男がかまびすしく群れるようになった。

居酒屋客のリニューアルといったところか。

さらに、ここ数年の変化は凄まじい。カウンターの一人客が、スマホを見ながら酒を飲む。小さな芽吹きだった女性客が、群れになって押し寄せてくる。乳飲み子、子供連れがグループでくる。かって居酒屋にあった酒飲みが醸し出す心地よい喧騒が騒音になり、カオスとともに轟音となって渦巻いている。しかも、だらだらと長っ尻。

これはただならぬ、居酒屋革命である。

もはや、アナログのポンコツ酒飲みは難民状態。どこへいっても同じような現象に遭遇して、ああ二一世紀になったなあ、とつくづく嘆息する。そして、これは「そろそろ大人しく家で晩酌でもしろ」という天啓ではあるまいか、と愚考もする。しかしながら、どっこい。五〇年来つづけてきた飲酒生活を、そう簡単には改められるものではない。

常時より少し遅めに繰りだす作戦を展開。焼酎のホッピー割りでスタート。おおよそ一時間で御輿《みこし》をあげ、仕上げは五〇・五度の七面鳥のレッテルの酒をストレートでダブル。これが、お決まりの、いわば獣道のコース。

こうして居酒屋とバーを彷徨《さまよ》えば、台風に目があるごとく、カオスが休息して鳴りを潜め、夢のような静寂の時を得ることがある。こんなときの至福の酒がまた格別なのであると、嘆息する、今日この頃である。

二〇一六年七月
ゲリラ豪雨のニュースを聞きながら

本山賢司

〔追記〕
島崎藤村の『破戒』に、つぎのような一文がある。……「敬之進は覚束ない足許で、ややともすれば往来の真中へ倒れそうに成る。酔眼朦朧《もうろう》、星の光すら其の瞳には映りそうにも見えなかった。」
本書でいう酔眼はこれとはちがう。前記した敬之進は主人公の丑松の同僚で、士族出身の老教師だ。再婚した妻が気の強い女で、いわば恐妻家。
その妻への恐れから逃れるために酩酊するまで酒を飲むのである。当方はそんなことはない。鼻歌のひとつやふたつでるくらいに飲んだ翌日、宿酔いにはならないが妙に涙目になり、うるうるする。これを酔眼というのである。

【初出一覧】

「建設業界」日本土木工業協会（現 日本建設業連合会）刊　連載

駅前食堂、大衆食堂を想う　2000.3
酒場ふらふら、タバーンふらふら　1999.4
「宝島」探訪記　1999.5
海老は贅沢か、否か　2000.8
絶滅危惧の店　2003.1
夏だから鮎の話を　2000.7
漬物は文化の指標なのだ　2003.12
鴨見物と鴨の味　2003.11
固い筍バリバリと　2004.4
ごはんの問題　2006.6
大岩の真実　2007.8
足湯と漁師料理　2005.1
ラーメンの日々　2007.9
さかな・魚・肴　2002.12
旅先で散髪をする　2004.9
どこでも北斗七星　2001.2
だらだらブラブラ奥の細道　1999.6
おいしい水のナンバーワン　1999.7
ヘソの町のカンジ　2000.1
愚にもつかない自慢話　2006.5
南国は、ほんわか・のんびり　1999.1
かまぼこあれこれ　1999.2
「魚付き保安林」　1999.3
愛しのアブラチャン　1999.8
手づくりコンニャク見聞録　1999.9
焼酎、泡盛、山の露　1999.11
イワナ三昧　2006.11
サンマの刺し身とカジカ汁　1999.11
『悪名』と水軍の島　2000.2
苗字の地名、苗字の焼き印　2000.4
デッド・ストックを探せ　2000.9
一筆啓上仕候　2000.11
佐渡のおけさは……　2000.12
関門界隈で裏を返す　2002.9
川岸の粋狂愚行　2001.7
野宿の旅の詳細報告　2001.8
多摩川あれこれ　2001.11
雑木林に出かけてみれば　2002.1
なんとなくチャンバラ気分　2002.2
なぜか引っかかる地名　2002.3
古城よひとり何想う　2002.4
下山家宣言　2002.5
旅の時間を考える　2002.6
ワサビ沢の朝　2002.7
温泉についての二、三の考察　2002.8
男はつらいよ　アマゴ編　2002.1
奥の細道蕎麦紀行　2002.11
七不思議プラス二　2003.1
蜂の子ごちそう　2003.2
青い果実と八犬伝　2003.3
なぜか狛犬　2003.4
クモの思い出　2003.5
北限の思い出　2003.7
ビーチコーミング　2003.8
銅像一期一会か再会か　2003.9
消えた断崖の砦　2004.1
ゆずらぬ鯛の四つ相撲　2001.3
富士の麓でうどん三昧　2004.2
ところ変わって、山の幸　2004.6
キツネの受難　2004.7
異国で見る鳥　2004.8
用を足すいろいろな事情　2004.1
不思議な場所で再会　2005.1
市場の怪人　2005.2
古書からの誘い　2005.3
地震と鯰とフライのナマズ　2005.5
すわ、珍鳥の発見か　2005.6
佇いに、たたずむ　2005.7
青森の朝昼食晩・飲食　2005.11
ちんぷんかんぷん　2005.12
地元自慢は漬物自慢　2006.1
珍魚怪魚の魚名調べ　2006.2
赤ワインと野鳥　2006.4
牛渡川の住人　2006.7
博物館の旅　2006.8
小樽の市場事情　2006.9
旅でのあらぬこと　2006.1
サトイモの里　2007.2
海を身近に　2007.5
塩の道を行く　2007.6
鮎のおいしさ　2007.11
となりの「おいで」　2007.12
京都で立ち飲み　2008.2
世界遺産になる前に　知床　2008.3
冬の旅　関ヶ原～高山　2008.4
花見のおながれ　2008.5
レコードの重さ　2008.6
海なし県の水族館　2008.7
屋台の行列　2008.8
モンゴルでのらくら　2008.9
猫の目お天気　2008.1
十文字槍と酒　2008.11
夜飲と朝食のブルース　2008.12
焚き火なしの野宿旅　2009.2
香港、満腹食べ歩き*　1995.6
北国の天国の島*　1996.9
フォアグラとサーモンの関係*　1997.8

*は『スケッチ気分ぶらり旅』（双葉社）収録

本山賢司 もとやま・けんじ

作家・イラストレーター。1946年、北海道生まれ。

外資系広告代理店のアートディレクター勤務の後、イラストレーターに。

図鑑、自然をテーマにしたエッセイ、小説多数。

著書には『鳥類図鑑』『川の図鑑』『森の動物図鑑』『森で過ごして学んだ101のこと』『剣豪という生き方』（以上小社刊）に『野生の記憶』『図解・さかな料理指南』『大人の男のこだわり野遊び術』ほかがある。

◉カバー写真：浅井 愼平
◉題字：草薙 伸行（PLANET PLAN DESIGN WORKS）
◉ブックデザイン：金子 裕（東京書籍 AD）
◉本文DTP：川端 俊弘（WOOD HOUSE DESIGN）

酔眼日記《すいがんにっき》

2016年9月1日　第1刷発行

著者――――本山賢司（もとやま・けんじ）

発行者――――千石雅仁

発行所――――東京書籍株式会社
東京都北区堀船2-17-1 〒114-8524
Tel.03-5390-7507（編集）　03-5390-7531（営業）

印刷・製本――――株式会社リーブルテック

ISBN978-4-487-80977-6 C0095
出版情報：http://www.tokyo-shoseki.co.jp